TG4@10

Deich mBliana de TG4

Ten Years of TG4

TG4@10

Deich mBliana de TG4

Ten Years of TG4

Eagarthóirí

Eithne O'Connell

John Walsh

Gearóid Denvir

Cló Iar-Chonnachta

Indreabhán

Conamara

An Chéad Chló 2008
© Cló Iar-Chonnachta 2008

ISBN 978-1-905560-29-5

Dearadh: Creative Laundry / Deirdre Ní Thuathail

Bord na
Leabhar
Gaeilge   Foras na Gaeilge

Tá Cló Iar-Chonnachta buíoch de Bhord na Leabhar Gaeilge
(Foras na Gaeilge) as tacaíocht airgeadais a chur ar fáil.

Faigheann Cló Iar-Chonnachta cabhair airgid
ón gComhairle Ealaíon.

DCU   National University of Ireland, Galway
       Ollscoil na hÉireann, Gaillimh

Tá na heagarthóirí buíoch de Ollscoil na hÉireann Gaillimh
agus Ollscoil Chathair Bhaile Átha Cliath
as tacaíocht a chur ar fáil.

Clóchur: Cló Iar-Chonnachta, Indreabhán, Conamara
Teil: 091-593307   **Facs:** 091-593362   **r-phost:** cic@iol.ie
Priontáil: Future Print, Baile Átha Cliath 13.

Dóibh siúd uile
a throid ar son
seirbhís teilifíse Gaeilge

Buíochas

Ba mhaith leis na hEagarthóirí buíochas ó chroí a ghabháil leis an iliomad daoine a chabhraigh leo an seimineár agus an bailiúchán aistí seo a chur i dtoll a chéile. Táimid buíoch d'Fhoras na Gaeilge, go háirithe de Dheirdre Davitt, agus de Bhord na Leabhar Gaeilge, as urraíocht fhlaithiúil a dhéanamh ar an bhfiontar, den Ollamh Jenny Williams agus den Ionad um Staidéar an Aistriúcháin agus Téacs (CTTS) i Scoil an Staidéir Teanga agus Idirchultúir Fheidhmigh (SALIS), Ollscoil Chathair Bhaile Átha Cliath (OCBÁC), agus de Scoil na Gaeilge, Ollscoil na hÉireann, Gaillimh (OÉG), as tacaíocht bhreise airgeadais agus riaracháin. Táimid buíoch chomh maith de Dheirdre Ní Thuathail, Cló Iar-Chonnachta agus de Bhord na Leabhar Gaeilge. Thug Criostóir Mac Dubhaill (OCBÁC), Fiona de Paor (OÉG), Peigí Ní Oibicín (OÉG) agus Nóra Ní Dhubháin (OÉG) tacaíocht riaracháin dúinn. Táimid thar a bheith buíoch de Mhícheál Mac Lochlainn, Acadamh na hOllscolaíochta Gaeilge, a thug tacaíocht riachtanach theicniúil, ríomhaireachta agus ghrianghrafadóireachta dúinn le linn an tseimineáir féin agus i bhfad roimhe sin. Táimid buíoch de chathaoirleach an tseimineáir, an Dr Peadar Ó Flatharta (OCBÁC) agus de Mháire Ní Neachtain (Coláiste Mhuire gan Smál), a bhí ina *rapporteuse* dúinn. Ina theannta sin, ba mhaith linn buíochas a ghabháil le hUlrike Fuehrer ón gcomhlacht ateangaireachta Context, agus le Maitias Mac Cárthaigh agus Dairena Ní Chinnéide a rinne ateangaireacht an tseimineáir dúinn. Ar deireadh, táimid faoi chomaoin ag Edel Ní Chuirreáin, Ceannaire RTÉ Raidió na Gaeltachta, agus ag Máirtín Jaimsie Ó Flaithbheartaigh ón stáisiún sin as a n-urraíocht fhlaithiúil agus as a gcabhair leis an gcomhad fuaime TG4@10 atá ar fáil ar shuíomh idirlín Chló Iar-Chonnachta ag: www.cic.ie

Clár an Ábhair

Réamhrá

I 2004 tharla go raibh Eithne O'Connell ó Scoil an Staidéir Teanga agus Idirchultúir Fheidhmigh, Ollscoil Chathair Bhaile Átha Cliath (OCBÁC), ag caint le mic léinn ansin mar gheall ar TG4 agus ar shaol na Gaeilge ó 'bunaíodh an stáisiún cúpla bliain ó shin', mar a dúirt sí go soineanta ag an am. Baineadh siar aisti nuair a thug sí faoi deara nach cúpla bliain a bhí i gceist ar chor ar bith ach os cionn ocht mbliana. Thuig sí ansin go rabhthas i ndáiríre ag druidim go sciobtha le ceiliúradh deich mbliana de TG4. Phléigh sí an scéal le John Walsh, sochtheangeolaí a bhí ag obair le Fiontar in OCBÁC ag an am agus a raibh beagnach deich mbliana caite aige ag iriseoireacht roimhe sin do RTÉ agus TG4, i measc craoltóirí eile. Shocraigh siad gur cheart seimineár idirdhisciplíneach a thionól chun deich mbliana de TG4 a cheiliúradh agus chun daoine a raibh cúlraí éagsúla léinn acu a chur i mbun machnaimh agus allagair le chéile maidir le cúrsaí teanga agus teilifíse. I measc na réimsí léinn sin a bhí in aigne acu bhí léann na meán cumarsáide, an tsochtheangeolaíocht, an fhorbairt shocheacnamaíoch agus léann na Gaeilge féin, dar ndóigh.

Bhí siad den tuairim gur dhíol suntais go leor dá raibh bainte amach ag an stáisiún ó thosaigh sé ag craoladh faoi Shamhain 1996 ach chreid siad, agus deich mbliana le slánú ag TG4 go luath, gur mhithid a 'Súil Eile' féin a chaitheamh ar an stáisiún: súil ghéar chriticiúil carad, súil a bheadh ag tnúth go mór le stáisiún níos fearr fós a fheiceáil sna blianta romhainn. Go gearr ina dhiaidh sin, d'aistrigh John Walsh ó OCBÁC go Scoil na Gaeilge, Ollscoil na hÉireann, Gaillimh (OÉG), ach shocraigh an bheirt leathbhádóirí coinneáil orthu leis na réamhullmhúcháin agus tháinig Gearóid Denvir, Ceann Scoil na Gaeilge, ar bord tamall ina dhiaidh sin. Le hurraíocht fhlaithiúil ó Fhoras na Gaeilge, tionóladh seimineár dar teideal 'Súil Siar is Súil ar Aghaidh: 10 mBliana TG4: Céiliúradh agus Anailís' ar 25 Samhain 2006 in Ollscoil na hÉireann, Gaillimh. D'fhreastail tuairim is 150 duine ar an ócáid, ó gach cearn d'Éirinn, agus ó Albain agus ón mBreatain Bheag, agus bhí idir lucht tionscail agus lucht acadúil araon i láthair.

Ag féachaint siar dúinn anois, is féidir a rá go raibh sé thar a bheith caoithiúil gur i Scoil an Staidéir Teanga agus Idirchultúir Fheidhmigh a smaoiníodh an chéad lá riamh ar an seimineár a eagrú agus an leabhar seo a chur i gcló. Tá obair cheannródaíoch déanta ag SALIS agus ag Fiontar in OCBÁC le fada an lá in go leor de na réimsí léinn a bhí faoi chaibidil le linn an tseimineáir agus atá i gcroílár an leabhair seo – an chumarsáid, an teanga, léann an chultúir, an t-aistriúchán, mar shampla. Tá sé thar a bheith caoithiúil chomh maith gur i Scoil na Gaeilge, Ollscoil na hÉireann, Gaillimh, a reáchtáladh an seimineár. Chuir Acht na hOllscoile 1929 dualgas ar Choláiste na hOllscoile, Gaillimh, mar a bhí ag an am, cúram ar leith a dhéanamh den oideachas trí Ghaeilge, agus níl aon amhras faoi ach gur tháinig glúin i ndiaidh glúine de chéimithe as an gcoláiste céanna a rinne obair shuntasach in earnálacha éagsúla na teanga ó shin. Cúis bhróid ar leith dúinn go bhfuil riar shuntasach iarscoláirí de chuid Scoil na Gaeilge agus OÉG trí chéile, fearacht iarscoláirí OCBÁC, ag obair do TG4 nó in earnáil na cumarsáide agus an tionscail chlosamhairc trí chéile. Aithnímid in earnáil na hollscolaíochta Gaeilge – idir lucht léann na Gaeilge féin sa chiall is leithne agus lucht an oideachais trí Ghaeilge, mar shampla in Acadamh na hOllscolaíochta Gaeilge (OÉG) agus Fiontar (OCBÁC) – gurb é ár ndualgas pobail agus ár leas straitéiseach acadúil araon cláracha oiliúna agus oideachais a chur chun cinn sa réimse seo.

Tá sé mar aidhm bhunúsach againn in OCBÁC agus in OÉG ár gcuid scoláirí a réiteach do shochaí agus do shaol oibre atá ag síorathrú ar luas luaineach. Creidimid go gcuireann na meáin chraolta – an teilifís, an raidió, an tIdirlíon, an fón póca – chomh maith le forbairtí teicneolaíochta mar iPodanna iallach orainn ar fad athmhachnamh agus athshainiú a dhéanamh ar roinnt ceisteanna bunúsacha a bhaineann le cultúr ár linne: Céard is brí le cultúr anois i ré seo an domhandaithe? Céard is brí le litearthacht aibítreach i ré seo cheannas an fhocail chraolta seachas an fhocail chlóite? Maidir le cúrsaí 'litríochta', níl aon amhras ann ach go gcaithfimid súil eile a chaitheamh ar chuid de na buntuiscintí atá againn ina leith. An bhfuil ré an fhocail chlóite, agus dá réir sin, ré na seánraí agus foirmeacha traidisiúnta liteartha – an gearrscéal, an t-úrscéal, an dráma, an dán liriciúil, an aiste mhachnamhach chritice, mar shampla – ag druidim chun deiridh? An bhfuil a n-áit á glacadh ag an ngearrscannán, ag an sobal teilifíse, ag an gclár faisnéise, nó fiú ag an teilifís réalaíoch? Ba sa chomhthéacs sin a chuireamar liosta saincheisteanna faoi bhráid na gcainteoirí a bhí le páirt a ghlacadh sa seimineár:

- Céard é an t-údar ceiliúrtha is mó atá ag TG4 tar éis deich mbliana?
- Céard iad na dúshláin is mó atá le tabhairt ag an stáisiún agus ag earnáil na teilifíse Gaeilge trí chéile?
- Cén tionchar atá ag TG4 i dtéarmaí sóisialta, eacnamaíochta agus cultúrtha?
- Cén tionchar atá ag TG4 ar an nGaeilge agus cén fhreagracht atá ar an stáisiún i dtaca le pleanáil teanga?

Is maith linn a dhearbhú gur ceisteanna iad seo a bhfuil gnéithe de na cúrsaí léinn inár gcuid ollscoileanna ag díriú orthu chomh maith, agus a bhfuil taighde suntasach de chuid ár gcomhghleacaithe ag dul i ngleic leo. Ina theannta sin, tá taighde bunúil iarchéime á dhéanamh faoi stiúir ag baill foirne inár gcuid ollscoileanna sna réimsí seo. Léiríonn TG4, an seimineár a reáchtálamar le súil a chaitheamh ar dheich mbliana TG4, an leabhar seo, agus an obair atá ar bun sna hinstitiúidí tríú leibhéal ar fud na tíre gur cuid riachtanach de chultúr na freacnairce in Éirinn ilteangach, ilchultúrtha ár linne an Ghaeilge. Dhearbhaigh bunú an stáisiúin deich mbliana ó shin go raibh an Ghaeilge, más mionteanga féin í ar imeall thiar na hEorpa, in ann a háit a ghlacadh i measc theangacha forásacha an domhain, agus nach gá dúinn a bheith inár saitilít choilínithe de chuid mhórstáisiúin tráchtála an domhain Bhéarla-láraithe feasta ó tharla 'Súil Eile' a bheith againn ar an saol mór sin.

Bíodh is go raibh iomaire torthúil le treabhadh sa leabhar, thuigeamar ón tús go raibh teorainn leis an méid aistí agus ábhair a d'fhéadfaí a chur idir chlúdaigh leabhar ar bith. Fós féin, chuireamar romhainn ón gcéad lá féachaint le saothar fíor-idirdhisciplíneach a chur ar fáil. Bhí rún againn go gcaithfeadh na húdair súil ní hamháin ar an stáisiún féin agus ar an tionscal closamhairc ina bhfeidhmíonn sé ach go bhfaighfí ina theannta sin peirspictíochtaí corparáideacha chomh maith le hanailís ar phobal na Gaeilge féin agus ar lucht féachana TG4 trí chéile. Theastaigh uainn go gcuirfí san áireamh pobail na Gaeltachta thoir, thiar, thuaidh agus theas chomh maith le pobal na Gaeilge atá scaipthe tríd an tír, agus ina dteannta siúd lucht teagaisc agus lucht foghlama na Gaeilge. Lena chois sin, theastaigh uainn go bpléifí ceisteanna a bhainfeadh le polasaithe craolacháin agus le cúrsaí pleanála teanga. Ba thábhachtach dúinn freisin go mbeadh réimse leathan de ghuthanna Gaeilge le cloisteáil sa chnuasach seo tuairimí, ón gcainteoir Gaeltachta is líofa agus is fairsinge réimeanna teanga go dtí lucht an chúpla focal a bhreathnaíonn ar TG4 ó thráth neamhrialta go chéile, agus lena chois sin go mbeadh an cead céanna cainte ag an tionscal closamhairc agus ag an lucht acadúil agus critice. Níl saoi ná saothar gan locht ach táimid sásta, in ainneoin na srianta a bhí orainn, gur éirigh linn réimse leathan tuairimí agus peirspictíochtaí a chur ar fáil.

Tá údair na n-aistí lonnaithe ó thuaidh i bPort Stíobhart agus ó dheas sa Rinn, thoir i mBaile Átha Cliath agus thiar i gConamara, i measc áiteanna eile. Dá bhrí sin, ní éagsúlacht tuairimí amháin atá á léiriú ar na leathanaigh seo ach éagsúlacht teanga chomh maith. Mar Eagarthóirí, mheasamar gurbh fhiú an blas réigiúnach nó lorg na canúna a fhágáil nuair a tháinig sé i gceist. Rinneamar iarracht an saibhreas sin a léiriú ach cloí san am céanna den chuid is mó leis na malairtí atá ceadaithe ag an gCaighdeán Oifigiúil agus ag *Foclóir Gaeilge-Béarla* Uí Dhónaill. Dá réir sin, tá súil againn go mbainfidh lucht staidéir na meán agus lucht teagaisc agus foghlama na Gaeilge araon leas as na haistí seo.

Cúig phríomhrannóg atá sa leabhar, agus téamaí éagsúla iontu ar fad. An dearcadh corparáideach atá ag TG4 agus RTÉ araon a léirítear sa chéad rannóg, 'An tSúil ó Bhaile na hAbhann'. Tá cúrsaí pobail agus cultúir á bplé sa dara rannóg, 'Súil an Phobail'. Sa tríú rannóg, 'An tSúil Ghrinn Ghéar', tugtar léamh ó réimse na sochtheangeolaíochta ar na ceisteanna a pléadh ag an seimineár. Pléitear ceisteanna eile faoin ilchultúrachas agus faoin bhfiontraíocht sa cheathrú rannóg, 'Súile Eile', agus tugtar léargas an tionscail chlosamhairc sa chúigiú rannóg, 'Súil an Tionscail'. Cé nach fíorleabhar dátheangach atá anseo, ag eascairt as ár bpolasaí córas iomlán ateangaireachta a chur ar fáil ag an seimineár, bheartaíomar gur cheart achoimrí substaintiúla Béarla de na haistí ar fad a fhoilsiú sa leabhar d'fhonn is go mbeadh rochtain áirithe ag léitheoirí nach bhfuil an Ghaeilge ar a dtoil acu, agus go háirithe lucht staidéar na meán agus na mionteangacha, ar an ábhar a phléitear sa leabhar. Is beag ach is tábhachtach an lamháltas do lucht an Bhéarla an méid sin, dar linn.

Táimid go láidir den tuairim gurb é ceann d'fhadhbanna shaol na Gaeilge an easpa cumarsáide agus díospóireachta idir é agus na daoine sin atá ar bheagán Gaeilge nó nach bhfuil an teanga acu in aon chor. Sin an bhuntuiscint a spreag sinn chun aistriúchán Gaeilge-Béarla a sholáthar ag an seimineár féin agus na hachoimrí Béarla a chur ar fáil sa leabhar seo.

Maidir le cúrsaí aistriúcháin agus TG4, creidimid go raibh polasaí ceart ag TG4, nó TnaG mar a bhí, i dtaobh an aistriúcháin chlosamhairc an chéad lá riamh: bhí siad chun roinnt cláracha iasachta den scoth a dhubáil go Gaeilge agus úsáid a bhaint as fotheidil Ghaeilge agus Bhéarla nuair ba ghá. Maidir leis na fotheidil Ghaeilge, bhí siad gann ó thús deireadh – ceal airgid, ní ceal tola, dar ndóigh. D'éirigh thar cionn leis na fotheidil Bhéarla sa mhéid is gur mheall siad Béarlóirí nach raibh in ann ach cuid den Ghaeilge a thuiscint, nó sin a bhí gan Gaeilge ar bith. Murach na fotheidil Bhéarla, is cinnte nach mbeadh an lucht féachana suntasach atá ag TG4 bainte amach aici – agus tá tábhacht as cuimse ag baint le lucht féachana ar bheagán Gaeilge ó thaobh ghlacadh phobal na hÉireann trí chéile leis an stáisiún. Is ionann an scéal ó thaobh rátaí lucht féachana, poiblíochta agus dea-thola – nithe nach ceart agus nach féidir neamhshuim a dhéanamh díobh, dar ndóigh, go háirithe mar stáisiún imeallach atá díreach ag tosú amach.

Tá bealach eile le breathnú ar na fotheidil chéanna, áfach. Léiríonn an taighde nach féidir le lucht féachana gan fotheidil a léamh, is cuma an bhfuil siad ag teastáil nó nach bhfuil. Léiríonn an taighde chomh maith go bhfuil tionchar an chainéil fhuaime i bhfad níos laige ná tionchar láidir na bhfotheideal. Bíonn fotheidil mar a bheidís greanta ar an scáileán faoi shúil an bhreathnadóra agus ar an ábhar sin téann siad go mór i bhfeidhm. Is léir nach dtuigeann an gnáthdhuine an tionchar atá ag fotheidil Bhéarla ar a chumas teanga, is é sin, gur dócha gurb é a chuid *Béarla*, seachas a chuid Gaeilge, atá á fhorbairt agus é ag féachaint ar chláracha le traic fuaime Gaeilge agus fotheidil Bhéarla. Fágann sé sin gur féidir a rá gur cláracha le tionchar láidir Béarla dáiríre, ach a bhfuil *cuma na Gaeilge* orthu, atá in go leor de na cláracha sin atá in ainm is a bheith ina gcláracha Gaeilge. Dá mbeadh níos mó cláracha le fotheidil *Ghaeilge* ann, áfach, chabhródh sé sin go mór le cur chun cinn na Gaeilge agus an Chaighdeáin Oifigiúil. Is dá mbeadh, fiú, athrú ar an bpolasaí reatha ar ais i dtreo an chinn a bhíodh ann ar dtús, is é sin, dá bhféadfadh an lucht féachana fotheidil a roghnú nó a sheachaint, a chasadh air nó a chasadh as, bheadh cúrsaí níos fearr. Faoi mar atá an scéal faoi láthair, áfach, is ag síorléamh Béarla a bhíonn idir chainteoirí dúchais agus fhoghlaimeoirí Gaeilge agus iad ag breathnú ar TG4.

Ba chuma faoi seo dá mba 'ghnáthstáisiún teilifíse' é TG4, stáisiún teilifíse i mórtheanga ar nós an Bhéarla i dtimpeallacht Bhéarla, mar shampla. Táimid den tuairim go bhfuil cúraimí faoi leith ar an stáisiún teilifíse a chraolann i mionteanga ar nós na Gaeilge, áfach. Tá an Ghaeilge ar an imeall sna réimsí úsáide teanga ar fad go náisiúnta, agus faoi bhrú i réimsí teanga na Gaeltachta, fiú. Mar cheann d'institiúidí stáit na Gaeilge, institiúid a tharlaíonn a bheith ina mórmheán cumhachtach cumarsáide chomh maith, tá freagrachtaí tromchúiseacha teanga ar TG4. Tuigimid, dar ndóigh, gur cheart do TG4 léiriú fírinneach a thabhairt ina cuid cláracha ar an éagsúlacht réimsí cumais atá ag lucht labhartha na Gaeilge ach níor mhór di a chinntiú san am céanna go gcraolfar an chuid is fearr agus is saibhre den teanga sin go rialta. Níor mhór di a bheith feasach faoina ról maidir le ceartúsáid na teanga nuair is cuí, agus faoina ról lárnach an nuathéarmaíocht a scaipeadh, mar shampla. Níor mhór di a bheith uaillmhianach faoi ghairmiúlacht teanga a cuid láithreoirí féin freisin agus, ina theannta sin uile, creidimid gur den mhórthábhacht di chomh maith a bheith ag cothú gairmiúlachta i leith na Gaeilge sna comhlachtaí léiriúcháin óna gceannaíonn an stáisiún cláracha.

Focal scoir maidir leis an leabhar seo mar áis oideachasúil: bheartaíomar gur cheart cuid de chaint an bhéil bheo a bhain leis an seimineár i 2006, ar a bhfuil an leabhar seo bunaithe, a chur ar fáil. Chuige sin, le hurraíocht agus cabhair fhlaithiúil theicniúil ó RTÉ Raidió na Gaeltachta, d'éirigh linn comhad fuaime a ullmhú agus a chur ar fáil ar shuíomh idirlín Cló Iar-Chonnachta ag www.cic.ie. Ar an gcomhad fuaime sin, tá sleachta as formhór na gcainteanna, rud a thugann blas den éagsúlacht ábhair agus den éagsúlacht réimsí teanga atá sna haistí seo. Tá súil againn go mbeidh an taifeadadh ina áis thaitneamhach agus luachmhar don ghnáthléitheoir agus don té atá ag iarraidh é a úsáid i gcomhthéacs oideachais.

Eithne O'Connell, Ollscoil Chathair Bhaile Átha Cliath
John Walsh, Ollscoil na hÉireann, Gaillimh
Gearóid Denvir, Ollscoil na hÉireann, Gaillimh
Samhain 2007

AN tSÚIL Ó BHAILE NA hABHANN

Súil Siar ar an 'tSúil Eile'

Pádhraic Ó Ciardha

Réamhrá

Mheasas gurb é an rud ba thairbhí a d'fhéadfainnse a dhéanamh mar áis agus mar spreagadh don chomhluadar seo inniu ná na cinntí is cinniúnaí, dar liom, a ghlac ardbhainistíocht TG4 le deich mbliana anuas a chur i bhur láthair. De bhrí gurb ansa le lucht teilifíse múnlaí cláracha ar nós 'an deichniúr is fearr' agus 'an fiche iarracht ba mheasa', shocraíos ar scór cinneadh a roghnú a mhúnlaigh an tseirbhís agus a d'fhág í mar atá sí. Cinntí a bhí faoinár smacht féin mar bhainistíocht atá ar an liosta seo – ní fúmsa atá sé cosaint ná míniú a thabhairt ar chinntí a ghlac polaiteoirí, státseirbhísigh agus craoltóirí eile. Níl an liosta seo in ord tábhachta ach níl sé i bhfad ó bheith in ord ama. Ag deireadh an tráchta seo ar an stair, ba mhaith liom cúpla focal a rá freisin faoina bhfuil i ndán do mheán na teilifíse amach romhainn, in Éirinn agus ar fud an domhain, agus críochnóidh mé le roinnt samplaí de chláracha le TG4 a léiríonn ár bhfealsúnacht agus talann ár gcuid léiritheoirí, dar liom.

Fiche Cinneadh Chinniúnacha i bhForbairt TG4, 1996–2006

1. Craoladh ar feadh an lae, beag beann ar an easpa maoinithe nach raibh dóthaineach ach do dhá uair an chloig.

2. An tseirbhís nuachta a lonnú sa Cheanncheathrú.

3. *Cúla4* agus *Hiúdaí*, nasc nua laethúil idirghníomhach le páistí agus daoine óga.

4. *Ros na Rún.*

5. Spórt: *All Ireland Gold* agus *GAA Beo* go háirithe.

6. Ceol traidisiúnta ó fhód an dúchais gan mhaisiú ná measúlacht.

7. Faisnéis gan fuacht gan faitíos, idir nualéirithe ó Éirinn agus athphacáistithe ón iasacht.

8. Dul i muinín nuathalainn agus gan brath ar éadain aitheanta (*Aifric*).

9. An suíomh gréasáin: bronnadh an Damhán Alla Órga, duais an tionscail leictreonaigh in Éirinn, orainn i 2006.

10. Ardán do chomhlachtaí/láithreoirí ón nGalltacht agus ón nGaeltacht.

11. Athbhrandáil go TG4 i 1999.

12. An bloc cláracha Gaeilge a bhriseadh suas.

13. Fotheidil oscailte i mBéarla ar gach clár réamhthaifeadta do dhaoine fásta.

14. Sruth ioncaim a ghiniúint ó fhógraíocht agus ó urraíocht.

15. Neamhspleáchas: ón gcéad lá, bhí an tuiscint ann, agus glacadh leis ar gach taobh, go dtiocfadh lá an neamhspleáchais do TG4.

16. Urraíocht annamh chliste ar bheagán tograí - Comórtas Físeáin, Gradam Ceoil agus Peil na mBan.

17. Aiseolas agus teagmháil phearsanta leis an bpobal féachana, polaiteoirí, iriseoirí agus gearánaithe.

18. Ceangal a shnaidhmeadh le lucht féachana Thuaisceart Éireann.

19. Nuatheicneolaíocht: íomhá nuálach ghraificí, mana simplí tarraingteach agus fógraíocht chliste.

20. 'Súil Eile' – an mana agus an fhealsúnacht.

'Súil Eile' Amach Romhainn

Deir lucht an eolais go bhfuil níos mó athruithe tarlaithe i saol na teilifíse le deich mbliana anuas ná mar a tharla sa leathchéad bliain roimhe sin. Is cinnte nach bhfuil aon mhoilliú ar luas an athraithe ná ar an réabhlóid teicneolaíochta atá ag tarlú sa tionscal seo ar fud an domhain.

Is cinnte gur gearr go mbeidh glacadh ag gach teach in Éirinn ar na céadta cainéal teilifíse. Ní fada freisin go mbeidh deireadh leis an nósmhaireacht féachana atá anois ann. Roimhe seo ba chaitheamh aimsire comhluadair nó teaghlaigh a bheith ag féachaint ar an teilifís, ach le laghdú ar chostas na dteilifíseán agus le méadú ar líon na gcainéal agus na ndeiseanna eile glactha ábhair – podchraoladh, líonchraoladh, glacadh neamhlíníoch, físeán ar éileamh – is mar chaitheamh aimsire aonair a chleachtófar an fhéachaint ar an teilifís feasta.

Dúisíonn seo na ceisteanna is bunúsaí faoi ról na teilifíse, a feidhm mar mhodh cumarsáide pobail agus mar mheán ginte ioncam tráchtála. Buntáiste amháin a chuirfidh an nuatheicneolaíocht ar fáil is ea go mbeidh cumas teilithéacs ag gach teilifís, rud a chuirfidh ar chumas na gcraoltóirí an bunchlár a chraoladh gan fotheidil agus gur faoin lucht féachana (aonarach) a bheidh sé fotheidil a roghnú dóibh féin. Beidh deireadh le foitheidil éigeantacha agus iad ar fáil go deonach i raon teangacha dóibh sin atá ina ngá. Tiocfaidh mórathruithe ar an struchtúr rialála ar leibhéal Eorpach agus náisiúnta freisin, mar atá molta sa Bhille Craolacháin (2006). Beidh le feiceáil an chun tairbhe do na mionteangacha a rachaidh seo in Éirinn agus sna críocha eile.

Samplaí den 'tSúil Eile'

Ní le caint ach trí mheán na teilifíse a chuireann TG4 an 'tSúil Eile' i bhfeidhm. Dá réir sin, roghnaigh mé trí shampla a thugann, dar liom, léargas ar ghnéithe éagsúla den aisling á fíoradh:

(i) Tuairisc ó Thomás Ó Mainnín Nuacht TG4 faoi dheireadh ré na n-iascairí bradán i gCorca Dhuibhne;

(ii) Sliocht ón gclár *Mé Féin 's Mo Mhéit*, léargas nádúrach gan deifir ar chairdeas agus ar shaol Gaeltachta atá ionann is imithe anois – bádóireacht agus coimhlintí iomartha – á léiriú ag Seán Ó Cualáin, léiritheoir óg Gaeltachta;

(iii) Mír ón sobal *Ros na Rún* a chuimsíonn greann, deisbhéalaíocht agus aisteoireacht *ensemble* den scoth – *genius* cruthaitheach na Gaeilge á thabhairt chun tairbhe do mheán na teilifíse.

Súil Siar ón gCéad Cheannasaí

Cathal Goan

Tá sé píosa maith ó bhí mé i mo sheasamh anseo ag caint ar chúrsaí teilifíse le lucht iarchéime a bhí anseo tuairim is sé nó seacht de bhlianta ó shin, agus ní mheasaim go raibh an oiread sin measa ag an dream sin ar an rud a bhí ar bun againne ag an am. Is maith liom anois go bhfuil de thábhacht agus de mheas ar TG4 gur fiú seimineár de chuid na hollscoile a reáchtáil fúithi. Sílim gur ráiteas ann féin é sin go bhfuil TG4 ag teacht agus go deimhin tagtha in inmhe.

Ag smaoineamh siar sular tháinig TG4 nó Teilifís na Gaeilge, ar an aer – sílim gur mí Eanáir na bliana 1996 a bhí ann – agus bhí scaifte beag againn bailithe thíos i nDún Garbhán. D'iarr muid ar chomhghleacaithe as an Bhreatain Bheag a theacht inár gcuideachta agus a bheith ag plé agus ag pleanáil faoi na mórstraitéisí a bheadh ag teastáil le go n-éireodh leis an stáisiún, leis an tseirbhís úr seo. Agus le linn an chúpla lá sin a tháinig an mana sin a raibh Pádhraic Ó Ciardha ag tagairt dó, 'Súil Eile', chun cinn, agus is maith liom a rá anseo gurb é Pádhraic é féin a tháinig aníos leis mar mhana agus is maith atá sé ag fóirstin do TG4 ó shin i leith, 'An tSúil Eile'. Agus ar ndóigh, is iomaí sin 'Súil Eile' a rabhthas agus a mbítear ag súil léi: teilifís phobail i gceantair Ghaeltachta; teilifís do phobal na Gaeilge ar fud na tíre, más féidir dlús agus ionannas mar ghrúpa a cheangal le coincheap atá chomh scaoilte agus chomh hinathraithe leis an téarma sin 'pobal na Gaeilge'; teilifís a shásaíonn gá inteacht teibí, dothomhaiste ar leibhéal náisiúnta, gur chóir go mbeadh seirbhís teilifíse againn inár dteanga féin, mar náisiún, mar léiriú ar ár sofaisticiúlacht mar náisiún iarchoilíneach, bíodh is nach í ár dteanga féin í, ag formhór an phobail dá cheanúla uirthi nó dá fhabhraí di is atá mórchuid de phobal na hÉireann. Ar ndóigh, tá tuilleadh mór 'Súl Eile' lena gcois sin fiú amháin taobh istigh de na rudaí atá rangaithe agam ansin.

Ar bhealach, bhí agus tá de cheart ag na grúpaí éagsúla seo a bheith ag súil lena leagan féin den 'tSúil Eile'. Ba chóir don tionscadal seo a bheith nuálach, le freastal ar mhian phobal na Gaeltachta, a bheith samhlaíoch agus uaillmhianach agus é ag aimsiú lucht féachana náisiúnta, a bheith oscailte agus mealltach don dream nach cuid dá sealús í an Ghaeilge. Ar gach ceann de na critéir sin áirítear an tseirbhís mar thionscadal teanga. Ó mo thaobhsa de ba thionscadal teilifíse go príomha a bhí i dTeilifís na Gaeilge ón chéad lá agus is ea go fóill.

Tá cuimhne agam blianta ó shin a bheith ag obair ar *Cúrsaí*, an clár cúrsaí reatha a bhí againn ar RTÉ san am, agus scríobh fear chugam ag moladh an chláir ach dár gcáineadh i ngeall ar na láithreoirí a bheith ag labhairt róghasta, mar dar leis gurb é an dualgas a bhí orainn ná a bheith inár n-áisitheoirí dósan agus dá leithéid mar fhoghlaimeoirí Gaeilge. Sílim go raibh sé i dteideal a bheith ag amharc mar sin orainne, ach ní hé sin an jab, dar linne, a bhí le déanamh againn. An jab a bhí le déanamh againne ná a bheith ag caint le dream éigin a thuig muid, a mheas muid. Agus tá cuimhne agam gur chuir mé litir, nuair a smaoiním siar air a bhí sotalach go maith, mar fhreagra ag an am ag rá leis gur mór agam a chuid moltaí ach gur beag liom an tábhacht a bhain le bheith inár n-áis ag foghlaimeoirí. Agus bhí mé contráilte!

Cuid den dúshlán a bhaineann le bheith ag plé leis na rudaí seo i dteanga mhionlaigh ná go gcaithfidh tú a bheith ag freastal ar na tránna seo ar fad. Sin cuid den dúshlán nach féidir ina iomláine teacht thairsti. Tá an oiread sin 'Súl Eile' i gceist ag gach dream a bhíos ag breathnú isteach. Is de thraidisiún an chraoltóra mise a fheiceann an próiseas cumarsáide go príomha mar phróiseas aonbhealaigh ag dul ón chraoltóir go dtí an lucht féachana seachas próiseas dhá bhealaigh. Ach anois tá TG4 i ndiaidh teacht ar an aer nuair atá an dúshlán sin á thabhairt do choincheap sin an chraoltóra ar fhás muid suas leis i laetha órga ileolacha Lord Reith nuair a thuig an craoltóir cad é a bhí de dhíth ar an phobal agus gur thug sé dóibh é. Taitníodh sé leo nó ná taitníodh. Tá sé sin athraithe anois agus tá an dúshlán seo á thabhairt ar chúpla bealach.

Ar thaobh amháin tá daonlathú áirithe ar réimse na cumarsáide leictreonaí anois, ar raidió agus amach anseo ar theilifís, ó sheirbhísí pobail, dreamanna atá lonnaithe sa phobal, agus seirbhísí atá dírithe ar an phobal. Ar an idirlíon tá an *blogosphere* ag fás go tiubh ó lá go lá agus is féidir le daoine teacht ar mhalairt tuairimí, ar mhalairt scéalta, ar phróiseas dhá bhealaigh cumarsáide nach mbaineann leis an traidisiún inar oileadh mise. Sin taobh amháin den scéal. Ar an taobh eile de sin tá na seirbhísí tráchtála ag díriú ar réimsí áirithe atá an-fhócasaithe, dreamanna beaga taobh istigh den lucht féachana féin, agus na comhlachtaí tráchtála sin ag teacht i dtír ar chúngú spéise agus ar shainseirbhís a gcaithfear díol ar a son.

Tháinig TG4 ar an saol agus na fórsaí éagsúla iomadúla seo ag bailiú nirt. Agus dála RTÉ, níorbh fhéidir le TG4 freastal ar gach trá nó dul i ngleic nó go deimhin i bpáirt le gach ceann de na fórsaí sin. Bhí de bhuntáiste agus tá de bhuntáiste ag TG4 go fóill go raibh nod againn i dtreo an daonlathais seo ón chéad lá sa mhéid is gur foilsitheoir/craoltóir atá i gceist. Tá duine inteacht ag déanamh na gcinntí in áit lárnach ach fágtar faoin léiritheoir a ghuth féin a aimsiú le go dtuigfeadh an pobal féachana, cibé áit a bhfuil siad, tuairim nó ealaín an léiritheora nó an chraoltóra.

Trí chuid de na léiriúcháin a tháinig chun cinn as an socrú seo, craoltóir/léiritheoir, aimsíodh guth fírinneach Gaeltachta, agus smaoiním ar a leithéidí C.U. Burn ó Thír Chonaill i dtús ama agus Mé Féin 's Mo Mhéit, sampla iontach eile den ghuth céanna. Measaim gur éirigh le TG4 dul i gcionn ar phobal na Gaeltachta. Fuarthas lucht féachana náisiúnta don eachtra áitiúil chomh maith, agus smaoiním go háirithe ar chúrsaí spóirt agus ar chlúdach spóirt sa chomhthéacs seo. Ina theannta sin, sílim gur tugadh cuireadh don dream amuigh a bheith istigh trí úsáid na bhfotheideal a bhfuil an oiread sin imní ar dhaoine ina dtaobh, agus údar acu mar is léir ó imeachtaí an tseimineáir seo. Níl mé á shéanadh sin ach sílim gur éirigh leis na fotheidil sin ón chéad lá a thabhairt le fios gur dream a bhí i TG4 a bhí oscailte, agus bíodh is go bhfuil na hábhair inmí a luaitear fíor agus go gcaithfear aghaidh a thabhairt orthu, nuair a chuireann tú bunú TG4 i gcomhthéacs na díospóireachta nimhní a bhí ann ag an am agus an bhinb a bhain le lucht cáinte an smaoinimh ag an am, mheas mise gur cinneadh maith straitéise a bhí ann a bheith oscailte agus measaim go fóill gurbh é an cinneadh ceart a bhí ann.

Ar ndóigh, duine ar bith a phléann leis na meáin tuigeann sé/sí go n-alpann na meáin ábhair. Tá siad fiorchíocrach, agus, ag fágáil scéal na n-athchraoltaí ar leataobh ar feadh leathbhomaite, tá rudaí bunúsacha ag teastáil chun an tseirbhís seo a choinneáil beo agus a bheith ag freastal ar na roghanna éagsúla den 'tSúil Eile' atá amuigh ansin. Tá gá le háiseanna, le hairgead agus le daoine oilte agus le tuiscint ón tús go mbíonn comhghéilleadh i gceist le gach ceann acu. I dtaca le daoine agus oiliúint, tá Pádhraic Ó Ciardha i ndiaidh tagairt a dhéanamh don tallann a aimsíodh i dtús ama agus atá á aimsiú go fóill agus sílim gur ábhar misnigh do TG4 agus go deimhin don earnáil chraolta trí chéile go bhfuil an oiread sin daoine nua i ndiaidh a theacht ar an fhód agus guth a aimsiú dóibh féin trí mheán TG4. Ach, agus caithfear é seo a rá go háirithe anseo in ollscoil, áit a mbíonn go leor cáinte á dhéanamh ar chaighdeán na Gaeilge ar TG4: má tá locht ar Ghaeilge TG4, den chuid is mó tháinig an locht sin ón oiliúint a fuair na daoine sna hollscoileanna sular tháinig siad a fhad linn, rud nach ndeirtear leathmhinic go leor, measaim! Ach deirim gur comhghéilleadh i gcónaí atá sna rudaí seo. Ní féidir linn a bheith ag súil le rud ón bhocsa sa choirnéal nach féidir linn a aimsiú inár saol laethúil. Bímis réadúil faoi seo.

Anuas air sin chomh maith, tá na scileanna a bhaineann le ceird na teilifíse agus an gá a bhí ann ón tús go mbeadh an próiseas léirithe ón chéad smaoineamh go dtí an fráma deireanach craolta ar an teilifís, go mbeadh an obair sin, an plé, an anailís, gach rud a bhaineann leis á dhéanamh trí mheán na Gaeilge. Níor éirigh le TG4 go fóill, bíodh is go bhfuil éirithe go hiontach maith léi in áiteanna, é sin a bhaint amach go hiomlán. Agus ní mheasaim go n-éireoidh léi go hiomlán. Den chuid is mó tá éirithe le Raidió na Gaeltachta é sin a dhéanamh. Taobh istigh den dá stáisiún tá an Ghaeilge mar phríomhtheanga labhartha, ach i gcás an raidió, nuair nach bhfuil tú ag brath an oiread sin ar rudaí ón taobh amuigh, is féidir leanúint ar aghaidh leis an Ghaeilge mar mheán inmheánach cumarsáide. I gcás TG4 tá an oiread sin dreamanna éagsúla ag plé léi nach bhfeicim go mbeidh an próiseas iomlán trí mheán na Gaeilge go fóill ná fiú amach anseo. Ní laghdaíonn sé sin an gá atá le bheith ag brú go mbainfidh daoine amach cáilíochtaí in úsáid na Gaeilge, i labhairt na Gaeilge. Tá sé an-fhurasta ag lucht déanta clár, mé féin ina measc, nuair a bhí mé ina bhun, glacadh leis nach bhfuil Gaeilge ag X, agus Béarla a labhairt leo agus tú ag léiriú cláir leis an saol a dhéanamh éasca duit féin. Sílim go bhfuil orainn an iarracht bhreise sin a dhéanamh chun an dream sin ar an bheagán a thabhairt linn sa dóigh is go mbeidh an próiseas ó thús go deireadh oiread agus is féidir trí mheán na Gaeilge: comhghéilleadh.

Airgead an dara pointe. Ní raibh go leor airgid i gceist le TG4 ón tús, níl anois agus ní bheidh go deo go leor airgid ag TG4. Agus b'fhéidir nach gcreideann lucht TG4 é seo uaimse ach glacaigí leis. Ní raibh go leor airgid ag RTÉ riamh, níl anois agus ní bheidh go deo. Mar sin é an cineál réimse ina bhfuil muid ag maireachtáil agus ag iarraidh a bheith ag feidhmiú. Alpann na meáin seo airgead agus dá mbeadh níos mó airgid againn níl a fhios cad iad na rudaí a bhainfeadh muid amach. Mar sin, bíonn comhghéilleadh i gceist ansin freisin. Measaim go bhfuil troid eile le déanamh go fóill bíodh is go nglacaim leis nach bhfuil go leor airgid ag dream ar bith. Measaim go bhfuil troid eile le baint amach ag TG4 chun an beagán atá aici i láthair na huaire a mhéadú go háirithe agus neamhspleáchas ar leic an dorais.

An tríú rud a dúirt mé, áiseanna, agus arís eile, thagair Pádhraic Ó Ciardha d'fhorbairt iontach tábhachtach, is é sin, an tIdirlíon agus na forbairtí atá ag tarlú i saol an Idirlín. Tá sé sin an-tábhachtach. Ach beidh ar dhaoine i saol na teilifíse, saol na craoltóireachta trí chéile, comhghéilleadh a dhéanamh anois sa mhéid is nach dtuigeann muid cad é atá amach romhainn. Tá an saol analógach inar tógadh muid i mbéal an bháis. I gcionn cúig nó sé de bhlianta, beidh orainn na haerthonnta a athrú agus teilifís dhigiteach a thabhairt isteach sa tír seo. Athróidh sé rudaí ó bhun ó thaobh dáileadh teilifíse de, agus anuas air sin tiocfaidh casadh eile sa scéal sa mhéid is go mbeidh an rud a dtugann muid IPTV air ag teacht chun cinn. Deiseanna atá sna rudaí seo ar fad dúinn, ach sa mhéid is nach dtuigeann muid go hiomlán cá mbeidh na forbairtí ag gabháil, cén luas a bheidh ag baint leo, bíonn orainn i gcónaí a bheith ag comhghéilleadh, ag iarraidh a bheith ag ullmhú dóibh agus ag an am céanna ag iarraidh an rud atá ar bun againn i láthair na huaire a choinneáil sa tsiúl.

Mar sin, don am atá le teacht beidh TG4 neamhspleách. Ní laghdófar ar an éileamh ar 'Shúil Eile', ní laghdófar ar an éileamh ar nuálacht, ar spreagúlacht agus ar chruthaitheacht. Le go mbainfear sin amach tá tacaíocht an phobail, pobal na Gaeilge más ann do rud mar sin, pobal na Gaeltachta agus lucht an léinn sna hollscoileanna. Tá mise ag súil go mór leis an díospóireacht a bheas ag an gcomhdháil seo. Ag amharc siar ar dheich mbliana de TG4 creidim go bhfuil ábhar bróid agus sásamh áirithe ag baint leis an méid atá curtha i gcrích. Dúirt an Cathaoirleach, Peadar Ó Flatharta, gur cuimhneach leis mé a fheiceáil oíche na hoscailte agus go raibh mé sásta. Ní sásamh a bhí orm: faoiseamh a bhí ann. Bhí eagla mo bháis orm go raibh muid ag gabháil a thitim as a chéile. Níor thit sí as a chéile. Is ag dul ó neart go neart atá sé agus guím gach rath uirthi san am atá le teacht.

SÚIL AN PHOBAIL

Fíorú Aislinge: Cuimhní Cinn agus Smaointe Feachtasóra

Íte Ní Chionnaith

Níl aon dabht ach gur ábhar ollmhór ceiliúrtha iad deich mbliana TG4. Deich mbliana go ham seo tharla gníomh réabhlóideach i gcúrsaí Gaeilge agus i gcúrsaí teilifíse in Éirinn. Fíoraíodh aisling agus tháinig fís ar an aer ar cheap go leor Éireannach, agus Gaeilgeoirí, fiú, nach bhfeicfidís a leithéid lena mbeo. Oíche Shamhna 1996, bhí mé féin i láthair ag ceiliúradh oifigiúil bhunú Theilifís na Gaeilge in Óstán Chósta Chonamara. Bhí slua ollmhór i láthair, daoine den chuid is mó a raibh baint acu ar bhealach amháin nó ar bhealach eile le fíorú na haislinge seo, ina measc, cuid den lucht agóide a throid ar son stáisiún teilifíse Gaeilge nó Gaeltachta agus na craoltóirí agus an bhainistíocht a chuir ár n-aisling ar an aer. Bhí atmaisféar thar a bheith spleodrach ann, scáileán mór sa chúinne ag comhaireamh na nóiméad agus na soicindí a bhí fágtha go dtí go dtiocfadh an t-éacht seo, stáisiún teilifíse Gaeilge, ar an aer.

Thit ciúnas iomlán ar an halla ansin, ciúnas corraitheach, gach éinne ar bís le linn na soicindí deireanacha sin ag fanacht leis an tarlú draíochta. Tharla sé faoi dheireadh agus chonaiceamar na chéad phictiúir ó Theilifís na Gaeilge (TnaG). Iontas, ansin gliondar. Sheas a raibh sa halla ag bualadh bos agus ag ligint gártha áthais astu, amhail is dá mba rud é go raibh a bhfoireann féin tar éis Craobh na hÉireann a bhuachaint i bPáirc an Chrócaigh den chéad uair riamh.

Lá dár saol a bhí ann, lá stairiúil, agus bhí an stair sin á cruthú inár láthair, os comhair ár súl féin. Ní bheadh an Ghaeilge féin ná íomhá na Gaeilge mar an gcéanna go deo arís. Ní bheadh pobal na Gaeilge ná pobal na Gaeltachta mar an gcéanna. Bhí athrú ollmhór tagtha ar chúrsaí craoltóireachta Gaeilge. Ní raibh aon amhras ach gur ócáid chinniúnach stairiúil a bhí ann. Mar a dúirt Pádhraic Ó Ciardha agus é ag caint faoin oíche chéanna i mBaile na hAbhann:

> Ag breathnú siar air, is léir go raibh an Oíche Oscailte ar cheann de bhuaicimeachtaí na Gaeilge le daichead bliain anuas, tús dóchais agus misnigh, ní amháin don dornán beag daoine a bhí gafa go gairmiúil leis an togra – ach don phobal Gaelach fré chéile (Ó Ciardha, 2006).

Níor éirigh leis an bhfoireann an ceiliúradh óstáin a shroichint, ar ndóigh, go dtí go raibh a gcuid oibre déanta acu agus an báibín nua físe seo saolaithe agus curtha a chodladh don oíche.

Cuimhním ar ócáid thábhachtach eile i mo shaol pearsanta. Ar an 4 Eanáir 1977, timpeall 7.30 r.n., tháinig ceathrar Garda chuig an teach le mé a ghabháil. Bhí mé tar éis a chur in iúl don Roinn Poist agus Teileagrafa dhá bhliain roimhe sin nach raibh mé sásta íoc as ceadúnas teilifíse toisc nach raibh freastal ceart á dhéanamh ag Teilifís Éireann, mar a bhí uirthi ag an am, ar phobal na Gaeilge. Tugadh os comhair na cúirte mé, ciontaíodh mé as gan ceadúnas teilifíse a bheith agam agus gearradh fineáil £25 nó seacht lá i bpríosún orm. Ar ndóigh, ar bhonn prionsabail, níor íoc mé an fhíneáil agus thuig mé gur dócha go mbeadh an príosún i ndán dom.

Sa litir a sheol mé chuig an Roinn Poist agus Teileagrafa ar an 1 Márta 1975, chuir mé in iúl cé chomh míshásta is a bhí mé le staid na Gaeilge ar RTÉ agus bhí mé sách uaillmhianach sa mhéid a bhí á éileamh agam:

> Éilím mar sin ar an Roinn Poist agus Teileagrafa agus ar Theilifís Éireann seirbhís iomlán teilifíse trí Ghaeilge a chur ar fáil láithreach. Seirbhís í seo a bheadh ag freastal ar gach aicme den phobal, clárach do dhaoine atá ag iarraidh Gaeilge a fhoghlaim agus do dhaoine ar bheagán Gaeilge, clárach do pháistí sna haoisghrúpaí éagsúla, clárach do dhaltaí scoile ar gach gné de churriculum na scoile agus ar gach leibhéal, clárach d'fheirmeoirí agus d'iascairí, clárach ceoil, litríochta, polaitíochta, eacnamaíochta, díospóireachta, spóirt, tráth na gceist, clárach nuachta go rialta tríd an oíche, drámaí, scannáin, srl. (Ní Chionnaith, 1975).

Ba é Alan Heussaff, Briotánach ar thóg sé féin agus a bhean Bríd a gclann le Gaeilge, an chéad duine a dhiúltaigh íoc as ceadúnas teilifíse de bharr easpa clárach Gaeilge ar RTÉ nó easpa seirbhís teilifíse Gaeilge, agus a tugadh os comhair na cúirte dá bharr. Mise an chéad duine a cuireadh i bpríosún. Seacht lá a chaith mé i bPríosún Mhuinseo agus tig liom a rá gur áit ghránna a bhí ann.

Cúig dhuine dhéag ar fad a cuireadh i bpríosún mar chuid d'fheachtas na gceadúnas teilifíse idir 1977 agus 1993, feachtas a bhí á reáchtáil ag Conradh na Gaeilge in ainneoin go raibh agus go bhfuil an Conradh ag brath ar dheontas stáit. Tugadh cuid mhór daoine eile os comhair na cúirte nár cuireadh i bpríosún riamh agus tugadh cuid de na daoine os comhair na cúirte arís is arís eile. Níor íoc mé féin as ceadúnas teilifíse arís go dtí Oíche Shamhna 1996.

Díobh siúd uile a tugadh os comhair na cúirte, is gá a rá gur léirigh Cáit Uí Chadhain diongbháilteacht ar leith. Tugadh os comhair na cúirte í arís agus arís eile. Gearradh fineálacha uirthi uaireanta agus an tAcht Promhaidh uaireanta eile. Rinne Cáit, le tacaíocht Chonradh na Gaeilge, achomharc ar an bhfíneáil a gearradh uirthi in Eanáir 1979 ar an mbonn nach raibh sé de dhualgas uirthi ceadúnas teilifíse a cheannach má bhí faillí á déanamh ag RTÉ ina ndualgais chlaracha Gaeilge a chraoladh. D'éist an Breitheamh Ó Gliasáin an t-achomharc sa Chúirt Chuarda i Mí na Samhna 1980 agus thaobhaigh sé le Cáit.

Bhí an méid seo le rá ag Seán Mac Mathúna, Ard-Rúnaí Chonradh na Gaeilge, faoin gcás ina thuarascáil bhliantúil d'Ard-Fheis Chonradh na Gaeilge i 1982:

Dúirt an Breitheamh Ó Gliasáin nach raibh go leor Gaeilge ar an teilifís, dar leis, chun dualgas reachtúil RTÉ a chomhlíonadh. D'iarr sé ar an gCúirt Uachtarach rialú a dhéanamh ar na ceisteanna seo a leanas:

• An bhfuil sé de cheart ag an gcosantóir í féin a chosaint trína rá nach bhfuil RTÉ ag comhlíonadh an dualgais reachtúil atá ar an stáisiún?
• An bhfuil dualgas reachtúil ar Údarás RTÉ cuid áirithe dá sceideal a chraoladh i nGaeilge?
• Má tá an dualgas sin ar an Údarás, an bhfuil an dualgas sin á chomhlíonadh trí 5% dá gclaracha a chraoladh as Gaeilge?
• Má mheastar nach bhfuil an tÚdarás ag comhlíonadh a ndualgais reachtúil, an gá don chosantóir ceadúnas a bheadh ag cothú Údaráis nach bhfuil ag comhlíonadh a ndualgais, a cheannach? (Mac Mathúna, 1982: 45).

I mí Iúil 1982 rialaigh an Chúirt Uachtarach, áfach, nach bhféadfaí glacadh le cosaint Bhean Uí Chadhain faoi fhaillí RTÉ i leith na Gaeilge mar chosaint a chealódh an dualgas a bhí uirthi ceadúnas a cheannach dá teilifíseán. Cailleadh an cás ach mhol Seán Mac Mathúna an Breitheamh Ó Gliasáin as an seasamh a ghlac sé agus as an mbá a nocht sé go poiblí le seasamh Cháit Uí Chadhain (Mac Mathúna, 1983: 28). Bhí breithiúna eile ann freisin, mar shampla an Breitheamh Seán Delap, a léirigh le linn cásanna cúirte go raibh bá acu leis na cosantóirí agus lena gcás, ach a dúirt go gcaithfidís an dlí a chur i bhfeidhm. Chaith Cáit Uí Chadhain ceithre lá i bpríosún i Samhain 1983. Tionscnaíodh naoi gcás ar fad in éadan Cháit. B'in ciapadh gan aon agó.

Is iad seo a leanas an cúig dhuine dhéag a chaith tréimhsí i bpríosún mar chuid den fheachtas seo:

Íte Ní Chionnaith	seacht lá i bpríosún, Eanáir 1977
Flann Ó Riain	dhá lá i bpríosún, Meitheamh 1977
Uinseann Mac Eoin	seacht lá i bpríosún, Eanáir 1978
Éamon Ó Mathúna	ceithre lá dhéag i bpríosún, Meán Fómhair 1978
Micheál Ó Loingsigh	dhá lá i bpríosún, Samhain 1979
Cáit Uí Chadhain	ceithre lá i bpríosún, Samhain 1983
Cairbre Ó Ciardha	ceithre lá i bpríosún, Feabhra 1985
Pádraig Mac Fhearghusa	dhá lá i bpríosún, Márta 1985
Brian Ó Baoill	sé lá i bpríosún, Meitheamh 1985
Niall Ó Murchadha	cúig lá i bpríosún, Feabhra 1986
Bríd Uí Iarlaithe	dhá lá i bpríosún, Márta 1986
Margaret Langsdorf	dhá lá i bpríosún, Nollaig 1986
Donnchadh Ó Duinn	seacht lá i bpríosún, Eanáir 1987 agus lá eile; Meitheamh 1993
Seán Mac Stiofáin	dhá lá i bpríosún, Feabhra 1989
Ciarán Ó Feinneadha	dhá lá i bpríosún, Lúnasa 1992

(Mac Mathúna, 1993: 17–18).

Luaim na heachtraí seo ar mhaithe leis an stair agus ar mhaithe le glúin óg an lae inniu, nach raibh ar an saol, fiú, le linn cuid mhór den fheachtas seo. Ní go héasca a baineadh TnaG amach, cé go nglacaimid léi anois mar chuid den ghnáthshaol. Bunaíodh an stáisiún mar thoradh ar bhreis is fiche bliain d'fheachtais leanúnacha a reáchtáil Conradh na Gaeilge, Freagra, Meitheal Oibre Theilifís na Gaeltachta, An Feachtas Náisiúnta Teilifíse, Údarás na Gaeltachta agus daoine aonaracha eile.

Conradh na Gaeilge a bhí chun tosaigh leis an éileamh. Gníomh thar a bheith radacach a bhí ann nuair a ghlac Ard-Fheis Chonradh na Gaeilge ar an Spidéal i 1980 leis an bpolasaí go n-éileofaí stáisiún (bealach) teilifíse Gaeilge. Ní raibh a leithéid d'aidhm ag aon eagraíocht Ghaeilge ná Ghaeltachta eile ag an am ná go ceann i bhfad ina dhiaidh. Bhí an aidhm sin chomh fada ón bhfreastal suarach a bhí á dhéanamh ag RTÉ ar phobal na Gaeilge ag an am gur cheap go leor daoine i ngluaiseacht na Gaeilge, fiú, go rabhamar glan as ár meabhair, gur aidhm chraiceáilte a bhí ann agus nach bhféadfaí í a bhaint amach. Ach baineadh amach í tar éis na mblianta d'agóidí, d'achainíocha, de phríosúnú, de chásanna agus de phicéidí cúirte, de shuí istigh agus de dhreapadh na haeróige in RTÉ (Ciarán Ó Feinneadha), de bhunú stáisiún bradach teilifíse i Ros Muc agus d'fheachtais eagraithe stocaireachta.

Ní fhéadfaí gan polaiteoir amháin, ach go háirithe, a lua sa chomhthéacs seo, áfach, agus sin Micheál D. Ó hUiginn. Ní bheadh TnaG ná TG4 ann gan é, dar liom. Léirigh sé tuiscint phearsanta agus acadúil, ó thaobh cearta teanga, ó thaobh na sochtheangeolaíochta agus ó thaobh na polaitíochta, do thábhacht an fhiontair seo. Léirigh sé diongbháilteacht thar na bearta freisin ina dhéileáil le freasúra a bhí glórach, binbeach agus aineolach faoi thábhacht na Gaeilge féin, gan trácht ar thábhacht stáisiún teilifíse Gaeilge.

Ina measc siúd bhí iriseoirí agus nuachtáin ar leith a raibh feachtas leanúnach ar bun acu in éadan bhunú Theilifís na Gaeilge agus in éadan Mhicheál D., go pearsanta. Bhí an *Sunday Independent* i dtús cadhnaíochta san obair seo agus bhíodh colúin rialta ag Colum Kenny ag rá nach raibh aon ghá leis an stáisiún, ag ceistiú na gcostas a bhainfeadh leis, agus ag tabhairt le tuiscint gurbh iad RTÉ agus lucht féachana na gcláracha Béarla ar RTÉ (.i. an pobal i gcoitinne, dar leis) a bheadh thíos le bunú TnaG. Is minic a d'ionsaigh sé Micheál D. go pearsanta, á thabhairt le tuiscint gur ag iarraidh cur lena chumhacht féin agus lena smacht féin ar chúrsaí craolacháin in Éirinn a bhí sé, gan trácht ar thagairtí searbhasacha, mar a bhí ag iriseoirí eile freisin, don stáisiún a bheith lonnaithe agus ag cruthú post ina dháilcheantar féin. Ar chúrsaí costais is mó a leag sé béim, cé gur chuir sé in éadan an fhiontair i gcoitinne chomh maith. In alt dar teideal 'Good Money After Bad', scríobh sé:

There are strong cultural arguments against Teilifís na Gaeilge. These are in addition to serious questions about the financial wisdom of Minister Michael D. Higgins' proposals. It is important to address these cultural considerations in their own right, as criticism of Teilifís na Gaeilge is being dismissed by some as mere financial quibbling (Kenny, 1994).

San alt céanna, chosain sé RTÉ, ag maíomh go raibh a ndícheall déanta acu maidir le cláracha Gaeilge. Téama an-choitianta a bhíodh aige ná go mbeadh pobal an Bhéarla thíos le bunú TnaG:

> The RTE contribution will apparently have to come out of the budget otherwise available to spend on programming which people watch in English. This is not so much a case of robbing Peter to pay Pól as depriving TV licence payers of programmes in the English language and undermining the viability of Irish broadcasters and producers in an international market (Kenny, 1995).

Bhí ionsaithe Kevin Myers ina cholún 'An Irishman's Diary' san *Irish Times* níos tarcaisní agus níos binbí fós, ag tabhairt 'Teilifís de Lorean' arís is arís eile ar TnaG (Myers, 1994a agus 1994b, 1995 agus 1996) .i. fiontar a dteipfeadh go tubaisteach air in ainneoin go gcaithfí na milliúin air, amhail ghluaisteáin John de Lorean. Dar leis, bhí an Ghaeilge marbh, ní raibh spéis ag an bpobal inti agus níor chóir a thuilleadh airgid a chur amú uirthi:

> The truth is that as a vernacular language, Irish is dead. Such pronounce-ments are normally regarded as a wish that it be so. This is unjust. The physician who pronounces life extinct does not wish it to be so. I wish Irish well. But it is doomed. Teilifís de Lorean is set to add to the hundreds of millions of pounds already squandered on a life-support system for the dead (Myers, 1995).

Bhí go leor iriseoirí eile ag caitheamh anuas ar choincheap TnaG san am, ina measc Myles McWeeney (1995) a dúirt gur 'economic black hole' agus 'white elephant' a bheadh inti. I léirmheas ar chlár *Davis* ar RTÉ 1 a bhí ag plé ceist TnaG, thug Diarmuid Doyle 'gravy train' air. Ag tagairt do lucht tacaíochta TnaG ar an gclár *Davis* dúirt Doyle:

> They've been given their gravy train to play with. And nobody is going to take it away, no matter how often it threatens to go off the rails . . . wasting millions of pounds of taxpayers money propping it up in the face of very specific information that it will be a failure (Doyle, 1996).

Léirigh an *Irish Times*, lasmuigh de cholúin Kevin Myers, dearcadh an-bháúil, go háirithe sna hailt den scoth a scríobh Uinsionn Mac Dubhghaill (féach a aiste sa bhailiúchán seo). Bhí formhór na nuachtán eile ag sciolladh agus ag fonóid faoi choincheap an stáisiúin agus faoi Mhicheál D., a bhí ag brú an smaoinimh chun cinn. Sa tréimhse sin go léir i lár na nóchaidí nuair a bhí díospóireacht TG4 faoi lánseol, ní cuimhin liom ach alt amháin ag tacú le TnaG san *Independent*. Matt Cooper, a bhí díreach ar tí an *Independent* a fhágáil, a scríobh an t-alt 'Putting the role of Teilifís na Gaeilge into context' agus sáralt a bhí ann. I measc rudaí eile, dúirt sé go raibh sé faiseanta i gciorcail áirithe Teilifís na Gaeilge a ionsaí. Thug sé 'humbug' ar argóintí lucht ionsaithe TnaG agus thug sé 'cynics and pessimists' ar na 'knockers' a bhí ag cur in éadan TnaG (Cooper, 1996: 13).

Bhí an freasúra beag ach an-ghlórach i measc na meán clóite go háirithe, rud a chuir an oiread sin oilc ar Mhicheál D., gur ionsaigh sé go fíochmhar claontacht agus ciniciúlacht na dtráchtairí sin nuair a bhí sé ag casadh an fhóid ag ceannáras nua TnaG i mBaile na hAbhann in Eanáir 1996. Ní róshásta a bhí cuid de na hiriseoirí leis ach bhí Micheál D. sách láidir ag cosaint thábhacht TnaG agus chearta phobal na Gaeilge nár lig sé d'aon duine é a chur dá threoir.

Níl aon amhras ach go bhfuil éacht déanta ag an stáisiún ó bunaíodh é agus cuirim an tréimhse réamhullmhúcháin sular tháinig TnaG ar an aer san áireamh ansin freisin. Bíonn meán sé huaire an chloig de chláracha Gaeilge á gcraoladh in aghaidh an lae. Is athchraoltaí iad cuid díobh seo ach ní bheadh aon locht agam air sin. Tugann athchraoltaí deis do dhaoine a chaill clár an chéad uair ar craoladh é an t-athchraoladh a fheiceáil agus tugann sé deis do dhaoine gur thaitin clár ar leith leo an clár sin a fheiceáil arís. Bíonn na huaireanta eile as Béarla den chuid is mó, áfach.

Caithfidh mé a rá go bhfuil fadhbanna móra agam féin leis seo, go háirithe nuair a fheicim cuid de na cláracha Béarla seo luaite ag TG4 mar chuid den tseirbhís atá á cur ar fáil acu. Cuireann sé iontas orm go mbeadh TG4 ag maíomh as 'sraitheanna aitheanta idirnáisiúnta', mar a thugann siad orthu, a bheith ag cur seirbhíse ar fáil do dhéagóirí agus do dhaoine sna luathfhichidí. I dtuairisc ar lucht féachana TG4 i 2005 deirtear:

Cuireadh athrú suntasach ar an sceideal i dtús 2005, go háirithe don oíche Luain. I measc na gclár nua a cuireadh sa sceideal don oíche sin bhí

Paisean Faisean, Nip/Tuck agus *The OC* agus é mar aidhm lucht féachana níos óige, go háirithe mná, a mhealladh ... Tá an trí shraith atá luaite thuas ar fáil anois ar liosta seachtainiúil na gclár is mó a thuill lucht féachana don chainéal. Sa tréimhse Eanáir-Aibreán 2005, bhí scair fhéachana 10% ag TG4 don aoisghrúpa 15–24 bliain – trí oiread an mheánscair don chainéal. Leanadh sa gcuid eile den bhliain leis an tús láidir seo don oíche Luain (TG4, 1005: 8).

Ní luaitear, áfach, gur i mBéarla a bhí dhá cheann de na trí shraith seo. Ag tagairt do Dheireadh Fómhair na bliana céanna, deirtear linn:

Thionscnaigh TG4 an zón nua laethúil sceidil *Síle*, atá dírithe ar dhéagóirí agus ar dhaoine sna luath-fhicheadaí. Is í Síle Ní Bhraonáin a chuireann an zón seo i láthair, ina bhfuil meascán tarraingteach spleodrach de shraitheanna aitheanta idirnáisiúnta ar nós *Pimp my Ride, The OC, One Tree Hill* agus *What I Like About You* mar aon le *Pop 4* (TG4, 2005: 8).

Táthar ag maíomh go raibh 40% den sprioc-aoisghrúpa tar éis féachaint ar *Síle* agus deirtear linn go bhfuil 'ag éirí go maith leis na sraitheanna aitheanta ar fad sa zón' (TG4, 2005: 8). Ach arís ní luaitear gur i mBéarla a bhíonn na cláracha seo ar fad seachas *Pop 4*.

Nílim ag rá nach seirbhís de shaghas éigin iad na cláracha Béarla seo, cé go gceisteoinn a bhfiúntas cultúrtha. Ach an í an tseirbhís í ar bunaíodh TnaG nó TG4 fána coinne? An í seo an 'tSúil Eile' atá le cur ar fáil ag TG4 don ghlúin óg? Nó i gcás na ndaoine fásta an iad an *western*, Scannán na Seachtaine, *Cold Case* agus *Nip/Tuck* an cineál seirbhíse is cóir do TG4 a chur ar fáil, is cuma cén saghas lucht féachana nó lucht fógraíochta a mheallann siad?

Glacaim leis anois go bhfuil gá le méid áirithe cláracha i mBéarla chun cuid den sceideal a líonadh. Ach an gá go mbeadh TG4 ag craoladh ceithre huaire fichead in aghaidh an lae? Agus níos tábhachtaí fós, ar chóir go mbeadh TG4 ag caitheamh cuid de bhuiséad gann, luachmhar an stáisiúin ar chláracha Béarla dá leithéid? Ar an leathanach deireanach de *Thuarascáil* TG4 do 2005 leagtar amach tosaíochtaí do 2006. Ceann díobh ná '70% ar a laghad den mhaoiniú poiblí a thiomnú do chláracha Gaeilge'. B'fhéidir go ndéarfaí go bhfuil sé sin ceart go leor ach cé mhéad den 30% eile, tar éis na barrchostais a bhaint amach, atá á chaitheamh ar chláracha Béarla? Rud é seo nach gceadófaí sa Bhreatain Bheag, áit a bhfuil dualgas ar S4C an t-airgead ar fad a fhaigheann siad a chaitheamh ar a gcroísheirbhís Bhreatnaise. Ach tuigim, ar ndóigh, nach ionann an cás mar go bhfaigheann S4C a gcuid cláracha Béarla go léir saor in aisce ó Channel 4.

Tá difríocht ollmhór eile idir TG4 agus S4C, ar ndóigh, agus sin cúrsaí airgid. Faigheann TG4 €28m sa bhliain ón rialtas agus saothraíonn siad timpeall €4m eile ar fhógraíocht. Faigheann S4C €135m ó rialtas na Breataine agus saothraíonn siad timpeall €13m ar an bhfógraíocht. Chomh maith leis sin, soláthraíonn an BBC 550 uair an chloig de chláracha saor in aisce do S4C ach ní sholáthraíonn RTÉ ach 365 uair an chloig de chláracha saor in aisce do TG4. Níl aon dabht ach go bhfuil easpa airgid ar an mbac is mó atá ar TG4 níos mó cláracha as Gaeilge a chraoladh.

Tá áthas orm a fheiceáil go ndeimhnítear go soiléir *Tuarascáil Bhliantúil TG4 2005* gurb é 'príomhthasc agus sprioc TG4 soláthar ardchaighdeáin teilifíse Gaeilge' (2005: 2). Níor mhaith liom a cheapadh go lagófaí an aidhm sin san iarracht le lucht féachana níos mó a bhaint amach. Bhí an bhuairt sin orm faoi athbhrandáil TnaG mar TG4, cé gur chuala mé Pádhraic Ó Ciardha ag maíomh go minic as an athbhrandáil chéanna:

> Ríomhfaidh duine éigin níos oilte ná mise stair TnaG ach is cinnte gurbh é an athbhrandáil go TG4 i 1999 an beart ba thábhachtaí a rinneamar sa tréimhse thosaigh ar fad. Tar éis dhá shéasúr, bhí a fhios againn . . . gur ghá dúinn seilbh a fháil ar uimhir 4 sula ndéanfadh cainéal dúchasach éigin eile é – agus go mbeadh seans níos fearr fós ag an gcroísceideal Gaeilge dá mbeadh sceideal tacaíochta ag dul leis (Ó Ciardha, 2006: 19).

Is gá a aithint, ar ndóigh, go bhfuil baint lárnach ag líon mór na gcláracha Béarla le heaspa maoiniú ceart do TG4. Ach is gá a aithint freisin go mbaineann cuid den fhadhb leis an iarracht chun líon lucht féachana an stáisiúin a mhéadú trí chláracha Béarla a thaispeáint a mheallfadh lucht féachana níos mó. Chinnteodh lucht féachana níos mó dearcadh níos báúla ón stát ar ardú deontais do TG4, spreagfadh sé níos lú gearán faoi chúrsaí airgid ó naimhde TG4 agus chinnteodh sé breis ioncam fógraíochta don stáisiún chomh maith. Ach úsáidtear na figiúirí féachana rómhinic mar shlat tomhais ar rath an stáisiúin.

Nach é príomhdhualgas TG4 freastal ar phobal na Gaeilge agus na

Gaeltachta agus orthu siúd a bhfuil spéis acu sa Ghaeilge nó atá ag iarraidh feabhas a chur ar a gcuid Gaeilge nó ag iarraidh an teanga a fhoghlaim? Bhí teannas sna hochtóidí agus sna luathnóchaidí idir an dream a bhí ag iarraidh Teilifís na Gaeltachta a bhunú agus an dream a bhí ag iarraidh stáisiún teilifíse Gaeilge don tír ar fad a bhunú. Ach rinne an dá dhream, dar liom, talamh slán den fhíric gur i nGaeilge go hiomlán, nó ar a laghad den chuid is mó, a bheadh pé seirbhís a bhunófaí. Is fada uaidh sin an staid reatha.

An bhfuil TG4 rómhór faoi smacht an ruda ar ar thug Uinsionn Mac Dubhghaill 'ansmacht na bhfigiúirí féachana' ina aiste sa bhailiúchán seo? An ar an gcúis chéanna an gá fotheidil a chur le gach clár Gaeilge do dhaoine fásta atá réamhthaifeadta, le freastal ar phobal an Bhéarla? Cuireann fotheidil isteach go mór orm féin agus mé ag breathnú ar chláracha agus tá a fhios agam nach mé an t-aon duine amháin atá amhlaidh. Baineann siad m'aird den ábhar agus cuireann siad i mbun comparáide mé idir an chaint ar an scáileán agus téacs na bhfotheideal. Tugann fotheidil Bhéarla ar chláracha Gaeilge tús áite do phobal an Bhéarla sa taitneamh is féidir a bhaint as cláracha Gaeilge. Is cur isteach iad orthu siúd a bhfuil Gaeilge acu agus go síceolaíoch tugann siad le tuiscint, mar a thugadh cláracha dátheangacha RTÉ fadó, nach féidir an rud tábhachtach a rá as Gaeilge amháin – go gcaithfidh tú é a aistriú go Béarla nó é a rá as Béarla chomh maith.

Cén fáth nach gcuirtear na fotheidil ar fáil ar theilithéacs agus go bhféadfadh an pobal iad a mhúchadh mura mbeidís uathu? Ní leor ceist an airgid, nó teilifíseáin den seandéanamh gan teilithéacs, a úsáid mar fhreagra. Braithim gur ceist pholasaí atá ann agus gurb é an polasaí mícheart é. In áit na bhfotheideal Béarla, d'fhéadfaí níos mó fotheideal Gaeilge a chur le cláracha Gaeilge mar a dhéantar le *Ros na Rún*. Thabharfadh sé seo tús áite don Ghaeilge agus do phobal na Gaeilge agus iad ag breathnú ar chláracha Gaeilge TG4, chabhródh sé leis an bpróiseas tuisceana agus foghlama teanga agus d'fhéadfadh daoine gan Gaeilge teacht ar fhotheidil Bhéarla ar theilithéacs. Ba chóir go bhféadfadh pobal na Gaeilge na fotheidil Ghaeilge a mhúchadh freisin muna mbeidís uathu.

In alt an-mholtach san *Evening Echo* ar an 23 Iúil 2005 dúradh:

The folks at TG4 . . . probably have the best all around variety of programmes, sport, history, comedy, great films including classic westerns, and some very unusual and interesting documentaries. The best thing about TG4 is that they are not in your face about the whole Irish thing. I believe this home-grown channel gives us the best all round entertainment value, and the cupla focal as well. (TG4, 2005: 4)

Ní déarfainn go deo go bhfuil TG4 ag iarraidh an cúpla focal a chur in áit an 'whole Irish thing' ach is gá a bheith cúramach nach sleamhnódh cúrsaí sa treo sin dá ndéanfaí ciorruithe airgid ar an stáisiún.

Caithfimid gliondar agus bród a bheith orainn, áfach, in ainneoin na gcláracha Béarla go léir, go mbíonn sé huaire an chloig, nó níos mó uaireanta, de chláracha Gaeilge ar TG4 gach lá agus a bhformhór mór ar ardchaighdeán. Is éacht é sin, rud nach bhféadfaí a shamhlú cúig bliana déag ó shin nó deich mbliana ó shin, fiú, nuair ba é an plean a bhí ann ná sceideal dhá uair an chloig de chláracha Gaeilge a chraoladh in aghaidh an lae – uair an chloig a choimisiúnófaí ón earnáil neamhspleách agus uair an chloig a chuirfeadh RTÉ ar fáil, agus go mb'fhéidir go bhféadfaí an sceideal a shíneadh go trí huaire an chloig le hathchraoltaí. Sa chomhthéacs sin, níl aon dabht ach gur éacht iad na sé huaire an chloig sa ló anois. Má bhreathnaímid siar ar an tréimhse roimh bhunú TG4, ní raibh an méid sin cláracha Gaeilge á gcraoladh ag RTÉ in aghaidh na seachtaine, ag an am ab fhearr fiú. Bhí tréimhse amháin ann, an tréimhse is measa is cuimhin liom, nach raibh ach 35 nóiméad á chraoladh in aghaidh na seachtaine ag RTÉ – *Nuacht*, cúig nóiméad sa ló. B'fhéidir go gceapfaí go raibh sé santach anois a bheith ag lorg níos mó ná sé huaire an chloig sa ló ach creidim go gcaithfidh TG4 cur lena cláracha Gaeilge le féiniúlacht an stáisiúin mar stáisiún Gaeilge a chaomhnú agus a fhorbairt agus a chinntiú nach mbáfar na cláracha Gaeilge faoi thonnta na gcláracha Béarla.

Ábhar díomá dom a laghad fógraí Gaeilge a bhíonn ar TG4. Cheap mé go raibh tionchar iontach ag na fógraí Gaeilge go léir i dtús ré TG4 ach bíonn 95% de na fógraí as Béarla anois (Ní Chéilleachair, 2006). Níl aon ráta laghdaithe ar fáil d'fhógraí as Gaeilge. Creidim gur chóir go mbeadh sé mar pholasaí ag TG4 nó ag a gcomhlacht fógraíochta Post TV daoine a spreagadh chun a gcuid fógraíochta a dhéanamh as Gaeilge ní hamháin trí chúnamh teanga agus aistriúcháin a thairiscint chuige sin ach trí phraghas níos ísle a ghearradh ar chraoladh na bhfógraí Gaeilge. Chuirfeadh sé go mór le híomhá an stáisiúin agus le híomhá na Gaeilge mar theanga tráchtála. Chuaigh líon na bhfógraí Gaeilge a bhíodh ar

TnaG ag an tús i bhfeidhm ar dhaoine. Tá an laghdú le brath go soiléir anois.

I mbeagán focal, céard atá curtha ag TG4 le saol na Gaeilge agus le saol na hÉireann le deich mbliana anuas? An t-uafás ar fad, níos mó ná institiúid Ghaeilge ar bith eile, an oiread sin nach bhféadfaí na héachtaí uile a áireamh anseo ach blaiseadh beag de mo thuairimí féin a thabhairt. Thar aon rud eile, chraol TG4 réimse thar a bheith leathan de chláracha Gaeilge d'ardchaighdeán, nach bhféadfaí a leithéid a shamhlú roimh bhunú an stáisiúin, agus a bhfuil duaiseanna agus gradaim bainte amach acu in Éirinn, i measc na dtíortha Ceilteacha agus ar fud an domhain. Cuimhnigh go ndúirt Colum Kenny, mar a luaigh mé cheana, go mbeadh caiteachas RTÉ ar TnaG 'undermining the viability of Irish broadcasters and producers in an international market' (Kenny, 1995). A mhalairt ar fad a tharla. Chuir cláracha TG4 le cáil na gcraoltóirí Éireannacha ag féilte thar lear.

Spreag TG4 cruthaitheacht úr, nua, fhorásach i mbeagnach gach gné de chúrsaí teilifíse agus de shaol ealaíne na Gaeilge, cruthaitheacht nach raibh cos isteach ná ardán ceart ar fáil di roimhe sin. Thug TG4 ardú meanma agus íomhá úr, óg, ghnéasúil, fhuinniúil don Ghaeilge i measc phobal na hÉireann trí chéile agus, ar ndóigh, i measc phobal na Gaeilge agus na Gaeltachta féin. Bhí sí tarraingteach agus *cool*, fiú, ag an nglúin óg go háirithe. Chruthaigh sí poist mhaithe chéimiúla atá, mar a deirtear, 'teangalárnaithe' .i. ag brath ar chaighdeán maith Gaeilge a bheith ag duine, agus chuir sí bonn i bhfad níos sláintiúla faoin earnáil neamhspleách teilifíse sa Ghaeltacht agus ar fud na tíre. Chuir sí seirbhís riachtanach ar fáil do phobal na Gaeilge agus na Gaeltachta a ceileadh orainn, a bheag nó a mhór, ó tháinig ré na teilifíse agus na nuatheicneolaíochta. Chuir sí seirbhís iontach ar fáil do pháistí agus do dhaoine óga, an dream is mó a raibh RTÉ tar éis feall a dhéanamh orthu. Bhí tréimhse ann gur fhás glúin iomlán páistí óga aníos gan clár teilifíse ar bith a fheiceáil as Gaeilge a bhí oiriúnach dá n-aoisghrúpa féin. Bhí tionchar an-dona aige seo ar mheon na bpáistí ach tá a gcuid laochra, frithlaochra agus réalta teilifíse féin acu anois a labhraíonn Gaeilge, Hiúdaí ina measc.

Chuir TG4 seirbhís nuachta sainiúil ar ardchaighdeán ar fáil dúinn chomh maith cé gur trua nach mbíonn ach an t-aon chlár amháin ar siúl sa ló. Bhí foireann óg fhuinniúil nuachta ag an stáisiún ón tús, ceann de na foirne nuachta teilifíse ab óige ar domhan ag an am. Bhí agus tá

'Súil Eile' TG4 le feiceáil sna cláracha nuachta ó thaobh roghnú agus láimhseáil scéalta, an léargas tuisceanach a fhaighimid agus an cur i láthair nuálach agus uaireanta neamhfhoirmeálta a chuirtear os ár gcomhair. Tá sé tábhachtach go gcaomhnófaí sainiúlacht *Nuacht TG4* féin in aon chónascadh a dhéanfar idir seomraí nuachta RTÉ agus TG4. Ba chóir go gcuirfí go mór, áfach, le clúdach nuachta agus cúrsaí reatha TG4. Bíonn 7 *Lá* tráthúil agus suimiúil i gcónaí ach tá gá le níos mó den iriseoireacht imscrúdaitheach agus den tuairisciú níos grinne agus níos géire a bhainfeadh suaitheadh anois is arís as ceannasaíocht agus struchtúir rialaithe na tíre. Ach leis an méid sin ráite, tá TG4 ag cur go mór lenár n-eolas agus lenár léargas ar chúrsaí reatha na hÉireann agus an domhain. Gné fhíorthábhachtach agus dlúthchuid de TG4 an tseirbhís nuachta a chuirtear ar fáil.

Maidir le cláracha ar leith, is dóigh liom gurb iad na cláracha faisnéise buaic TG4. Léiríodh cláracha faisnéise den scoth – go háirithe cinn pholaitiúla agus cinn a bhain le scríbhneoirí agus le cúrsaí litríochta. Cúpla ceann a luafainn go háirithe ná *I gCillín an Bháis* le Sonia Nic Giolla Easpaig, *Faoi Lámha an Stáit* le Dónall Ó Maolfabhail agus *Oileán Thoraí*, a tháinig sa chéad áit i gcomórtas TG4 don deich gclár faisnéise ab fhearr ó bhunú an stáisiúin. Luafainn freisin scoth na gcláracha faisnéise liteartha, m.sh., *Concerto Chaitlín Maude* le hAoife Nic Cormaic, *Idir Dhá Theanga* faoi Liam Ó Flaithearta, *Iomramh Aonair* faoi Bhreandán Ó hEithir, *File Fiáin Fearúil* faoi Bhreandán Ó Beacháin, an clár *Idir na Línte* faoi Phádraig Standún, agus na cláracha faoi Mháirtín Ó Cadhain ag Mac Dara Ó Curraidhín. Is liosta le háireamh iad scoth na gcláracha faisnéise.

Cuireadh cláracha eile den scoth ar fáil dúinn ó bunaíodh TG4, cláracha nádúrtha dúchasacha grinn ar nós *C.U. Burn*, an sobaldráma *Ros na Rún*, an sraithdhráma do dhéagóirí *Aifric*, na cláracha spóirt de gach cineál as gach cearn den domhan (cé go mbíonn i bhfad an iomarca díobh ann uaireanta, go háirithe le linn Wimbledon agus an Tour de France), cláracha ceoil, cláracha taistil, cláracha cócaireachta, cláracha garraíodóireachta, cláracha faisin agus cláracha éadroma siamsaíochta.

Is cinnte gur éacht an méid sin do stáisiún nach bhfuil ach deich mbliana ar an aer agus atá gann ar airgead. Bheadh sé deacair ár saol a shamhlú anois gan TG4 agus gan na gnéithe tábhachtacha seo ar fad dár siamsaíocht agus dár raon eolais agus tuisceana. Is é ár stáisún féin é agus táimid uile thar a bheith bródúil as. Ní miste breathnú go fuarchúiseach, áfach, ar pholasaithe áirithe de chuid TG4 chun a chinntiú go neartófar TG4 mar stáisiún teilifíse Gaeilge, stáisiún a mbeidh na glúnta inár ndiaidh chomh bródúil, ríméadach céanna as is atáimid féin.

Leabharliosta

Cooper, M., 1996. 'Business Matters – Putting the role of Teilifís na Gaeilge into context', *Irish Independent*, 9 Meán Fómhair.

Doyle, D., 1996. 'Television Review – Teilifís na Gravy Train chugs along just fine', *Sunday Tribune*, 12 Bealtaine.

Kenny, C., 1994. 'Good money after bad', *Sunday Independent*, 6 Feabhra.

Kenny, C., 1995. 'Ministerial magic of free television', *Sunday Independent*, 5 Feabhra.

Mac Mathúna, S., 1982. 'Tuarascáil an Ard-Rúnaí', *Leabhrán Ard-Fheis Chonradh na Gaeilge 1982*, 45.

Mac Mathúna, S., 1983. 'Tuarascáil an Ard-Rúnaí', *Leabhrán Ard-Fheis Chonradh na Gaeilge 1983*, 28.

Mac Mathúna, S., 1993. 'Tuarascáil an Ard-Rúnaí', *Leabhrán Ard-Fheis Chonradh na Gaeilge 1993*, 17–18.

McWeeney, M., 1995. 'Our own Irish white elephant', *Irish Independent*, 26 Bealtaine.

Myers, K., 1994a. 'An Irishman's Diary', *Irish Times*, 10 Meán Fómhair.

Myers, K., 1994b. 'An Irishman's Diary', *Irish Times*, 28 Deireadh Fómhair.

Myers, K., 1995. 'An Irishman's Diary', *Irish Times*, 15 Márta.

Myers, K., 1996. 'An Irishman's Diary', *Irish Times*, 22 Bealtaine.

Ní Chéilleachair, M. (muiriosa@posttv.ie), 23 Samhain 2006. Ábhar: Eolas faoi fhógraíocht TG4. Ríomhphost chuig Post TV.

Ní Chionnaith, Í., 1975. Litir chuig an Roinn Poist agus Teileagrafa agus preas-ráiteas, 1 Márta.

Ó Ciardha, P., 2006. 'Tús maith, súil eile is todhchaí neamhspleách!', *Foinse*, 5 Samhain.

TG4, 2005. *Tuarascáil Bhliantúil TG4, 2005*. Ar fáil ag: www.tg4.ie/corp/corp.htm.

An 'Mheán-Ghaeilge': Caighdeáin Teanga i gCláir Óige TG4

Pádraig Ó Mianáin

Ó tharla nach mé is mó saineolas acadúil ar na meáin chumarsáide – go deimhin, ba mhó go mór den 'léan' ná den 'léann' a bhain le mo sheal staidéir ar na meáin chumarsáide ar ollscoil – is i gcáil Gaeilgeora a mhaireann sa dú-Ghalltacht i gceann de cheantair neamhghlasa an Tuaiscirt, agus i gcáil tuismitheora atá ag tógáil clainne le Gaeilge sa timpeallacht sin, is mian liom labhairt ar ról agus ar thionchar TG4 mar dhinimic bhisiúil i saol comhaimseartha agus i dtodhchaí na Gaeilge. Is ar chláir na bpáistí, agus go háirithe ar thionchar na gclár sin ar inniúlacht agus líofacht na bpáistí sa Ghaeilge agus ar a ndearcadh ar an Ghaeilge i gcomhthéacs na mórtheanga, is mian liom trácht, óir is ábhar é atá a dheas do mo chroí. Tá triúr páistí óga againn féin, agus tá áit lárnach ina ndomhan bheag ag carachtair ar nós Dora, Clifford, SuperTed agus Elmo, díreach mar a bhíonn a leithéidí de charachtair ar intinn agus ar bhéal lucht a gcomhaoise i mBéarla. Is iad féachadóirí óga an lae inniu pobal Gaeilge an lae amárach, agus tá an-tábhacht le ról seo TG4 mar mheán múnlaithe agus dearcaidh teanga ar thairseach an 21ú haois.

Ní racht borb Tuaisceartach atá fúm a ligean, óir ní leis an Tuaisceart amháin a bhaineann ábhar mo chainte, agus is minic nach mbíonn de thoradh ar lua an Tuaiscirt ach imeallú agus neamhaird ar shubstaint cibé argóna a bhíonn á déanamh, dá bhailí í. Cé go bhfuil dálaí agus dúshláin ar leith le sárú ag pobal na Gaeilge sna Sé Chontae, is le staid na teanga fud fad an oileáin a bhaineann na saincheisteanna a mbeidh mé féin ag caint orthu. Is leor liom a rá faoi chúinsí sainiúla an Tuaiscirt gur ardú próifíle as cuimse don Ghaeilge mar theanga bheo é í a bheith le feiceáil ar an teilifís – sin, ar ndóigh, sna háiteanna a bhfuil comhartha sásúil TG4 le fáil go dtí seo. Ní hamháin go bhfuil íomhá níos bríomhaire agus níos nua-aimseartha ag an Ghaeilge i measc an phobail náisiúnaigh ó thuaidh ach is oscailt súl (nó méar sa tsúil, dar le go leor) í TG4 don chuid sin den phobal a bhí agus atá deargnaimhdeach i leith na Gaeilge agus ar rófhurasta riamh anall leo a chaitheamh linn nach raibh sa Ghaeilge ach teanga mharbh nach raibh ach á húsáid ag antoiscigh mar uirlis pholaitiúil. Má deir an Béarla gur fiú míle focal pictiúr amháin, níl áireamh ar a liacht focal is fiú an pictiúr beo leanúnach a bhíonn á chraoladh go laethúil ó thuaidh agus a théann i gcion ar íomhá na teanga in intinn carad agus namhad araon.

Is iomaí gné de TG4 ar mhaith liom trácht uirthi, agus dála custaiméara ar bith, bheadh idir mholadh agus cháineadh le déanamh agam. Tá sé tábhachtach go mbeimisne, an lucht féachana agus na custaiméirí is dílse ag teilifís na Gaeilge, sásta moladh a thabhairt nuair a bhíonn sé tuillte, nó bíonn claonadh ag lucht na Gaeilge a bheith níos fonnmhaire leis an cháineadh ná a bhíonn siad leis an mholadh. Agus níl moladh is fearr a d'fhéadfainn féin a thabhairt do TG4 ná gur deacair anois a shamhlú cad é mar a bhí an saol roimh theacht ann di, díreach mar is deacair a shamhlú cad é mar a bhí an saol roimh theacht ann do Raidió na Gaeltachta. Os a choinne sin, tá sé tábhachtach go mbeadh TG4, mar sheirbhís phoiblí, sásta glacadh le ceistiú, le cáineadh nó le léiriú imní nuair a bhíonn bunús bailí leo, agus go gcuirfí tuairimí agus riachtanais a croíchustaiméirí san áireamh.

Tá dhá thoradh shuntasacha ar chláir óige TG4, dar liom féin. Táthar ag mealladh sciar den phobal féachana óg gan Ghaeilge nach dtiocfadh i dteagmháil go brách leis an Ghaeilge taobh amuigh den seomra ranga ach go bé TG4; táthar á chur ina luí orthu gur féidir a bheith *cool* trí mheán na Gaeilge, agus ní coinníoll éigeantach feasta ag an fhoghlaimeoir óg Gaeilge é cúl a thabhairt leis an 21ú haois agus é féin a bhá i ndomhan an Chraoibhín Aoibhinn, Pheig Sayers nó Shéamuis Uí Ghrianna. Thar aon rud eile, is dearbhú leanúnach í TG4 gur teanga bheo chomhaimseartha í an Ghaeilge; tá an seanseál agus an cóta de ghlas na gcaorach caite i leataobh agus an bríste beirmiúda agus an mionsciorta ina n-áit. Tá an íomhá nua seo á craobhscaoileadh amach thar chlaí ghort na Gaeilge agus amach sa mhórphobal, rud a chothaíonn dearcadh níos dearfaí ag na neamh-Ghaeilgeoirí ar an teanga. Tugann *Tuarascáil Bhliantúil* TG4 do 2005 le fios go mbíonn suas le 20% den scair féachana náisiúnta ag *Cúla4*, rud a chiallaíonn go bhfuiltear ag mealladh líon maith daoine óga le teagmháil éigin, mura mbeadh ann ach an tráchtaireacht

Ghaeilge idir mhíreanna ceoil srl., a bheith acu dá ndeoin féin leis an teanga. Mar a luaigh mé i gcás an Tuaiscirt, ciallaíonn an t-ardú feiceálachta agus stádais seo sa tsochaí i gcoitinne go dtarlaíonn ardú muiníne i measc phobal labhartha na Gaeilge féin.

Dá mhéad is cás leis na coimeádaigh chultúrtha i bpobal na Gaeilge é, tá tionchar láidir, nó ceannasach fiú, ag an phopchultúr dhomhanda chomhaimseartha i múnlú bhonn tuisceana cultúrtha phobal óg na Gaeilge. Is fearr leis an aos óg a bheith *cool* ná a bheith corr, agus ní foláir leo a bheith rannpháirteach i gcuideachta na cuideachta sa chultúr choiteann agus i ngnás a bpiarghrúpa gan Ghaeilge. Ó aimsir na hathbheochana, bhí mar mhana ag gluaiseacht na Gaeilge 'mura bhfuil tú ar ár son, tá tú inár n-éadan', agus is minic a damnaíodh na meáin chumarsáide mar fhoinse gach oilc Ghallda. Le bunú Theilifís na Gaeilge/TG4, ámh, cuireadh tionchar seo na teilifíse chun tairbhe don Ghaeilge den chéad uair i dtaca le dul i gcion ar pháistí agus ar dhéagóirí. Tá dearcadh níos réalaíche i réim in áit na mianaidhme útópaí, agus aithnítear gur gá an t-aos óg a mhealladh chuig an teanga trí mheán an chultúir a shantaíonn siadsan, díreach mar a bhí ar Raidió na Gaeltachta a aithint cúpla bliain ó shin go mb'fhéidir go bhfuil duine nó dhó sa Ghaeltacht ag éisteacht le popcheol Béarla, rud atá inghlactha (is cosúil) fad is gur i ndorchacht na hoíche a dhéantar é.

Is athrú bunúsach ar chultúrdhearcadh na Gaeilge é seo. San áit ar measadh nár leor Gaeilge a bheith agat gan tú féin a bhá go hiomlán ina cultúr traidisiúnta, is normálta anois a bheith i do Ghaeilgeoir agus a bheith beag beann ar an chultúr a théann léi, nó a bheith rannpháirteach go gníomhach sa mhórchultúr agus Gaeilge a bheith agat chomh maith. Gan trácht ar a thábhachtaí atá sé ag an aos óg a bheith i gcuilithe an mhórchultúir, is tríd an chultúr choiteann seo a fhaigheann siad cuid mhór de na tuiscintí sóisialta, na luachanna morálta, na cinntí iompraíochta, na freagairtí mothúchánacha, na gothaí agus na tréithe a bhaineann leis an neach aisteach sin ar a dtugtar 'déagóir'. Ó tharla gur leis an mhórchultúr is treise, is fearr go mór don Ghaeilge a bheith i lár an aonaigh chéanna agus a cuid féin a dhéanamh de. Tá sé an-tábhachtach, mar shampla, go mbeadh cultúr domhanchoiteann na bpáistí á chur ar fáil dóibh i nGaeilge, óir seachas an dearbhú cáilíochta ó thaobh ábhair agus snastachta, téann ina luí ar na páistí gur féidir dhá thrá na Gaeilge agus an mhórchultúir a fhreastal, agus nach gá a bheith dúnta isteach nó scartha amach i ndomhan iomlán difriúil nach bhfuil dada i gcomhar aige leis an mhórphobal piaraí máguaird. Is cuimhin liom féin, mar shampla, agus mé sna luathdhéaga, a bheith an-tógtha le sraitheanna iontacha Chathail Uí Shándair – Réics Carló, An Captaen Spéirling, Réamonn Óg, srl. – ach níor dhomhan é sin a d'fhéadfainn a roinnt le lucht mo chomhaoise a bhí ag caint ar The Famous Five, Buck Rogers agus a leithéidí. Agus níor shólás ar bith agam é gur shíl mé féin, mar a shílim go fóill, gurbh fhearr i bhfad an stuif Gaeilge ná an stuif Béarla. Go háirithe sa lá atá inniu ann agus an brú a bhíonn ar pháistí agus ar dhéagóirí dul in oiriúint do chultúr agus do ghnás a bpiaraí, is amhlaidh a léiríonn agus a dhaingníonn TG4 go neamh-chomhfhiosach in aigne an aosa óig gur féidir a bheith *cool* agus cultúrtha in éineacht, in áit a bheith faoi bhrú roghnú idir dhá dhomhan. Chomh maith leis sin, i gcás na bpáistí a mbíonn Gaeilge ó dhúchas nó ó scolaíocht acu sula gcuirtear ina gcead é, is lú go mór an gonc cultúrtha a bhíonn rompu nuair a bhuaileann fírinne gharbh a mionlachta iad, agus is lú an seans go dtabharfaidh siad cúl leis an chultúr mionlaigh.

Le tionchar na teilifíse agus na bhfismheán eile ar an óige, tugann an rochtain dhíreach seo ar aigne na leanaí deis iontach, de dheoin nó d'ainneoin, do TG4 bheith ina dinimic an-bhisiúil i saol na Gaeilge mar eiseamláir nó rólsamhail teanga. Tá ar chumas TG4 a bheith ina treoir chun barrfheabhais i ngach gné den teanga labhartha, idir fhoclóir, ghramadach agus, go háirithe, foghraíocht – an ghné den teanga is deacra a cheartú mura mbíonn an chéad imprisean cruinn. Fiú sa timpeallacht is láidre Gaeilge – i gceantair Ghaeltachta ina mbeadh an Ghaeilge le cloisteáil – tá ról le himirt ag an teilifís Ghaeilge i múnlú agus i bhforbairt theanga na bpáistí, ag cur an tsaoil ina láthair agus ag tabhairt friotail dóibh leis an saol sin a láimhseáil. Leis na leideanna pictiúrtha agus comhthéacsaithe a bhíonn sa scéal, mar shampla, is féidir le cláir ar nós *Dora* téarmaí agus dulanna cainte nua-aimseartha a neadú in intinn na bpáistí go nádúrtha sula mbuailtear stampa 'Ghaeilge na leabhar' nó 'coimhthíoch' orthu. Agus is tábhachtaí go mór fada é do na páistí atá á dtógáil nó á n-oiliúint trí Ghaeilge sa Ghalltacht, go háirithe na páistí atá ag dul tríd an oideachas lán-Ghaeilge ach gan aon Ghaeilge ag a dtuismitheoirí, rud a fhágann gurb é an múinteoir sa seomra ranga an t-aon eiseamláir bheo teanga a bhíonn acu. Ina gcás siúd, le cois an fhoclóra agus na téarmaíochta sainiúla, foghlaimíonn siad an teanga agus friotal a bhaineann leis an ghnáthshaol laethúil, le cúrsaí caidrimh, mothúcháin, srl. – na réimsí nach leor an scoil le riar orthu. Is foinse úrábhartha, iltaitneamhach Ghaeilge é *Cúla4* ina mbíonn na páistí ag inmheánú na teanga i ngan fhios dóibh féin, agus is sa chomhthéacs seo is tábhachtaí feidhm chláir na n-óg ar TG4, agus go háirithe an cineál agus an caighdeán teanga a bhíonn iontu, a bhreathnú.

Cén cineál Gaeilge, mar sin, a bhíonn le fáil sna cláir óige ar TG4 (is é atá i gceist anseo agam ná na cartúin agus cláir ar nós *Elmo Anseo* agus *Na Hoobs*)? Ní lia duine ná tuairim, ar ndóigh, agus níor mhór a shainiú ar dtús cad é an rud é Gaeilge mhaith/nádúrtha/líofa i súile nó i gcluasa an té a bheadh ag tabhairt breithiúnais. An rud is líofa ag duine amháin, d'fhéadfadh sé a bheith lofa ag an dara duine, agus *vice versa*. Tagann ceisteanna canúna i dtreis – difríochtaí idir na canúintí traidisiúnta, difríochtaí idir Gaeilge thraidisiúnta na Gaeltachta (cibé príomhchanúint a bheadh i gceist) agus nuachanúintí na Galltachta, nó fiú caitheamh i ndiaidh na Lárchanúna. Ar na critéir eile a d'fhéadfaí a úsáid le fiúntas Gaeilge a mheas, bheadh cruinneas comhréire agus gramadaí .i. d'fhéadfadh sé nár leor Gaeilge nádúrtha na Gaeltachta gan an ghramadach inti a bheith ag teacht le hidéal an Chaighdeáin Oifigiúil. Mar dhlisteanú ar mo luacháil féin ar chineál agus ar leibhéal teanga, agus ar eagla gur suí ar an sconsa a chuirfí síos dom, is í Gaeilge thraidisiúnta na Gaeltachta (nó a cómhaith i bhfoghraíocht agus i líofacht) an tslat tomhais a bheadh agam i dtaca le cad é a bheadh inghlactha nó nach mbeadh; ó tharla gan léamh ná scríobh a bheith i gceist, ní bheinn chomh buartha faoi ghramadach an Chaighdeáin fad is a bheadh bonn bailí canúna traidisiúnta faoi cibé gramadach neamhchaighdeánach a bheadh le cloisteáil.

I mo thuairim féin, mar sin, agus le *caveat* na bpointí a luaim thíos, bíonn caighdeán maith Gaeilge i gcuid mhór de sceideal na bpáistí, cé nach mbíonn sí ach go measartha in amanna agus, i sraitheanna áirithe, go bhfuil sí go dona. Le haghaidh na cainte seo, rinne mé suirbhé achomair ar an rogha clár do pháistí atá taifeadta agam do mo pháistí féin, agus d'amharc mé ar shampla randamach amháin de scór teideal dhifriúla: ocht gcartún déag agus dhá chlár eile, *Elmo Anseo* agus *Na Hoobs*. Dá neamhiomláine an suirbhé sin, is sampla é den rogha clár a d'fhéadfadh páiste a fheiceáil go fánach thar thréimhse ama, agus tógann sé roinnt ceisteanna faoi chomhdhéanamh agus cothrom canúnach, faoi chaighdeáin teanga agus faoi pholasaí teanga nó a easpa sin i soláthar na gclár don óige. Sa bhailiúchán seo, déanann Siobhán Ní Laoire anailís agus rangú ar chláir TG4 ó thaobh an choibhneasa T1:T2 a chloistear iontu — .i. an cion Gaeilge á labhairt ag daoine dar céad teanga (T1) í i gcoibhneas leis an chion Gaeilge á labhairt ag daoine dar dara teanga (T2) í — agus cé nach ionann é sin go baileach agus rangú de réir feabhais, is spéisiúil go bhfuil *Cúla4* (cláir na hóige) sa tríú roinn aici, an roinn ba laige ó thaobh an choibhneasa T1:T2 más é T1 is inmhianaithe.

Tá an comhdhéanamh canúnach an-spéisiúil, agus b'fhéidir gur léiriú ar dhinimicí tíreolaíocha TG4 mar eagraíocht nó mar chomhlacht é. As an scór sraith ar bhreathnaigh mé ar chlár astu, is í Gaeilge Chonamara go príomha atá in dhá cheann déag díobh; tá trí shraith arb í Gaeilge Uladh go príomha atá iontu, agus dhá shraith eile a bhfuil meascán measartha cothrom de chanúintí iontu. Aisteach go leor, ní bhfuair mé Gaolainn na Mumhan chun tosaigh in aon sraith acu — athrú mór ón chuma a bhí ar chúrsaí sa Ghaeilge céad bliain ó shin. De réir na gcritéar sin, is ar Ghaeilge Chonnacht amháin atá riar sásúil á dhéanamh, agus tá Gaeilge na Mumhan in áit na leathphingine ar fad. Ní mian liom dioscúrsa an leithcheala nó na héagóra a tharraingt chugam, óir thabharfadh sé sin le fios gur d'aon turas atá an scéal amhlaidh, ach is cinnte, cibé mar a tharla, nach bhfuil riar comhionann á dhéanamh ar na trí chanúint. Tá impleachtaí móra leis seo taobh amuigh den Ghaeltacht go háirithe, óir bíonn claonadh ag pobail agus scoileanna Gaeilge na Galltachta cloí le canúint mhór amháin; ba nádúrtha le muintir an Tuaiscirt riamh a gcuid Gaeilge a mhúnlú ar chanúint Thír Chonaill, mar shampla, agus bheifí ag dréim go mbeadh Gaeilgeoirí Galltachta na Mumhan ag iarraidh cloí chomh dlúth agus ab fhéidir le canúint dúchais a gcúige féin.

Gan cion cothrom ag gach canúint, agus go háirithe mura mbíonn daingniú sa chanúint áitiúil nó ghaolmhar le fáil ón timpeallacht teanga, tarlaíonn trasphailniú canúna ag aois an-óg. Ní miste sin (go deimhin, is inmhianaithe é) nuair is malairt nó bealach eile le rud a rá é nó nuair a bhíonn an t-éisteoir aibí nó ábalta go leor le déileáil le leaganacha malartacha ar na patrúin agus frásaí is bunúsaí ina urlabhra; gan an dúshraith choigeartaitheach sin, áfach, d'fhéadfadh meascán mearaí de chanúintí a bheith ann ina mbeadh, mar shampla, béim an fhocail ar dhul na Muimhneach ach séimhiú san áit ar nádúrtha urú, nó foircinn bhriathartha na Mumhan á n-úsáid le foclóir sainiúil Chonamara srl. Tá a leithéid ag tarlú le blianta sna Gaelscoileanna, áit a dtugann múinteoirí canúintí éagsúla leo as ceantair éagsúla, agus cheal dúshraithe daingne sa chanúint ghaolmhar, is é an meascán mearaí a bhíonn mar norm ag na daltaí. Is ceist ábhartha é an inmhianaithe go mbeadh guthú á dhéanamh ag Ultach nó ag Muimhneach ar script ar léir gur Connachtach a d'aistrigh é, nó *vice versa* arís. Is aisteach cainteoirí dúchais as canúint amháin a chloisteáil ag úsáid focal nó frásaí nó deilbhíochta atá ina sainchomharthaí ar chanúint eile ach atá coimhthíoch ina gcanúint féin; is minic a bhíonn an Ghaeilge tútach agus mínádúrtha dá bharr seo, agus tagann sé salach ar fhoghlaim agus ar dhaingniú rithim nádúrtha na gcanúintí traidisiúnta. Dá mbeadh aird ar fheidhmeanna oideachasúla i bpleanáil an tsoláthair clár don óige (mar a bhíonn mar bhunchloch sna sraitheanna seo go léir ina dteanga bhunaidh), bheifí ag dréim go mbeadh cothromaíocht idir na canúintí sna cláir do pháistí. Ní hé atá i gceist leis sin go mbeadh an cion céanna de na canúintí á gcloisteáil san aon chlár amháin, ach go mbeadh an líon céanna, a bheag nó a mhór, de theidil ar fáil sna trí mhórchanúint – is cleachtas coitianta i soláthar áiseanna oideachais i nGaeilge do pháistí óga é, mar shampla, leaganacha a dhéanamh sna trí mhórchanúint toisc a íogaire atá an chéim seo i bhforbairt teanga an pháiste.

I dtaca le caighdeán na Gaeilge, tabharfar faoi deara nár luaigh mé thuas ach seacht gcinn déag de na sraitheanna ar amharc mé orthu ar mhaithe leis an chaint seo. Fágann sé sin trí shraith a gcaithfinn a rá fúthu go bhfuil an Ghaeilge a chloistear iontu chomh mór sin as riocht in amanna ó thaobh foghraíochta agus nádúr na teanga gur ar éigean is féidir a dhéanamh amach, fiú ar a n-athsheinm cúpla uair, cad é atá á rá. Arís, más í Gaeilge na Gaeltachta an tslat tomhais, creidim féin, cibé faoi dhifríochtaí logánta nó idir chanúintí, go bhfuil íoschruinneas áirithe foghraíochta agus comhréire ag teastáil chun go n-oibreodh an teanga go feidhmiúil .i. chun cruinneas idirdhealaitheach brí agus séimeantaice a chur in iúl. Agus ní léir dom go bhfuil aon íoschaighdeán den sórt á chur i bhfeidhm i gcúpla sraith cartún ar fada an Ghaeilge iontu ó bheith nádúrtha, dá scaoilte an chiall de 'nádúr' a bheadh ag duine. Is ábhar imní é seo, óir thar aon mháchail teanga eile, is í an fhoghraíocht agus rithim na teanga an chuid is fusa a chur ó rath agus is deacra a leigheas. Mar atá a fhios go dóite agam féin ón bheagán Fraincise atá agam, is féidir an ghramadach agus an chomhréir a cheartú, ach is geall le dodhéanta foghraíocht mhíchruinn a leasú. Aithním na híogaireachtaí a bhaineann le luacháil a dhéanamh ar an chineál Gaeilge a labhraíonn pobail nó fiú teaghlaigh ar leith mar a bpríomhtheanga, agus níl uaim pearsantú ná cruinnaimsiú a dhéanamh ar dhuine, ar dhream ná ar chlár ar leith. Is ceist í úinéireacht na teanga atá ag teacht níos mó agus níos mó chun tosaigh de réir mar atá ag laghdú ar an chéatadán de phobal na Gaeilge ar cainteoirí dúchais Gaeltachta iad, agus de réir mar atá dírialú á dhéanamh ar chaint na Gaeltachta faoi anáil an Bhéarla agus faoi thionchar fórsaí sochtheangeolaíocha, agus níl agamsa ach mo thuairim féin. Áitím arís, áfach, nach bhfuil ní is deacra i saol na Gaeilge, sa Ghalltacht go háirithe, ná friotal líofa agus nádúrtha an chainteora dúchais a chur in intinn agus ar bhéal na bpáistí, agus is róghann na foinsí a shlánaíonn le taobh na bhfoinsí a thruaillíonn.

Tá roinnt aineamh eile a bhaineann an mhaise de chuid de sholáthar na n-óg. In amanna, le falsacht nó le míchúram (nó cheal treoir eagarthóireachta), úsáidtear téarmaí nó focail Bhéarla nuair a bhíonn a gcómhaith Ghaeilge ann. In áiteanna eile, cé nach Béarla *per se* a úsáidtear, is lomaistriúchán ón Bhéarla a bhíonn ann, sin nó dul an Bhéarla ar nós 'sin MO hata' in áit 'sin mo hatasa' nó 'sin (an) hata s'agamsa', agus 'tá sé CHOMH deas' in áit 'tá sé chomh deas sin'. Do na páistí a bhíonn in aois léitheoireachta, ní hannamh míchruinneas litrithe agus gramadaí ina mbíonn de théacs le léamh ar an scáileán – fiú i gcúpla teideal féin – agus fíorscoth na drochghramadaí anois is arís. Nuair a luadh ceist chaighdeán na Gaeilge fud fad sceideal TG4 le linn an tseimineáir ar ar bunaíodh an bailiúchán seo, ba ghasta a chaith ionadaithe TG4 an ghránáid ar ais chuig na hacadúlaithe ollscoile, dar leo, a bhí ag mairgneach, agus d'áitigh siad nach ar TG4 an locht ach ar na hinstitiúidí a d'oil na céimithe atá ag obair aici. Cibé faoin iarracht éalú ón cheist trína mhaíomh gur acadúlaithe amháin a bhíonn buartha faoi chaighdeáin bhunlitearthachta, níl aon amhras ach go bhfuil ag teip glan, *nostra maxima culpa*, ar na hollscoileanna agus ar na coláistí a chinntiú go bhfuil leibhéal sásúil nó fiú leathshásúil Gaeilge ag a gcéimithe. Ní athróidh sé sin, ámh, go dtí go mbeidh earnáil ghairmiúil agus phoiblí na Gaeilge sásta caighdeáin níos airde a éileamh, rud a chuirfeadh brú ar na hinstitiúidí a gcaighdeáin féin a ardú. Is galar forleathan fud fad dhomhan na Gaeilge é an neamhaird ar chruinneas litrithe agus gramadaí, agus is léiriú ar dhearcadh cloíte i leith na teanga é nuair nach nglacfaí lena leithéid de mhíshlacht sa Bhéarla. Ba mhór an cuidiú é ag an mhionlach a bhíonn ag iarraidh leibhéal ard Gaeilge a éileamh ónár mic léinn dá mbeadh leithéidí TG4 agus na príomh-mheáin Ghaeilge eile, dreach poiblí na teanga, sásta seasamh daingean a ghlacadh ar son an chruinnis san ábhar a fhoilsíonn siad. Agus cibé ar bith, is ar TG4 atá an fhreagracht as a gcaighdeáin féin, agus is fusa go minic teachtaire na ceiste a lámhach ná aghaidh a thabhairt ar an cheist.

I bhfianaise an mhéid a luaigh mé thuas a bhreathnaigh mé sa spléachadh gasta a thug mé ar chláir na n-óg, mar sin, ní léir dom féin, mar eagarthóir gairmiúil, go bhfuil aon pholasaí feidhmiúil teanga ag TG4 i dtaca le leibhéal agus caighdeán na Gaeilge san ábhar a chuirtear i láthair na bpáistí, nó más ann don pholasaí, ní cosúil go bhfuil sé á chur i bhfeidhm. D'fhéadfaí eagarthóir nó comhairleoir teanga a fhostú chun cúram a dhéanamh den ghné seo den soláthar, agus d'fhéadfaí a chur mar choinníoll conartha do na fo-chomhlachtaí go gcloífí le caighdeáin a bheadh leagtha síos. Go deimhin, ba dheis é le leas eacnamaíoch a bhaint as acmhainní dúchais na Gaeltachta agus an ciste craoltóireachta a leathadh níos forleithne ar fud na nGaeltachtaí uilig. Scríobhann Emer Ní Bhrádaigh sa bhailiúchán seo go bhfuil comhlachtaí beaga teilifíse na Gaeltachta ag dul in éag le blianta beaga anuas, agus níl daoine is oiriúnaí le tabhairt faoi obair mar seo ná bunadh na Gaeltacha agus bua na Gaeilge acu nach féidir a theagasc in aon chúrsa aisteoireachta ná léiriúcháin dá fheabhas. Ní mór an iarracht bhreise a theastódh le barr maise agus snastachta a chur ar tháirge ina bhfuil na caighdeáin is airde á gcoinneáil i ngach gné eile den léiriú. Ní ghlacfaí le lagmheasarthacht ina leithéidí de chásanna i mBéarla, agus ní mheasaim gur iomarcach an mhaise dúinne, pobal na Gaeilge, an caighdeán is airde a éileamh ónár seirbhís féin chomh maith.

Mar fhocal scoir, mar sin, ba mhaith liom a threisiú go bhfuil tionchar an-tairbheach ag TG4 ar shaol na Gaeilge ó tháinig ann di. Tá íomhá nua-aimseartha na Gaeilge á craobhscaoileadh chuig pobal a bhí dall uirthi go dtí sin, agus tá *cachet* na teanga sa tsochaí ardaithe go mór. Tá ar chumas TG4 an-tionchar a imirt ar an óige tríd an soláthar cartún agus clár eile, oiread is go ndeirim arís gur deacair an saol laethúil a shamhlú gan iad. Ní de ghrá na diúltachta, mar sin, ach ag santú an bharrfheabhais a luaim na pointí a mbraithim go bhféadfaí déanamh níos fearr iontu, go háirithe agus an dul chun cinn is féidir a dhéanamh má chuirtear tionchar na teilifíse ar an óige chun lántairbhe. Aithním nach é slánú ná teagasc na Gaeilge is cuspóir do TG4 ach 'soláthar ardchaighdeáin teilifíse Gaeilge', mar a luaitear in *Tuarascáil* 2005. Os a choinne, ní féidir neamhaird iomlán a thabhairt ar a ról lárnach i saol agus i dtodhchaí na Gaeilge sa 21ú haois, agus níl á éileamh ach go gcumhdódh an focal 'ardchaighdeáin' gné na Gaeilge chomh maith le gné na seirbhíse teilifíse. Mol an óige agus tiocfaidh sí!

'An tArrachtach Binn': TG4 agus Cultúr na Gaeilge

Máirín Nic Eoin

A gus sraith ceisteanna á freagairt aige don nuachtán *Foinse*, dúirt an léachtóir le cumarsáid in Ollscoil Chathair Bhaile Átha Cliath Colum Kenny gurb é an rud is measa faoi TG4 ná, 'an bealach a thugann sé deis do gach cineál duine cur díobh go leanúnach ar an teanga agus an méid a dhéanann TG4 don teanga'. Ba chóir dúinn TG4 a phlé mar chainéal teilifíse, dar leis, ní mar 'thionscnamh creidimh, polaitíochta ná idé-eolaíoch' (2006). Cé go n-aontóinn leis sa mhéid sin, is fíor, ag an am céanna, go bhfuil sé ionann is dodhéanta aon táirgeadh cultúir i dteanga mhionlaithe a phlé beag beann ar stádas nó ar easpa stádais na teanga ina gcruthaítear é. Má tá sé seo fíor faoin litríocht agus faoin drámaíocht, tá sé deich n-uaire níos fíre agus muid ag caint faoi thionscal ar nós thionscal na teilifíse. Is éard atá curtha romham agam sa pháipéar seo ná dearcadh amhrasach cuid d'aos liteartha agus intleachta na Gaeilge ar theacht TG4 ar an bhfód a lua, d'fhonn ceist a thógáil faoin ról is féidir leis an teilifís mar mheán a ghlacadh chuici féin i gcomhthéacs teanga mionlaithe. Ina dhiaidh sin, féachfar ar chlársceideal TG4 agus déanfar roinnt moltaí praiticiúla faoi fhorbairtí a d'fhéadfaí a dhéanamh ar chlársceideal an stáisiúin le gur fearr a d'éireodh leis sna blianta atá amach romhainn.

'An tArrachtach Binn' a thug an file Michael Davitt ar an stáisiún nua Gaeilge i ndán a chum sé tráth sheoladh TnaG breis is deich mbliana ó shin anois. Léiríonn an dánráiteas láidir seo amhras bunaidh faoin teilifís mar mheán cultúir, amhras ar mhó an íoróin a bhaineann leis é a bheith á chur i láthair ag duine a raibh, faoin am sin, cuid mhaith dá shaol gairmiúil caite aige léi mar mheán:

An tArrachtach Binn
tráth sheoladh TnaG, oíche Shamhna 1996

Cuir as é. Múch an bastard ruda!
Féach, an poll úd ar leathadh fós i dtóin an chúlghairdín,
Cúpla troigh breise a thochailt is sáfaimid síos ann é,
An tArrachtach Binn, as radharc, as fís, céimnithe go dubh.
Nó b'in réiteach?

An bhfásfadh fás éigin as an uaigh aníos,
Luibh leochailleach ildaite ar dtúis
A chlaochlódh ina crann ilchainéalach, crann craosach
Ag leathadh a ghéag fiochmhar ar fud na comharsanachta,
Ag stoitheadh leanaí amach as seomraí teolaí is á n-alpadh siar
Ina bholg sleamhain leictreonach? ...

No, múinfimid tíosaíocht don dream óg, an disciplín,
An t-uamhan Dé a múintí dúinn féin, ach a chuaigh i léig
Le teacht na gcainéal, na gcnaipirí is na gcianrialtán.
'Seo, zeapálaigí amach as bhur dtámhnéal, tá dánta
Le déanamh, scéalta le n-insint, sléibhte le dreapadh,
Aislingí le cur i gcrích ...'

'Ach, a Dhaid, seo TnaG!' (Davitt, 1998: 35).

Tá gnéithe eile den amhras céanna le haireachtáil i ndán eile le Davitt, an dán 'em ...TV' a thiomnaigh Davitt dá chomhfhile Cathal Ó Searcaigh. I radharc amháin sa dán seo feictear an Gaeilgeoir mar eagarthóir teilifíse:

Ag an gcruinniú seachtainiúil
bhuail an t-eagarthóir a dhorn ar an mbord
is dúirt go rabhthas ag gearán
go raibh an clár éirithe leamh:
an iomarca urlabhraithe thar ceann
scéimeanna oideachasúla pobail,
an iomarca daoine go raibh solas
aimsithe ina saol acu.

An iomarca seaigin solais!
Cá raibh an faobhar,
cá raibh fuil an scannail?
'Máistreás Easpaig *tells all*,
seachas rúnaí Chumann Seanchais
Bhóthar na bhFál.
Mná foréigneacha.
Sagairt thrasghléasta.'
'Tá tuairisc léite agam faoi shagart,'
arsa an taighdeoir nua,
'a fuarthas i leithreas poiblí,
gléasta in aibíd mhná rialta,
é ar a ghlúine
ag caoineadh.'

'*Jasus! Brilliant!*
An bhfuil Gaeilge aige?' (Davitt, 2003: 73–4).

I radharc eile feictear an Gaeilgeoir mar bhall de phobal féachana nach ionann a mhianta teilifíse agus mianta an mhórphobail:

Oifig na dTeastas Beireatais,
Stathann tú uimhir as an meaisín
suíonn tú síos
osclaíonn tú *Hello*.
Laistigh den chuntar in airde
go ceannasach
Sky News Rupert Murdoch.
'Faighim pardún agat, a bhean mhaith,
ach diúltaím suí anseo agus cac
mar sin os mo chomhair
is mé ag déanamh mo ghnó
mar shaoránach in oifig stáit
i dtír neamhspleách fhlaithiúnta.'

Leagann sí a lámh go pras ar an gcnaipire
is cuireann go TG4 é . . . *Western!* (Davitt, 2003: 74–5).

Ar feadh na mblianta bhí pobal na Gaeilge agus gluaiseacht na Gaeilge míshásta le seirbhísí teilifíse an stáit, amhrasach faoi thionchar cultúrtha na teilifíse i gcoitinne mar mheán, agus cáinteach go háirithe faoi thionchar cultúrtha na teilifíse Angla-Mheiriceánaí ar shaol is ar shaoldearcadh mhuintir na hÉireann. Idir agóidí na seascaidí in éadan pholasaithe craoltóireachta Béarlalárnacha RTÉ, agus teacht chun cinn an Fheachtais um Theilifís na Gaeilge sna hochtóidí, tharla athrú meoin de réir a chéile maidir leis an úsáid a d'fhéadfaí a bhaint as an teilifís mar mheán. Cé go bhfuil amhras cultúrtha an phobail mhionlaithe fós le brath ar ráitis oifigiúla ghluaiseacht na Gaeilge ag tús na n-ochtóidí (Féach Ó Caollaí, 1978; 1980; agus An Coiste Gnó, 1983, mar shampla), is é an tuairim a bhí ag bailiú nirt ná go bhféadfadh an mhionteanga cumhacht chultúrtha an mhórmheáin a ghlacadh chuici féin agus a úsáid chun a críche féin. Sin é an dearcadh a bhí taobh thiar den Fheachtas féin, agus den fhealsúnacht craoltóireachta agus cultúir atá á hiompar ag an mana 'Súil Eile'. Is dearcadh é a bheadh fós coitianta sna meáin Ghaeilge, ach is dearcadh é freisin a bhfuil amhras leanúnach nochta ag aos ealaíne agus intleachta na Gaeilge ina thaobh.

Is beag duine a bheadh chomh diúltach maidir leis an teilifís is atá an scríbhneoir Tomás Mac Síomóin. Is mar mheán a dhallann a fheiceann sé í, agus is go tarcaisneach a thagraíonn sé do 'm[h]óramh ciúin meándallta peil-riastraithe mhórphobal nualiobrálach an tomhaltais', atá bréagtha ag 'cláracha mealltacha teilifíse ... spóirt, *tittytainment*, comórtais neafaiseacha agus eile' (2004: 5). Tá an léamh seo i dtiúin leis an léiriú diúltach a thug an scríbhneoir Gaeilge Diarmaid Ó Suilleabháin thiar sna seachtóidí agus é ag trácht ar na páistí fulangacha a ndearnadh balbháin agus bodhráin agus cláirínigh díobh ag 'taoide na teilifíse' (1994: 142). Chruthaigh teacht Theilifís na Gaeilge ceisteanna nua don ealaíontóir Gaeilge, áfach. Gné lárnach d'úrscéal Liam Mhic Cóil *An Claíomh Solais* is ea an plé ann faoi chumas na teilifíse Gaeilge eispéireas cultúrtha de chineál difriúil a chur ar fáil dá lucht féachana. An bhfuil sé ar chumas na teanga mionlaithe cineál eile teilifíse – cineál a cheisteodh cumhacht chultúrtha an mheáin féin – a chruthú? Is mar seo a nochtar an fhadhb ag tús an leabhair:

B'sheo í an teilifís a bhí ag teastáil ó na daoine riamh, an cineál teilifíse nár éirigh leis an tseirbhís náisiúnta a chur ar fáil dóibh – an scáthán sciomartha sin inarbh fhéidir leo iad féin a fheiceáil, an glór arbh é a nglór féin é ag labhairt ar ais leo go híseal, umhal, macánta, gan aon phostúlacht, gan aon éirí in airde, gan aon fhéachaint anuas. Ba í fioradh fhís na poblachta í, an fhís chiúin dhaonna nárbh ionann agus an bréagliobrálachas tráchtála a bhí na meáin eile tar éis a chur ina háit, an fhís arbh í saoirse an duine í . . . Agus gur i nGaeilge a bheadh sí. Mar go gcaithfidh sí a bheith i nGaeilge. Mar nach bhféadfaí é a dhéanamh ar aon bhealach eile ach i nGaeilge. Mar gurb í an Ghaeilge amháin a chuirfeadh cor nua i ndamhsa na ndaoine, i rince lonrach na scál ildaite (1998: 33).

Is tríd an gcaidreamh a bhíonn idir fear agus bean óg atá ag obair don stáisiún nuabhunaithe, 'Gael-Teilifís', is ea a fheicimid nach féidir glacadh leis go gcuirfidh teanga na teilifíse cor nua ar bith i 'rince lonrach na scál'. Léiríonn an comhrá idir Bríd (bean óg Gaeltachta) agus Eoin (Gaeilgeoir óg idéalach nach as an nGaeltacht dó ach atá ag obair in éineacht léise ar an tionscnamh céanna) nach ionann ar chor ar bith fís na beirte:

'An saghas cláir a shamhlaímse,' a thosaigh sí ag rá . . . 'cláracha snappy suimiúla, lán le soilsiú fíoréifeachtach, dathanna iontacha, seatanna gearra, chuile shórt ag bogadh. Beocht. Ceol a bhfuil spéis ag daoine óga ann. Conspóid. Bang. Bang. Bang. Scoth na teilifíse.'
   Stán Eoin uirthi ar feadh soicind. Chonaic sé an fhís ag titim as a chéile arís. Cailín Gaeltachta a bheith á rá seo. An tseafóid chéanna a bhí cloiste míle uair aige i Londain. Caint lucht fógraíochta. Caint lucht an mhargaidh. An rud ar tháinig sé ar ais go hÉirinn lena throid. Nár thuig sí an fhadhb? An raibh muid ag iarraidh muid féin a mhíniú dúinn féin nó cultúr eile a ghlacadh chugainn féin? An rabhamar ag iarraidh muid féin a fheiceáil agus muid féin a fhorbairt, a raibh againn de shaíocht is de shaibhreas le hos cionn míle bliain? Nó an rabhamar ag iarraidh cultúr agus ceol eile a aistriú chugainn féin le gurbh fhéidir linn a chur ina luí orainn féin gur chuid de muid; gur chuid den domhan mór muid pé rud sa diabhal é an domhan mór? Thug Bríd an díomá a bhí air faoi deara (1998: 105–6).

Tá coimhlintí den chineál céanna (bunaithe ar éagsúlacht dearcaidh faoi chuspóirí na meán Gaeilge) le haireachtáil idir an léachtóir Seoirse agus na léiritheoirí óga Gaeltachta i ndráma Antaine Uí Fhlatharta *Solas Dearg*. 'Cur i láthair ár scéalta féin ar a mbealach féin i ré na satailíte' (1998: 38) is cás do Sheoirse, fear meánaosta a phós isteach sa Ghaeltacht ach atá míshásta leis an treo atá faoi chultúr comhaimseartha an cheantair ina bhfuil sé ag obair mar chomhairleoir scannán agus teilifíse. Tuigtear do Sheoirse gur beag an meas atá ag na daoine óga air: 'Cloisimse an gáirí sa gcluais is bodhaire liom. "Seoirse an créatúr is a chuid ideas faoin television. Diabhal dochar d'éinne ann ach dó féin. Cas air Sky ansin go bhfeicfidh muid na Simpsons"...' (1998: 40). Is í an tsoiniciúlacht maidir lena ról cultúrtha féin atá chun tosaigh freisin sa léiriú ar an scriptscríbhneoir Mártan agus é i ngleic le léiritheoir an tsobaldráma a bhfuil sé ag obair air, Micheline Néill, in úrscéal Phádraig Standún *Sobalsaol*:

> Nuair a luaigh sé féin ag ceann de na cruinnithe go raibh spéis á cailleadh ag lucht na Gaeltachta sa sobaldráma, d'iompaigh sí air agus dúirt go lom díreach gurbh as an nGaeltacht í féin agus, chomh fada is a bhain léise, gur aicsean agus buachaillí bó a thaitin le muintir na Gaeltachta riamh, fiú in aimsir na scannán dubh is bán. Fuaireadar a ndóthain den dea-chaint sna tithe ósta agus ar an teallach. Is é sin, má theastaigh a leithéid uathu riamh, rud nár theastaigh ón aos óg, dar léi.
>
> 'Ní ar mhuintir na Gaeltachta atá sé seo dírithe,' mhaígh sí, 'ach ar phobal uilig na tíre, agus níos faide ó bhaile le fotheidil agus dubáil. Déan dearmad ar an nGaeltacht; táimid ag iarraidh maireachtáil sa saol réalaíoch.' Mar gur theastaigh ó Mhártan maireachtáil sa saol réalaíoch céanna sin, scríobh sé mar a theastaigh uaithi, chomh fada agus a bhí sé in ann (2005: 15).

Sílim go bhfuil a méar leagtha ag na scríbhneoirí seo ar an gcaoi a soiléiríonn ceist na teilifíse sáinn chultúrtha phobal na teanga mionlaithe. Agus muid ag breathnú siar ar dheich mbliana de shaol TG4, is féidir a aithint go raibh dhá ghné ag baint le fealsúnacht an stáisiúin ón tús, gné amháin a bhí soiléir ar leibhéal na físe a cuireadh chun cinn san ábhar poiblíochta agus gné eile a bhí suntasach i gcuid mhaith den ábhar craolta agus i stíl láithrithe na gcláracha.

'Súil eile' a gheall an t-ábhar poiblíochta – rud a thabharfadh le fios go raibh dearcadh eile, pointe fócais eile, cur chuige eile á thairiscint. Maidir leis an gclársceideal féin, áfach, ba léir ón tús go raibh níos mó ná sin i gceist. Ní leagan teilifíse de Raidió na Gaeltachta a bhí le bheith anseo, táirge cultúrtha a bheadh fréamhaithe i gcultúr na gceantar Gaeltachta agus ina scáthán ar shaoltaithí logánta na bpobal Gaeltachta. Go deimhin thug ábhar agus stíl na gcláracha le fios gur chuspóir lárnach de chuid an stáisiúin é a chruthú nár theanga áitiúil a d'iompair cultúr sainiúil í an Ghaeilge ach teanga bhríomhar óigeanta, fhaiseanta, ilchultúrtha. Ba í an ghné seo an ghné is mó a tharraing aird an phobail, agus le blianta beaga anuas is gné í a bhíonn á móradh nó á haoradh, ag brath ar dhea-thoil an tráchtaire leis an stáisiún. Tríd is tríd is mó de mholadh ná de cháineadh a fuair an ghné seo den tseirbhís sna meáin Bhéarla, fad is atá amhras áirithe ina taobh nochtaithe sna meáin Ghaeilge. Is féidir le tráchtaire mar Frank McNally 'the Tír na nÓg of broadcasting' (2006) a shamhlú le TG4, mar shampla, ag tagairt d'óige is do dhathúlacht na láithreoirí, ach tá amhras faoina leithéid nochtaithe ag tráchtairí mar an craoltóir Seosamh Ó Cuaig a luann 'homogenisation', 'consumerism', 'impiriúlachas', 'imeacht le sruth' agus 'babe-achas' i measc na rudaí atá le seachaint ag seirbhís chraolta atá ag iarraidh feidhmiú mar 'Súil Eile' (2003: 48).

Bhí an teannas idir an dá chuspóir seo – 'Súil Eile' agus 'Guth agus éadan bríomhar óigeanta, faiseanta, ilchultúrtha' – le brath ar TG4 ón tús. An bhfuiltear le conair shainiúil a shamhlófaí go speisialta leis an teanga a shiúl le cruthú don saol mór go n-iompraíonn an teanga cultúr ar leith, saoldearcadh ar leith, fís ar leith (gur lionsa í, súil eile ar an saol), nó an bhfuiltear le haithris a dhéanamh ar fhoirmlí is ar fhormáidí seanbhunaithe na teilifíse sna mórtheangacha lena mhalairt ghlan a chruthú: gur gnáth-theanga cosúil le gach teanga eile í an teanga mhionlaithe, teanga nach bhfuil ceangailte le háit nó le cultúr ar leith ach teanga atá chomh solúbtha, chomh hiltíreach, chomh suas chun dáta, chomh 'te' is chomh *cool* le haon mhórtheanga dhomhanda?

Tá fadhbanna ar gach aon taobh. Mar a dúirt an criticeoir Robert Dunbar in alt leis faoi chraoltóireacht na Gàidhlig: 'any attempt to use minority language broadcasting to make the minority language "sexy" or "cool" must be treated with a considerable amount of care, because such concepts are generally defined by and through the majority language mass culture, especially where teenagers and young adults are concerned' (2003: 77). Rud eile nár mhór a chur san áireamh ná gur féidir le cás na mionteanga meon an mhisiúnaí cultúir a chothú ar bhealach nach mbeifí ag súil leis, fiú amháin i gcraoltóirí óga. Toradh amháin is ea guthanna agus aghaidheanna ógchraoltóirí a bheith á n-úsáid in ábhar bolscaireachta ag eagraíochtaí teanga. Toradh eile is ea ról an mhisiúnaí cultúir a bheith á ghlacadh chucu féin ag craoltóirí áirithe. Is fada ón nglór íseal, umhal, macánta, gan aon phostúlacht, gan aon éirí in airde a shamhlaigh carachtar Mhic Cóil, Eoin, le Gael-Teilifís, ,guth Mhancháin Magan, mar shampla, agus anailís á déanamh aige ar an ról a bhí le himirt aige, dar leis, nuair a thug TnaG coimisiún dó féin is dá dhearthái r sraith cláracha taistil a dhéanamh i dtréimhse tosaigh na seirbhíse: 'dragging this Lazarus language into new and unexpected places. I felt I was giving it a whole new incarnation ... The more I thought about it the more I realised that in truth my role was as a sort of last surviving dodo. I was to be the personification of the myth that the language was still a viable organism, still in use in odd corners of the world' (2006). Ní fhéadfadh TnaG diúltú dá dhearthái r, deir sé, nuair a chuaigh sé ina dtreo le tairiscint mhórthaibhseach:

> Is féidir liom é a shamhlú ag siúl go fuadrach isteach san fhoirgneamh i mBaile na hAbhann i gculaith dhubh ón Iodáil agus bríste leathair. Chaithfeadh sé siar a ghruaig fhada chasta agus d'ionsódh sé iad lena sheift éachtach radacach gháifeach sraith taistil a scannánú san India. An tsraith ba mhealltaí dár cruthaíodh riamh.
>
> 'Beidh sé seo spleodrach, leaids! Cuimhnigí air! Saothar den chéad scoth. Nach bhfeiceann sibh é? Is é seo go díreach atá uaibh – agus ní amháin uaibhse, ach ón dteanga, ón lucht féachana, ó lucht féachana an domhain ar fad. Rachaimid timpeall na cruinne leis an mbabaí seo! Seo an todhchaí: an todhchaí, leaids!' (Magan, 2005: 24–5).

Ní 'Súil Eile' a thairg nó a thairgíonn TG4 dúinn. Ní hea, ach speictream ar scáthán fírinneach é ar bhail na teanga is ar na brúnna cultúir agus na deiseanna cruthaitheacha a chuireann a stádas mar theanga mhionlaithe ar fáil. Ag glacadh le meafar an speictrim, féachaimis ar chlársceideal an stáisiúin i dtéarmaí na bhfórsaí atá ag brú ar phobal na mionteanga, ina measc na fórsaí eacnamaíocha a chinntíonn nach leor riamh na hacmhainní atá ar fáil le cuspóirí uaillmhianacha lucht páirte na teanga a chur i gcrích.

Ar thaobh amháin de speictream cruthaitheach an chlársceidil tá na cláracha atá bunaithe ar an aithris ar sheánraí teilifíse a trialadh (agus ar éirigh leo pobal a mhealladh) cheana féin sa Bhéarla. Is samplaí iad den obair aistriúcháin a bhíonn ar siúl de shíor ag pobal mionteanga. Sna cláracha seo rinneadh aithris – aithris shamhlaíoch den chuid is mó, caithfear a admháil – ar fhoirmlí is ar fhormáidí na mórbhealaí teilifíse, trí chláracha Gaeilge a mhúnlú ar na bunchoincheapa céanna. Gan trácht ar na cláracha a ceannaíodh isteach agus ar cuireadh fuaimrian Gaeilge leo (cláracha nach raibh riamh lárnach sa chlársceideal), chonaiceamar cláracha nuadhéanta faoi athleagan amach gairdíní, cláracha faoi athchóiriú agus athmhaisiú tithe, teilifís na réaltachta, cláracha faisin, cláracha cócaireachta, cláracha popcheoil do dhéagóirí, quizchláracha, cláracha cadrála agus ceoil déanach san oíche. (Ba chóir go mbeadh an sobaldráma sa chatagóir seo, ach táim chun *Ros na Rún* a chur i gcatagóir eile leis na drámaí teilifíse i gcoitinne, mar sílim go bhfuil scéal ar leith ag baint leo siúd agus go bhfuil sé ar cheann de na deascéalta a bhaineann le tionchar na teilifíse ar shaol cultúrtha na Gaeilge.) Mar shamplaí d'obair aistriúcháin, tá cuid de na cláracha seo dílis go maith don bhunmhúnla, cuid acu níos scaoilte, níos cruthaithí, níos dírithe ar riachtanais phobal na sprioctheanga. D'fhéadfaimis díospóireacht fhada a bheith againn faoi na cláracha aithrise seo: an difríocht a dhéanann sé nuair is i nGaeilge atá an clár á chruthú. Cé go mb'fhéidir nach aon chomaoin mhór ar phobal na teanga é cláracha faoi athmhaisiú tithe nó gairdíní a bheith ar fáil, is dóigh go ndéarfadh an pleanálaí teanga go gcuideodh a leithéid go mór le pleanáil stádais. Tá tábhacht na meán craolta mar ghléas normálaithe do phobal na teanga mionlaithe aitheanta ag tráchtairí éagsúla (féach plé Thaidhg Uí Ifearnáin ar an tírdhreach teangeolaíoch sa bhailiúchán seo). Is cinnte go gcuidíonn an teilifís le híomhá na teanga mar mheán bisiúil comhaimseartha a fhorbairt agus d'fhéadfá a bheith dóchasach agus aontú leis an bhfile Breatnach Grahame Davies nuair a mhaíonn sé, i ndán íorónta faoi Lara Croft na Breatnaise, go bhfuil sé ar chumas na mionteanga an múnla cumarsáide féin a chlaochlú agus go bhfuil sé ar chumas an aistriúcháin teachtaireachtaí cultúir nach bhfuil sa bhunleagan a chur abhaile (2002: 47–9). Mar léiriú air sin, sílim nár mhór a aithint gur éirigh go seoigh le cuid de chláracha TG4 cor nua a chur i seanfhoirmle. Tá níos mó ná faisean i gceist sa chlár *Paisean Faisean*, mar shampla. Is í gné na cumarsáide, trí mheán teanga arb í dara teanga na rannpháirtithe go minic í, a bhronnann suaithinseacht ar leith ar an gclár seo. Ceistíonn sé nóisean an chláir fhaisin do chailíní amháin agus baineann sé casadh níos suimiúla as foirmle an chláir chleamhnais.

Tá an sraithdhráma do dhéagóirí *Aifric* suaithinseach. Mhaígh an léirmheastóir teilifíse Hilary Fannin gurb é 'every Aussie teenage soap you've ever seen (go on, admit it), only warmer, brighter, in Irish, and co-starring the roaring and beautiful Connemara coastline' (2006), rud atá fíor, ach sa chás seo cruthaíonn an meán féin, agus comhthéacs sochtheangeolaíoch an scéil, suíomh agus script atá thar a bheith oiriúnach do spriocphobal an chláir. D'éirigh thar barr leis an irischlár *An Tuath Nua* – gnéchlár éadrom, ilghnéitheach, taitneamhach – mar go raibh grúpaí agus pobail de chineálacha éagsúla ar fud na tíre á léiriú trí mheán na Gaeilge ann. Is é an argóint theangeolaíoch is mó i bhfábhar an cineál seo cláir a chraoladh ná go gcuireann siad síneadh le raon cumarsáide na Gaeilge. D'fhéadfadh a leithéidí feidhm athréimnithe a bheith acu más féidir le foghlaimeoirí nó le pobail na Gaeltachta an teanga a shamhlú i suímh chumarsáide nach í a bhíonn in uachtar iontu de ghnáth. Ar ndóigh, is anseo a chaithfear cartúin do pháistí, a bhfuil an t-athghuthú mar phríomhstraitéis aistriúcháin iontu, a shuíomh freisin, agus tá an-tábhacht leo siúd, go háirithe mar gur féidir dúchasú a dhéanamh orthu ar bhealach nach bhfuil chomh héasca sin le cineálacha eile cláir. Is é an baol is mó leis an gcineál seo cláir ná go n-éireoidh daoine bréan den seanmhúnla céanna nuair nach leor an difríocht teanga i gcónaí le lucht féachana a mhealladh.

Ar an taobh eile ar fad den chlársceideal tá na cláracha sin ina n-aistrítear suímh agus cleachtais chultúrtha na Gaeilge (nó suímh agus cleachtais chultúrtha a shamhlaítear go traidisiúnta leis an nGaeilge) isteach i meán na teilifíse. Tá aistriúchán i gceist anseo freisin sa mhéid gur meán ar leith é meán na teilifíse agus go bhfuil toise an aistriúcháin ag baint le hábhar cultúrtha ar bith a chur i láthair trí mheán na teilifíse. Bhí cláracha ar an sceideal ón tús a bhféadfaí a n-ábhar agus a stíl láithreoireachta a shamhlú go héasca leis an nGaeilge is le suímh chumarsáide phobal na Gaeilge: cláracha ceoil thraidisiúnta bunaithe i dtithe tábhairne, cláracha comhrá (foirmle an raidió aistrithe isteach chuig meán na teilifíse), cláracha faisnéise ar ábhair staire nó liteartha, cláracha faoi shaoire sa Ghaeltacht, faoi choláistí samhraidh, faoi mhná tí na Gaeltachta, cláracha a beochraoladh ón Oireachtas. D'éirigh go seoigh le cuid de na cláracha seo: an clár ceoil agus cainte *Síbín*, mar shampla, nó an clár ceoil agus amhránaíochta *Geantraí*. Cuid eile, is cláracha iad a chruthaíonn nasc nádúrtha teilifíse idir pobal na Gaeltachta agus na Gaeilgeoirí ar fud na tíre. Luafainn an nuacht agus cláracha nuachtanailíse anseo freisin sa mhéid gurbh iad na réimsí sin na réimsí clár teilifíse Gaeilge is mó a saothraíodh sular tháinig TG4 ar an aer. D'aontóinn le hÍte Ní Chionnaith, áfach, nuair a luann sí nach bhfuil go leor den chineál seo cláir á chraoladh ar an stáisiún (féach aiste Íte Ní

Chionnaith sa bhailiúchán seo) agus le Breandán Delap nuair a luann sé an easpa iriseoireachta imscrúdaithí sna meáin Ghaeilge trí chéile (2006). Ach is furasta na heasnaimh san earnáil seo cláir ar sceideal TG4 a mhíniú nuair a chuirtear acmhainní teoranta an stáisiúin – agus riachtanais ama agus foirne a leithéid d'iriseoireacht – san áireamh.

Idir dhá fhoirceann seo na seirbhíse tá cineálacha éagsúla cláir arbh fhiú aird a tharraingt orthu. Tá, i dtosach báire, na cláracha inar tharla cumasc nádúrtha idir acmhainní cruthaitheacha phobal na teanga agus riachtanais na foirmle teilifíse. Anseo luafainn an sobaldráma *Ros na Rún*, agus sraithdhrámaí grinn mar *C.U. Burn* agus *Gleann Ceo*. Seo cláracha a thagann i dtír ar thalann dúchasach na Gaeltachta agus a fhorbraíonn i suíomh nua é, suíomh an dráma teilifíse. Tá éirithe thar barr le *Ros na Rún* de bhrí go bhfuil comhthéacs an tsobaldráma tar éis deis iontach a chruthú don chomhoibriú agus don chomhfhorbairt a tharlaíonn nuair a bhíonn cúpla glúin aisteoirí ag obair i dteannta a chéile. Níl amhras ar bith ach go bhfuil an drámaíocht teilifíse agus an drámaíocht stáitse ag cothú a chéile anois, i nGaeltacht Chonamara go háirithe, ar bhealach nach bhféadfaí a shamhlú roimhe seo. Tá ardán nua cruthaithe d'aisteoirí seanbhunaithe agus tá na deiseanna fostaíochta atá cruthaithe ag an teilifís ag cuidiú le haisteoirí agus scriptscríbhneoirí óga a chothú. Níl dabht ar bith ach go bhféadfadh éifeacht theangeolaíoch a bheith ag sobaldráma mar *Ros na Rún* freisin, in ainneoin na conspóide a tharraing stíl na scriptscríbhneoireachta i dtúsré an stáisiúin (féach Ní Laoire, 2000). Ar a laghad ar bith, mar atá áitithe ag Gordon McCoy agus Ruth Lysaght, tá 'réaltacht fhíorúil' cruthaithe ag *Ros na Rún*, ceantar ina bhfeictear saol iomlán pobail á chaitheamh trí mheán na Gaeilge (McCoy, 2003). Is drámaí de chineálacha eile iad sraithdhrámaí grinn mar *C.U. Burn* agus *Gleann Ceo* ach tháinig na sraitheanna seo i dtír freisin ar shaintraidisiún áitiúil aisteoireachta a aistríodh gan mórán stró isteach i meán na teilifíse. Mar is léir ón méid atá le rá ag Niall Mac Eachmharcaigh sa bhailiúchán seo, áfach, tá géarghá le cothú, agus le straitéis cheart forbartha, má tá rath le bheith ar an drámaíocht teilifíse sna ceantair Ghaeltachta taobh amuigh de lár-réigiún an stáisiúin i gConamara.

Ar cheann de na gnéithe ab inspéise den chlársceideal ón tús bhí an polasaí craoltóireachta maidir le cúrsaí spóirt. Bhí cláracha ar an gclársceideal nach bhfeicfeá a macasamhail ar aon stáisiún eile in Éirinn: cláracha spóirt a thaispeáin cluichí áitiúla agus réigiúnacha; cláracha spóirt a thug tús áite do lúthchleasaithe mná; comórtais pheile na

Spáinne leis an tráchtaireacht i nGaeilge; comórtais leadóige ó Wimbledon leis an tráchtaireacht i nGaeilge; sraith faoi na *Underdogs* – léiriú ar chlaonadh nádúrtha phobal na Gaeilge taobhú leis an duine atá thíos seachas leis an laoch ardréimeach. Don andúileach spóirt faiche, bhí lón féachana inspéise á thairiscint ón tús. Tugadh aitheantas ar leith don ghaol idir Cumann Lúthchleas Gael agus pobal na Gaeilge agus ní dhearnadh aon iarracht dul i gcomórtas leis na stáisiúin Bhéarla chomh fada is a bhain sé le tuairisciú ar chomórtais mhóra idirnáisiúnta ar nós Chorn an Domhain. Is léir go bhfuil ag éirí go maith le polasaí craoltóireachta an stáisiúin i réimse an spóirt agus go bhfuil pobal féachana á mhealladh i dtreo an stáisiúin acu.

Ag breathnú ar thaobh na cumadóireachta den speictream, tá na drámaí teilifíse nach bhféadfaí a dhéanamh i dteanga ar bith ach amháin sa Ghaeilge, cláracha a bhain go dlúth leis an teanga mar *Lipservice, Fluent Dysphasia, Mac an Athar, Yu Ming is Ainm Dom* agus le déanaí arís *An Gaeilgeoir Nocht*. Tá na drámaí teilifíse seo ar na cláracha is sainiúla atá craolta ag TG4 ó tháinig ann don stáisiún, agus gradaim tuillte ag cuid acu. Ach tá teorainn leis an méid is féidir a dhéanamh le cláracha faoin teanga agus tá baol mór ann go n-éireoidh an pobal bréan den fhéinaoradh is den gháire dóite a ghineann sé. D'aontóinn le Seán Tadhg Ó Gairbhí nuair a dúirt sé i léirmheas faoi *An Gaeilgeoir Nocht* go bhfuil 'an drámaíocht faoi thodhchaí na Gaeilge *passé* anois' (2006). B'fhearr uaireanta go mbeadh plé ciallmhar ar chláracha nuachta nó irise ar chuid de na ceisteanna a thógtar i ndrámaí teilifíse mar sin. Mar chláracha spreagtha cainte, is mó an aird atá faighte ag an tsraith *No Béarla*, cé gur rídhoiligh cinneadh TG4 maidir leis an tsraith áirithe sin – a bhfuil sé mar chuspóir follasach aici a léiriú nach bhfuil pobal Gaeilge ar bith sa tír! – a thuiscint.

Is gnách le léirmheastóirí teilifíse cláracha faisnéise a mholadh, agus is cinnte go bhfuil tábhacht ar leith ag roinnt leo chomh fada is a bhaineann sé le craoltóireacht na Gaeilge mar gur cláracha iad a osclaíonn aircív na Gaeilge do dhaoine nach mbeadh bealach ar bith eile isteach inti acu. Ar na cláracha faisnéise ab fhearr a craoladh ar an stáisiún ón tús, d'áireoinn cláracha Bhreandáin Feiritéar faoi mhuintir Chorca Dhuibhne i mButte, Montana mar chláracha den chéad scoth. Ba é a locht a laghad, agus sílim dá méadófaí ar thacaíocht airgid an stáisiúin gur chóir a thuilleadh infheistíochta a dhéanamh i gcláracha den chineál sin agus léiritheoirí mar Bhob Quinn agus Desmond Bell a choimisiúnú le tuilleadh scannán faisnéise a dhéanamh. Tá an-scóip do chláracha staire agus litríochta go háirithe, agus ba chláracha iad a mbeadh éileamh ag stáisiúin eile orthu.

Sílim nach aon chomhtharlú é go bhfuil éirithe go maith le cláracha taistil TG4. Is cláracha a théann i ngleic chruthaitheach le cultúir eile iad na sraitheanna *Amú le Hector* le Hector Ó hEochagáin agus sraitheanna éagsúla Dermot Somers. Is é an láithriú suaithinseach a dhéanann cláracha teilifíse den scoth de shaothar na beirte seo: dáiríreacht fhileata Somers atá in ann atmaisféar áite agus saol pobail a chur i láthair ar mhodh mealltach, draíochtúil; craiceáilteacht ilteangach Uí Eochagáin a bhfuil scileanna cumarsáide agus buanna teagaisc thar an gcoitiantacht aige. Tá na cláracha seo saor le déanamh, tá siad thar a bheith físiúil, agus tá siad oideachasúil agus taitneamhach ag an am céanna. Níor éirigh go maith le gach uile chlár taistil, áfach. Ba iad na sraitheanna ba laige na sraitheanna sin ar chuir pearsantacht an láithreora isteach ar an ábhar. Is í an chumarsáid idirchultúrtha an ghné is suimiúla den chlár taistil agus ar an ábhar sin, d'éirigh go han-mhaith freisin leis an gclár cumaisc *Bia agus Bóthar* leis an láithreoir ilteangach Éamonn Ó Catháin inar nascadh an clár taistil le téama an bhia agus na cócaireachta.

Deich mbliana tar éis a bhunaithe is féidir le foireann TG4 a bheith an-bhródúil as a bhfuil bainte amach ag an stáisiún. Seasann TG4 an fód go maith nuair a chuirtear i gcomparáid leis an stáisiún Breatnaise S4C é, in ainneoin go bhfuil sé á rith ar bhuiséad atá bídeach i gcomparáid le buiséad an stáisiúin Bhreatnaigh. Ba mhaith liom críoch a chur leis an aiste seo trí roinnt nithe a lua a bhfuil dearcadh éagsúil á léiriú ag TG4 agus S4C ina dtaobh, agus roinnt moltaí a dhéanamh ar chóir do lucht bainistíochta TG4 iad a phlé agus a chur san áireamh sna blianta atá amach romhainn.

Tá sé tábhachtach go dtabharfadh TG4 aitheantas ceart d'il-leibhéil chumais an spriocphobail féachana. Nuair a chuireann S4C fotheidil roghnacha ar fáil, agus nuair a thugann siad rogha don lucht féachana idir fotheidil Bhéarla agus fotheidil Bhreatnaise, tá meas á léiriú acu ar na cineálacha éagsúla duine a bhíonn ag breathnú ar an stáisiún sin. Nuair a chuireann S4C cláracha d'fhoghlaimeoirí ar fáil, tá páirt ghníomhach á glacadh acu i bpróiseas cruthaithe agus cothaithe pobail teanga. Tá sé in am do TG4 athmhachnamh a dhéanamh ar a bpolasaí fotheidealaithe agus machnamh as an nua ar fad a dhéanamh ar a ról maidir le cothú agus forbairt pobal féachana sa Ghaeilge. Ní thar oíche a tharla sé seo sa Bhreatain Bheag, mar a mhíníonn Muiris Ó Laoire:

Súil an Phobail   63

The increase in the number of people wanting to learn Welsh, for example, created the need for Welsh-language media to produce programmes especially for learners . . . It has been my experience as teacher and researcher in Irish language teaching programmes that people often want to learn or relearn Irish and want to integrate into the Irish speech community . . . If the language policy objectives of fostering bilingual proficiency are to be taken seriously, future broadcast media policies will have to support and encourage the ongoing efforts of educators, students and especially parents, of the Gaelscoileanna movement to align with the objectives of shifting language policy (2000: 153).

Ní thar oíche a tharlóidh sé anseo in Éirinn ach an oiread – agus beidh gá le hinfheistíocht airgid má tá feidhm oideachasúil mar seo le bheith ag TG4 – ach níor mhór tosú ag pleanáil chuige mar táimid ag an staid anois go bhfuil lucht féachana nach Gaeilgeoirí iad ag TG4, daoine ar mór acu na fotheidil Bhéarla ach ar mhaith leo freisin go gcuideofaí leo a gcumas sa Ghaeilge a fheabhsú. Fiú mura mbeadh ann ach sraitheanna mar *Now You're Talking* agus *Turas Teanga* a athchraoladh arís is arís eile, b'fhiú é mar thús.

Tá sé in am do TG4 athmhachnamh ó bhonn a dhéanamh ar pholasaí na gcláracha do pháistí. Tá gá le clár nó cláracha do pháistí réamhscoile, rud a aithníodh nuair a tháinig an stáisiún ar an aer ar dtús. Tá gá le fotheidil roghnacha do thuismitheoirí le roinnt de na cláracha do pháistí. Ní polasaí maith é an-chuid cláracha Béarla do pháistí a chraoladh, go háirithe cláracha a cuireadh amach ina leaganacha athghuthaithe i dtosach. Is é an toradh a bhíonn ar a leithéid de chleachtas ná nach gcreideann an páiste le Gaeilge gur bunchlaracha Gaeilge aon chlár do pháistí a fheiceann sé/sí. Ba chóir *Hiúdaí* a fhorbairt a thuilleadh mar phearsa teilifíse do pháistí agus *Aifric* mar phearsa teilifíse do dhéagóirí.

B'fhiú do TG4 athmhachnamh ó bhonn a dhéanamh freisin ar pholasaí na gcláracha Béarla i gcoitinne ar an stáisiún. D'aontóinn le hUinsionn Mac Dubhghaill gurbh fhearr an íomhá a chruthófaí don stáisiún dá gcraolfaí sceideal ilteangach scannán seachas tús áite a thabhairt do scannáin Mheiriceánacha (féach a aiste sa bhailiúchán seo). Is cinnte gur mó a shamhlófaí 'Súil Eile' lena leithéid agus go gcuideodh sé le híomhá ilchultúrtha an stáisiúin. Ar ndóigh, déarfaí, mar a dúirt carachtar Phádraig Standún, gur maith le pobal na Gaeltachta 'aicsean agus buachaillí bó', ach tá saol na hÉireann, agus saol na Gaeltachta freisin, ag athrú agus ba chóir go mbeadh stáisiún óg mar TG4 in ann déileáil leis na hathruithe sin.

Tá go leor mionmholtaí eile a d'fhéadfaí a dhéanamh. Ba mhaith an rud é cláracha faoin timpeallacht a choimisiúnú, cláracha a rachadh i ngleic leis na mórcheisteanna a bhaineann le saol, le cultúr is le stíl mhaireachtála mhuintir na hÉireann ag tús na mílaoise. D'fhéadfadh a leithéid díriú ar cheisteanna talmhaíochta agus iascaireachta, chomh maith le hábhair chonspóideacha mar fheachtas 'Shell chun Farraige', agus ar chúrsaí pleanála, tithíochta agus infrastruchtúir. Ba mhaith an rud é gné an cheoil bheo den chlársceideal a fhorbairt a thuilleadh, agus cineálacha eile ceoil seachas ceol traidisiúnta a chur san áireamh.

D'fhéadfadh TG4 — agus na comhlachtaí a sholáthraíonn cuid mhaith den ábhar dó — rud ar bith a dhéanamh, ach tógáil le fuinneamh agus le samhlaíocht ar a bhfuil bainte amach go dtí seo. Is cinnte go dteastóidh tuilleadh acmhainní, ach is í an fhís chruthaitheach — agus athchruthú na físe sin — a chinnteoidh go mbainfear an úsáid is fearr as na hacmhainní atá ar fáil.

Leabharliosta

An Coiste Gnó. 1983. *Géarchéim na Gaeilge*. Baile Átha Cliath, Conradh na Gaeilge.

Davies, G., 2002. 'Tomb Raider', in ap Hywel, E. & Davies, G. (eds), *Ffiniau Borders*. Llandusyl, Gomer, 47–9.

Davitt, M., 1998. *Scuais*. Indreabhán, Cló Iar-Chonnachta.

Davitt, M., 2003. *Fardoras*. Indreabhán, Cló Iar-Chonnachta.

Delap, B., 2006. 'Go leor le baint amach go fóill ag na meáin Ghaeilge', *BEO!*, Samhain [ar-líne]. Ar fáil ag: http://beo.ie/index.php?page=ar_na_saolta_seo&content_id=207 (léite 11 Bealtaine 2007).

Dunbar, R., 2003. 'Gaelic-medium Broadcasting: Reflections on the Legal Framework from a Sociolinguistic Perspective', in Kirk, J. M. & Ó Baoill, D. P. (eag.), 2003. *Towards our Goals in Broadcasting, the Press, the Performing Arts and the Economy: Minority Languages in Northern Ireland, the Republic of Ireland, and Scotland*. Béal Feirste, Cló Ollscoil na Banríona, 73–82.

Fannin, H., 2006. 'End of the Royle line', *Irish Times*, 4 Samhain.

Kenny, C., 2004. 'Faobhar', *Foinse*, 5 Samhain.

Mac Cóil, L., 1998. *An Claíomh Solais*. Indreabhán, Leabhar Breac.

Mac Síomóin, T., 2004. *Tuairisc ón bPluais*. Baile Átha Cliath, Coiscéim.

Magan, M., 2005. *Baba-Jí agus TnaG: seachrán san India*. Baile Átha Cliath, Coiscéim.

Magan, M., 2006. 'Around the world for Lazarus', *Irish Times*, 24 Deireadh Fómhair.

McCoy, G., 2003. 'Ros na Rún: Alternative Gaelic Universe', in Kirk, J. M. & Ó Baoill, D. P. (eag.), *Towards our Goals in Broadcasting, the Press, the Performing Arts and the Economy: Minority Languages in Northern Ireland, the Republic of Ireland, and Scotland*. Béal Feirste, Cló Ollscoile na Banríona, 115–64.

McNally, F., 2006. 'An Irishman's Diary', *Irish Times*, 4 Deireadh Fómhair.

Ní Laoire, S., 2000. 'Traidisiún an Ghearáin: An Díospóireacht faoi Ghaeilge na Gaeltachta Inniu', in Mac Mathúna, L., Mac Murchaidh, C. & Nic Eoin, M. (eag.), *Teanga, Pobal agus Réigiún: Aistí ar Chultúr na Gaeltachta Inniu*. Baile Átha Cliath, Coiscéim, 33–47.

Ó Caollaí, M., 1980. *Tiarnas Cultúir: Craolachán in Éirinn*. Baile Átha Cliath, Fochoiste na Mór-Mheán Cumarsáide, Conradh na Gaeilge.

Ó Cuaig, S., 2003. 'Súil Eile', in Kirk, J. M. & Ó Baoill, D. P. (eag.), 2003. *Towards our Goals in Broadcasting, the Press, the Performing Arts and the Economy: Minority Languages in Northern Ireland, the Republic of Ireland, and Scotland*. Béal Feirste, Cló Ollscoil na Banríona, 47–8.

Ó Flatharta, A., 1998. *An Solas Dearg*. Indreabhán, Cló Iar-Chonnachta.

Ó Gairbhí, S.T., 2006. 'Súil eile easurramach', *Foinse*, 5 Samhain.

Ó Laoire, M., 2000. 'Language Policy and the Broadcast Media: A Response', *Current Issues in Language and Society: Minority Language Broadcasting – Breton and Irish*, 7 (2), 149–54.

Ó Súilleabháin, D., 1994. *Oighear Geimhridh agus Lá Breá Gréine Buí*. Baile Átha Cliath, Coiscéim.

Schiller, H.I., 1978. *New Modes of Cultural Domination*. Baile Átha Cliath, Fochoiste na Mór-Mheán Cumarsáide, Conradh na Gaeilge.

Standún, P., 2005. *Sobalsaol*. Indreabhán, Cló Iar-Chonnachta.

AN TSÚIL
GHRINN GHÉAR

TG4, an Ghaeilge agus Pobail na Gaeilge

Siobhán Ní Laoire

1.0 Cén Tionchar atá ag TG4 ar an nGaeilge?

Tá ceisteanna spéisiúla ardaithe ag lucht eagraithe an tseimineáir seo, gach ceann acu tábhachtach agus bailí ar a bealach féin. As liosta na gceisteanna atá le plé againn, an cheist a ngabhfaidh mise i ngleic léi ná 'Cén tionchar atá ag TG4 ar an nGaeilge agus cén fhreagracht atá ar an stáisiún i dtaca le pleanáil teanga?' Is ceart dom a rá láithreach nach ngabhfaidh mé i ngleic ach leis an gcéad chuid den cheist sin – 'Cén tionchar atá ag TG4 ar an nGaeilge ?' – agus beidh breis agus mo dhóthain ansin agam! Ceist fhíorchasta í seo i dteanga ar bith agus beidh gá le sainiú ar ár gcuid téarmaíochta sula dtugann muid fúithi.

'Ceist na teanga' sa chiall is cúinge agus is fuarchúisí den rá sin a bheas i gceist agamsa anseo. Is í an chiall a bhainfidh mé as 'tionchar ar an nGaeilge' ná tionchar ar an nGaeilge mar theanga agus mar uirlis chumarsáide mar a úsáideann cainteoirí Gaeilge ina saol laethúil í seachas tionchar ar phatrúin úsáide *vis-à-vis* rogha teanga idir Béarla agus Gaeilge ar ócáidí éagsúla, mar shampla, nó tionchar ar dhearcadh an phobail mhóir i leith na Gaeilge. Is í an réimse den iompar teanga atá i gceist anseo mar sin ná an t-iompar agus an cleachtas teanga atá ag daoine *tar éis* dóibh an Ghaeilge a roghnú mar mheán cumarsáide.

Agus beachtú den chineál sin déanta, an féidir linn bogadh ar aghaidh anois agus tabhairt faoi thionchar TG4 ar an nGaeilge a mheas nó a rianadh? An-seans nach mbeidh sé sin indéanta ar bhealach beacht go brách! Tá le tuiscint sa cheist gur féidir glacadh leis go mbeidh gaol inrianaithe ann idir na hollmheáin ar thaobh amháin agus iompar teanga ar an taobh eile. Mar a tharlaíonn, níl oiread sin fianaise ann go dtéann na meáin chraolta i bhfeidhm go díreach agus go haontreoch ar chleachtas teanga maidir le stíl[1] de. Cinnte, bíonn tagairtí do na meáin chraolta reatha i gceist i measc pobail urlabhra[2] a bhíonn ag tarraingt as eolas comhchoiteann agus a bhíonn ag breathnú ar an gclársceideal céanna. Anuas air sin is cinnte go gcloisfear aithris chomhfhiosach ar nath cainte nó ar nósmhaireacht stíle a bhainfeadh le clár nó le pearsa teilifíse faoi leith, mar shampla. Cinnte chomh maith, déantar an-chuid tagartha sa dioscúrsa poiblí do thionchar na meán ar chleachtas agus ar 'chaighdeán' teanga (féach Ní Laoire, 2000) ach ní léir cé chomh díreach agus atá an gaol nó an tionchar sin ar chleachtas teanga i gcoitinne. Rud is féidir linn a rá go cinnte mar sin féin ná go bhfuil na meáin chraolta ar cheann de na heilimintí atá le fáil sa tírdhreach teangeolaíoch i gcomhthéacs sochtheangeolaíoch ar bith sa lá atá inniu ann agus dá bhrí sin go bhfuil gaol éigin idir cleachtas teanga ar an teilifís agus cleachtas teanga sa saol mór, dá dheacra é cineál an ghaoil (mar thionchar nó mar scáthán) a shainiú.[3]

2.0 RTÉ Raidió na Gaeltachta agus Pobail na Gaeilge

Más mian linn a bheith ag tuairimiú faoi chuid de na bealaí éagsúla a bhféadfadh meán craolta Gaeilge tionchar a imirt ar theanga agus ar chleachtas teanga i measc lucht labhartha na Gaeilge, ní gá dúinn breathnú níos faide ná RTÉ Raidió na Gaeltachta, a thosaigh ag craoladh go poiblí ar 2 Aibreán 1972 agus a bhfuil fianaise agus cleachtadh breis agus 35 bliain againn le tarraingt orthu.

---

[1] Tugann Eckert (2001: 123) sainmhíniú úsáideach ar an gcoincheap 'stil theangeolaíoch' mar seo: 'Let me begin with my own definition of linguistic style, as a clustering of linguistic resources, and an association of that clustering with social meaning'.

[2] Féach Winford (2003: 26): 'Speech communities can be defined at different levels of generalization, from communities of practice to the nation state. They can also be identified in terms of ethnicity, social class, gender, and so on. What unites each of these social constructs is the fact that its members share certain linguistic repertoires and rules for the conduct and interpretation of speech.'

[3] Ag trácht ar na rólanna éagsúla a leagtar ar TG4 (nó a thuigtear go forleathan a bheith aici) i leith na Gaeilge, sonraíodh le linn an tseimineáir nach féidir a bheith ag súil le rud sa bhosca nach bhfuil le fáil sa saol mór. Agus thiocfadh seo leis an meafar den scáthán (scáthán aontaobhach nó fiú déthaobhach). Féach Aitchinson (1998: 18): 'The media are therefore linguistic mirrors: they reflect current language usage and extend it. Journalists are observant reporters who pick up early on new forms and spread them to a wider audience. They do not normally invent these forms, nor are they corrupting the language. Radio and television reproduce the various ways of speaking we hear around, they do not invent them.'

2.1 Seirbhís Aonchanúnach agus Seirbhís Ilchanúnach

An réimse tionchair is mó a d'fhéadfaí a thuar agus a thomhas maidir le tionchar ag an meán ar an spriocphobal éisteachta ná idir-intuigtheacht idir chanúintí áitiúla. Ón tosach i leith, chomhlíon RnaG feidhmeanna náisiúnta agus áitiúla araon sa mhéid is gur lonnaigh siad i bpobail urlabhra áitiúla agus thug seirbhís 'inmheánach' dóibhsean i dtosach báire. D'fhág seo go raibh de rogha ag éisteoirí glacadh le RnaG mar sheirbhís 'aonteangach' nó 'aonchanúnach' agus cloí le hábhar craolta ina máthairchanúint réigiúnda féin amháin dá dtogródís é. Ach, dar ndóigh, chomhlíon an stáisiún feidhm idir-réigiúnach agus feidhm náisiúnta freisin mar gur chuir sé pobail áitiúla i dteagmháil lena chéile agus os comhair a chéile. Mar is eol dúinn ar fad, tá an tráchtaireacht phragmatheangeolaíoch ó thosach ré RnaG lán le cuntais ar chomh dothuigthe ag a chéile is a bhí cainteoirí Chiarraí agus Thír Chonaill mar shampla, ceal taithí agus cleachtadh ar a chéile ar leibhéal na teanga agus ar leibhéal taithí saoil chomh maith – ach tháinig athrú ar an tírdhreach teangeolaíoch mar thoradh ar an teagmháil a bhí ag canúintí réigiúnda lena chéile ar an meán craolta áirithe seo. Cuireadh seirbhís 'ilteangach' nó 'ilchanúnach' ar fáil, mar sin, agus bhí de rogha ag éisteoirí 'culéisteacht' agus glacadh leis an ábhar 'ilchanúnach' go dtí go ngabhfaidís i dtaithí air (agus é le tuiscint go mb'fhéidir go mbeadh bearnaí tuisceana i gceist leis an ábhar i gcanúintí 'iasachta'). Cibé bealach a ndeachaigh éisteoirí i ngleic leis, ba dheacair a shéanadh go raibh ardú ar idir-intuigtheacht idir chanúintí ar cheann de na torthaí fónta ar sheirbhís RnaG, go háirithe i mblianta tosaigh na seirbhíse.[4] Ardú ar chumas tuisceana fulangach a bhí i gceist anseo agus níor *ghá* go mbeadh tionchar aige ar chleachtas gníomhach teanga i measc pobal urlabhra. Mar sin féin is féidir a shamhlú go héasca go mbeadh ócáidí urlabhra eile ann seachas éisteacht leis an raidió amháin a mbeadh deis ag daoine an cumas tuisceana seo ar chanúintí 'iasachta' a úsáid agus a fhorbairt iontu.

---

[4] Féach mar shampla an méid a deir Aodán Ó Muircheartaigh (Ó Braonáin, 1997: 50): 'Is deacair a shamhlú anois go raibh sé deacair go maith ag cainteoirí dúchais na gceantracha Gaeltachta a chéile a thuiscint ina dteanga féin nuair a bunaíodh *Raidio na Gaeltachta* , ach sin mar a bhí an scéal. Bhí – agus tá – na ceantracha sin deighilte óna chéile agus ba bheag teagmháil a bhí eatarthu . . . Ceann de bhuanna iomadúla *Raidió na Gaeltachta* gur chuir sé muintir na Gaeltachta in aithne dá chéile agus i dtuiscint dá chéile.'

2.2 Seirbhís Thraschanúnach

An tríú réimse a bhí i gceist le seirbhís chraolta RnaG ná an tseirbhís 'thraschanúnach', nuair a cuireadh ócáidí urlabhra ar fáil a raibh níos mó ná canúint réigiúnda amháin iontu. Is léir gur san áit a bhfuil canúintí áitiúla ag comhphlé agus ag idirdheileáil lena chéile, gur anseo is féidir a bheith ag súil le tionchar ar chleachtas teanga maidir le leibhéalú agus caighdeánú stíle áitiúla – go háirithe i gcomhthéacs teangeolaíoch de chineál na Gaeilge nach bhfuil caighdeán labhartha tagtha chun cinn ná curtha ar fáil cheana ann. Is cinnte gur fhorbair agus gur tháinig ardú ar chumas an-chuid cainteoirí, idir chraoltóirí proifisiúnta agus rannpháirtithe eile, ionramháil stíle maidir le leibhéalú/cothramú, neodrú agus caighdeánú ar a gcuid canúintí áitiúla a láimhseáil de réir éileamh sochtheangeolaíoch na hócáide urlabhra – an t-éileamh sin ná iad féin a dhéanamh intuigthe do chomhpháirtithe comhrá agus lucht éisteachta ilréigiúnach. Glacann muid leis gan cheist anois go mbeidh smacht ar na réimeanna 'neodraithe' seo teanga ag an-chuid cainteoirí T1 (.i. Teanga 1 .i. máthairtheanga) a bheidh le cloisint ar an raidió ach, maidir le Gaeilge labhartha de, is scil é nach mbíodh chomh forleathan sin agus a bhí éagsúil agus nua i laethanta tosaigh RnaG. Creidim gur féidir linn glacadh leis go bhfuil baint dhíreach idir an 'státse' nó an láithreán teangeolaíoch seo a bheith ar fáil, gona riachtanais shainiúla chumarsáide, agus forbairt na stíleanna seo. Tá le tuiscint as an méid sin nach ar ócáidí urlabhra craolta amháin a cleachtaíodh (agus a chleachtaítear) an leibhéalú/caighdeánú agus an ionramháil stíle i dtreo leaganacha leibhéalaithe/caighdeánaithe/neodraithe de na canúintí áitiúla. Mar sin is féidir linn labhairt ar 'thionchar' RnaG ar chleachtas an phobail mhóir sa chás seo arís. Dar ndóigh, ba cheart a rá chomh maith gur dócha go raibh agus go bhfuil eilimintí eile tionchair ann atá gafa i bhfeidhm ar an ngné seo den chleachtas teanga – d'fhéadfaí leathnú na litearthachta Gaeilge i measc chainteoirí T1 agus tionchar an chórais oideachais i dtreo normalaithe i gcoitinne a lua, mar shampla – ach ní fhéadfaí RnaG a fhágáil as an áireamh in aon phlé ar chumarsáid thraschanúnach/oschanúnach agus cleachtas teanga.

2.3 Forbairt ar Shainréimeanna Teanga

Toradh nó tionchar eile de chuid leathnú ar na réimsí agus ar na riachtanaisí cumarsáide a bhí le clúdach ag an nGaeilge labhartha ar sheirbhís RnaG ná forbairt ar shainréimeanna – maidir le téarmaíocht i dtosach báire agus maidir le ciútaí stíle ar nós marcálaithe dioscúrsa ina dhiaidh sin (féach Jucker agus Ziv, 1998). Is iad na réimsí is túisce a rithfeadh linn ná Nuacht, Aimsir, Leanúnachas agus Spórt. Próiseas é seo a bhí ar bun cheana féin ó chéadlaethanta 2RN, Raidió Éireann agus RTÉ, dar ndóigh. Cuid den phleanáil chorpais leanúnach atá ar bun go hinstitiúideach ag forais ar nós Rannóg an Aistriúcháin agus An Gúm ó bhlianta tosaigh an stáit é chomh maith. Arís anseo, mar sin, ba ghá tionchar RnaG a chur san áireamh in aon phlé ar fhorbairt sainréimeanna sa Ghaeilge chomhaimseartha.

Tá muid tar eis breathnú ar na réimsí tionchair is suntasaí agus is intomhaiste atá le haithneachtáil as ár dtaithí de 35 bliain de chraolachán raidió Gaeilge – agus gur dócha gur cuireadh tús tréan leis na próisis sin sna chéad deich mbliana ar an aer: ardú ar idir-intuigtheacht idir chanúintí réigiúnda, ardú ar chumas ionramhála stíle maidir le leibhéalú/cothramú, neodrú agus caighdeánú ar chanúintí réigiúnda agus forbairt ar shainréimeanna. An féidir linn glacadh leis gurb iad na torthaí agus na réimsí tionchair céanna a bheas i gceist maidir le TG4?

3.0 TG4 agus Pobail na Gaeilge

An t-aon bhealach is féidir liom a shamhlú le tionchar aon eilimint faoi leith den tírdhreach teangeolaíoch ar an nGaeilge i gcoitinne a fhiosrú ná trí bheachtú i dtosach báire cén cineál Gaeilge atá le fáil san eilimint faoi leith sin. Más mian linn tionchar TG4 ar an nGaeilge a fhiosrú, is gá dúinn iarracht a thabhairt ar chur síos a dhéanamh ar an nGaeilge atá le fáil ar TG4. Sa mhéid is go bhfuil an fhianaise ar fad reoite i bhfoirm físeáin dúinn, ba chóir go mbeadh muid in ann tabhairt faoi chur síos inúsáidte ginearálta ar thréithe suntasacha a chur ar fáil. Ceist eile, mar a sonraíodh ar ball, tionchar na heiliminte sin, TG4, ar an gcuid eile den tírdhreach teangeolaíoch agus ar iompar teanga taobh amuigh den mheán craolta sin a mheas nó a thomhas.

3.1 Spriocphobail Féachana

Sa phlé ar RnaG, ní dhearna mé aon sainiú faoi leith ar an bpobal teanga a bhí i gceist le táirgeadh ábhair sa stáisiún ná ní dhearna mé aon sainiú faoi leith ar a spriocphobal éisteachta. Níor ghá é sin a dhéanamh. Ach oiread le plé den chineál céanna faoi RTÉ Raidió 1, mar shampla – áit a dtuigfí gan cheist go mbeadh gach éisteoir agus gach táirgeoir clár ag feidhmiú ag leibhéal ard cumais teanga sa Bhéarla gan ach céatadán an-bheag eisceachtaí – rinne muid talamh slán de go mbeadh na táirgeoirí clár ar fad, agus an spriocphobal mórán ar fad, ag feidhmiú ag leibhéal teanga T1 nó a chomhionann cumais.[5] D'fhéadfaí glacadh leis an téis seo go neamhchonspóideach maidir le RnaG agus tugann sé láithreach muid go dtí an tréith is suntasaí de chomhthéacs sochtheangeolaíoch TG4 agus go dtí an chodarsnacht is mó ó thaobh teanga de idir RnaG agus TG4. Tá próifíl an spriocphobail éisteachta/féachana agus próifíl na gcraoltóirí ar an dá stáisiún an-éagsúil óna chéile agus eascraíonn an chodarsnacht sin as na cúinsí casta sochtheangeolaíocha a bhfuil muid ag plé leo in Éirinn le breis agus trí chéad bliain anuas. Ó tharla gur seirbhís náisiúnta atá á tairiscint ag TG4 atá ag díriú agus ag freastal ar gach cuid de phobail na Gaeilge – agus pobail eile nach iad – tá an pobal urlabhra T2 (.i. Teanga 2 .i. foghlaimeoir) ina chuid thábhachtach dá spriocphobal féachana. Dá bharr sin, tá láithreacht agus feiceálacht ard acu ar an sceideal i gcoitinne – go háirithe má chuireann muid easpa láithreachta an phobail T2 ar RnaG i gcomparáid leis. Má leanann muid leis an idirdhealú sin is féidir a rá gurb é an difear is mó, maidir le stíleanna Gaeilge de, idir RnaG agus TG4 ná chomh hard agus atá feiceálacht T2 ar TG4 i gcomparáid le RnaG. Má ghlacann muid leis chomh maith go mbeidh difríochtaí suntasacha, oibiachtúla ann idir iompar teanga Chainteoirí T1 agus iompar teanga Chainteoirí T2 i bpobal teanga ar bith, is féidir idirdhealú tuairisciúil bunúsach a dhéanamh idir an dá chuid sin de phobail urlabhra na Gaeilge.

Is gá anois breathnú ar dhéanamh agus go háirithe ar chleachtas teanga an dá mhórphobal urlabhra sin. Níos tábhachtaí fós, is gá iarracht a dhéanamh teacht ar thuiscint ar an méid a tharlaíonn nuair a chuirtear an dá phobal seo ag comhphlé lena chéile.

3.2 Cainteoirí T1: *Repertoire* Teanga
Is féidir cur síos canúineolaíoch, neamhchonspóideach a thabhairt ar an mbun-chomhthéacs teangeolaíoch a bhfuil craoltóirí agus lucht éisteachta RnaG ag feidhmiú ann agus ar an réimse canúintí áitiúla a bhfuiltear ag tarraingt astu mar seo:

---

[5] Go dtí le fiordhéanaí, b'annamh craoltóirí agus lucht déanta clár ar RnaG gan a bheith ina gcainteoirí T1 nó a comhionann cumais, agus fós féin is eisceachtúil an ní é gan craoltóirí a bheith ina gcainteoirí dúchais Gaeilge.

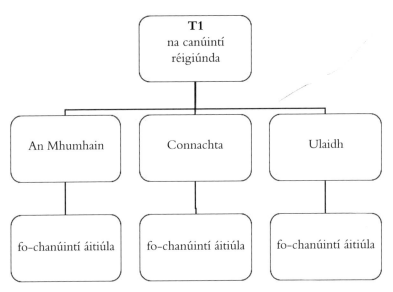

```
                    ┌─────────────┐
                    │     T1      │
                    │  na canúintí │
                    │  réigiúnda   │
                    └─────────────┘
        ┌──────────────────┼──────────────────┐
  ┌───────────┐      ┌───────────┐      ┌───────────┐
  │ An Mhumhain│      │ Connachta │      │  Ulaidh   │
  └───────────┘      └───────────┘      └───────────┘
        │                  │                  │
┌────────────────┐ ┌────────────────┐ ┌────────────────┐
│fo-chanúintí áitiúla│ │fo-chanúintí áitiúla│ │fo-chanúintí áitiúla│
└────────────────┘ └────────────────┘ └────────────────┘
```

Léaráid 1: Canúintí Réigiúnda T1

Maidir le leibhéal cumais teanga is féidir talamh slán a dhéanamh de, mar a sonraíodh ar ball, go bhfuil tromlach mór na gcainteoirí a bheas le cloisteáil ar an stáisiún raidió ag feidhmiú ag leibhéal teanga T1 nó a chomhionann cumais agus ag luí a bheag nó a mhór le canúint áitiúil inaitheanta faoi leith. Má chuireann muid gnáthchleachtas neamh-chonspóideach sochtheangeolaíoch san áireamh anois anuas ar an rangú is féidir a dhéanamh ar chanúintí áitiúla T1, is féidir úsáid agus réimsí úsáide – agus cleachtas agus láimhseáil na mbunchanúintí áitiúla sin ag cainteoirí – a rangú ag leibhéal na stíle agus ag leibhéal na sóinseálachta chomh maith.

San anailís seo ar theanga in úsáid sa tsochaí, áirítear na heilimintí sóinseálacha atá ina ngnáthchuid de chleachtas pobal urlabhra ar bith – réimse, stíl, aois, sainréim agus eilimintí eile nach iad – agus atá, dá bhrí sin, ina ngnáthchuid de *repertoire* lánfhorbartha teanga an chainteora dúchais. Cleachtaítear an ionramháil stíle seo ar chúiseanna éagsúla, bíonn sí faoi réir ag nithe éagsúla a bhaineann leis an gcomhthéacs sóisialta agus bíonn torthaí éagsúla léi. Tharlódh gur ar mhaithe le brí shóisialta (e.g. ballraíocht i ngrúpa faoi leith) a chruthú trí rogha stíle agus ionramháil mhalartóg a d'úsáidfí í. I gcás den chineál sin, mar shampla, sheachnódh duine óg leaganacha ar nós 'bail ó Dhia air' nó leaganacha canúna áirithe le béim a chur ar a bhallraíocht i ngréasán sóisialta óg faiseanta (féach Eckert, 2000). Nó go ndéanfadh cainteoir ionramháil ar an scála foirmeálta/neamhfhoirmeálta trí mhaolú ar úsáid an chódmhalartaithe ag ócáid urlabhra fhoirmeálta. Nó le faid shóisialta a mharcáil trí éagsúlacht stíle leis an gcomhpháirtí urlabhra a mhéadú nó a laghdú (Teoiric an Oiriúnaithe: comhchlaonú/*convergence* agus éagsúlú/*divergence*[6]). Nó maidir le sainréimeanna teanga, trí tharraingt ar bhéarlagar agus téarmaíocht speisialta i gcomhthéacs gairmiúil nó teicniúil nó cultúrtha faoi leith.

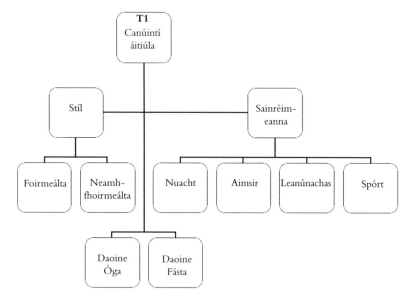

Léaráid 2: Canúintí Sóisialta (Imlíne)

Bhreathnódh léaráid imlíneach agus tuairisc den chineál seo thuas mórán mar a chéile i dteanga ar bith agus bheadh meascán de na heilimintí éagsúla – agus láithreán don réimse teanga agus don tsóinseálacht stíle atá ina sainchomharthaí de theangacha in úsáid – ar fáil sa chleachtas teanga ar mheán craolta ar bith. Mar sin atá ar Raidió na Gaeltachta, mar sin atá ar TG4 agus mar sin atá sa saol mór – nuair is pobal teanga de chainteoirí T1 nó a chomhionann cumais amháin atá i gceist. Céard a tharlaíonn nuair atá cainteoirí T2 i gceist agus cén chaoi ar féidir linn a gcleachtas teanga siúd a rangú agus a thuiscint?

---

[6] Coimríonn Spolsky (1988: 108) an obair ar an teoiric mar seo: '. . . it consists of a large number of general statements about tendencies of speakers to modify (or not modify) their style of speaking (including code choice) in order to move towards (or, if appropriate, away from) that believed to be that of the addressee . . . Speech accomodation theory was developed to attempt to account for changes in speech style in conversations: it thus deals directly with the issue of interspeaker variation . . .'

3.3 Cainteoirí T2: *Repertoire* Teanga

Tá múnla le fáil sa Fhráma Tagartha Comónta Eorpach do Mheasúnú Teangacha[7] le cur síos a dhéanamh ar leibhéil éagsúla sealbhaithe teanga:

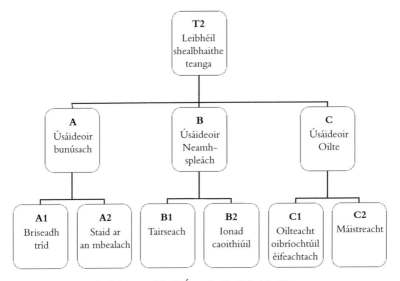

Léaráid 3: Leibhéil Éagsúla Sealbhaithe Teanga

Tá trí leibhéal i gceist: úsáideoirí bunúsacha, úsáideoirí neamhspleácha agus úsáideoirí oilte agus iad fo-roinnte arís de réir an leibhéil chumais atá bainte amach acu. Téann an scála ó 'leibhéal briste tríd' (fíorthosaitheoir nach mbeadh in ann déileáil ach leis na feidhmeanna teanga is bunúsaí agus is sothuartha) chomh fada le 'máistreacht' (an té ar deacair aithint idir é nó í agus cainteoir dúchais maidir le cumas cumarsáide agus láimhseála teanga).

3.3.1 Turas/Próiseas na Foghlama, Pobail Chleachtais agus Canúintí Sóisialta

Domsa, is é an rud is suntasaí faoin bhfráma tagartha seo ná gurb é an meafar atá in úsáid ná turas leanúnach ó leibhéal cumais amháin ar aghaidh go dtí an chéad cheann eile – briseadh tríd, tairseach, ionad caoithiúil agus mar sin de chomh fada le máistreacht. Ach maidir le céatadán an-ard de phobal urlabhra T2 Gaeilge in Éirinn, níl turas leanúnach ó leibhéal A1 go dtí C2 i gceist ach *plateau* ag staid éigin ar an mbealach gan bogadh ar aghaidh uaidh sin. Ní bhaineann sé le hábhar anseo cé na cúiseanna casta is bun leis seo ach fágann sé go bhfuil pobal

---

[7] Féach http://www.coe.int/t/dg4/linguistic/CADRE_EN.asp.

substaintiúil cleachtais T2 ann gurb é an múnla nó an spriocstíl maidir le táirgeadh teanga atá acu ná cainteoirí eile T2 (ag leibhéil éagsúla cumais) seachas cainteoirí agus cleachtas teanga phobail T1 – an gnáthmhúnla a bheadh ag foghlaimeoir teanga a bheadh ag leanúint den turas foghlama coinbhinsiúnta a bhfuil cur síos air thuas.

Ba ghá tuilleadh idirdhealaithe fós a dhéanamh taobh istigh den phobal T2 seo, dar ndóigh. Is cinnte go bhféadfaí a mhaíomh gur canúintí sóisialta *de facto* cuid de na pointí ar an turas meafarach foghlama seo. Ina measc seo bheadh cainteoirí T2 a bhaineann caighdeán ard cumais amach ach nach nglacann le T1 mar mhúnla dá dteanga labhartha agus a mhaíonn gur 'meascán canúintí' atá acu. Nó cainteoirí a éilíonn aitheantas réigiúnda ar bhonn eile tríd an gcanúint réigiúnda dhúchasach nó aicmeach atá acu i mBéarla na hÉireann ('canúint Bhaile Átha Cliath' mar shampla, nó 'canúint an DART') a bhualadh anuas ar an gcanúint a chleachtann siad mar chainteoirí T2 maidir le fóneolaíocht agus tuiníocht go háirithe.[8] Bheadh baill na bpobal seo ina mbaill de ghréasáin shóisialta agus de phobail chleachtais T2. Bheadh cuid de na cainteoirí seo eolach ar chuid den ghnáth*repertoire* ionramhála stíle a mbeadh pobal teanga T1 ag tarraingt air cé nach mbeadh an éascaíocht chéanna acu maidir le haclú agus láimhseáil an bhunachair sin. Ach tharlódh chomh maith go bhfuil teacht acu ar *repertoire* éagsúil malartóg (*repertoire* phobal T2) agus go mbeadh ionramháil agus marcáil mhalartóg in úsáid go háirithe mar chomharthaí féiniúlachta agus lena mballraíocht i ngréasáin shóisialta faoi leith a mharcáil nó a shainiú. Cuid dhílis de phobal teanga ar bith, agus go háirithe de phobail dhátheangacha, an ilfhéiniúlacht seo a aclú.

Maidir leis an gcéatadán mór den phobal T2 Gaeilge a mhaireann thart ar na leibhéil chumais oibiachtúla ó áit ar bith ó leibhéal tairsigh B1 go B2/C1, d'fhéadfaí pobail aonchanúnacha nó aonstíleacha a

---

[8] Baineann castachtaí den chineál céanna le foghlaim an Bhéarla mar dhara teanga sa mhéid is go dtarlódh go mbeadh cúiseanna sóisialta agus polaitiúla/idé-eolaíocha ag lucht T2 an Bhéarla gan a gcanúint labhartha a mhúnlú ar chanúint chaighdeánaithe Bhéarla faoi leith (SAM nó RP Shasana mar shampla), ná fiú é a mhúnlú ar chanúint áitiúil faoi leith. I gcásanna den chineál seo cruthófar pobal cleachtais neamhspleách T2. Féach Jenkins (2003: 125): '. . . learners are more frequently voicing a desire to preserve something of their L1 accent as a means of expressing their own identity in English rather than identifying it with its L1 English users'. (Tá mé buíoch de Bunny Richardson, Scoil na dTeangacha, ITBÁC as an gceist seo a phlé liom.)

thabhairt ar chuid mhaith díobh seo.[9] Na himpleachtaí a bheadh leis seo maidir le hiompar teanga de ná gur féidir glacadh leis nach mbaineann baill na bpobal seo leas as an nGaeilge ach i réimse an-teoranta comhthéacsanna agus go bhfuil féidearthachtaí d'ionramháil stíle agus canúna sóisialta an-teoranta nó gan a bheith ann taobh istigh de na pobail chleachtais a bheadh i gceist.

4.0 Sceideal TG4: Rangú de réir Pobal Teanga

Tá ráite againn go bhfuil idirdhealú bunúsach le déanamh idir iompar teanga chainteoirí T1 agus cainteoirí T2. Tá de thoradh air seo gur féidir a bheith ag súil le patrúin éagsúla úsáide teanga ar chláracha TG4 de réir mar a bhaineann rannpháirtithe agus lucht ginte na gclár le pobal teanga T1 nó T2. Anuas air sin is léir go nginfear patrúin faoi leith úsáide má chuirtear an dá phobal nó eilimintí éagsúla den dá phobal ag comhphlé lena chéile. Is fiú mar sin iarracht a dhéanamh ar chuid de sceideal Gaeilge TG4 a iniúchadh i dtéarmaí na bpobal teanga atá aitheanta againn agus maidir lena gcleachtas teanga ina leith féin agus i leith a chéile.

4.1 Scaipeadh T1 agus T2 sa Sceideal: Feiceálacht, Láithreacht, Ról agus Éifeacht

Is féidir trí mhór-rannóg a aithint: (a) T1 amháin nó chun tosaigh go mór; (b) T1 mar chnámh droma; agus (c) T2 chun tosaigh nó T1 agus T2 ar chomhleibhéal feiceálachta.

4.1.1 T1 (nó a Comhionann Cumais) Amháin nó Chun Tosaigh go mór

Is iad na cineálacha cláracha agus ábhair atá i gceist sa rannóg seo: nuacht, aimsir, leanúnachas, *C.U. Burn, Fíorscéal, Comhrá, 7 Lá,* cláracha spóirt áirithe, cláracha faisnéise áirithe, *Geantraí, An Teach Glas.* Tugtar faoi deara láithreach go bhfuil cuid mhaith de na cláracha seo lárnach agus tábhachtach sa sceideal, go bhféadfaí a rá go n-iompraíonn siad údarás stíliúil agus go bhfuil ról agus stádas treoraitheach ceannródaíoch teanga agus stíle acu. Sa chiall sin is féidir a rá go bhfuil feidhm

---

[9] Féach Spolsky (1988:110): '. . . in language learning, for instance, the linguistic range depends on the range to which a child is exposed. It thus presumably helps to account for the fact that foreign language learners are often limited to a single style'.

ghradamúil sa sceideal á comhlíonadh ag T1 agus go bhfuil ról an leagain ghradamúil (*prestige variety*) á ghlacadh aici i dtírdhreach teangeolaíoch TG4.

Maidir le cleachtas teanga de, níl teorainn leis na féidearthachtaí d'ionramháil stíle. Níl aon bhaol nach gcuirfear ócáidí urlabhra de gach cineál ar fáil agus clúdach iomlán teanga ar na riachtanais chumarsáideacha. Speictream leathan ó fhoirmeálta/neamhphearsanta go neamhfhoirmeálta/pearsanta (e.g. *Fíorscéal, Nuacht TG4* go *C.U.Burn, Comhrá*); seánraí speisialaithe inaitheanta (e.g. spórt, aimsir, leanúnachas); úsáid shainréimeanna agus réimeanna teicniúla teanga (e.g. *An Teach Glas*); agus idirphlé stíle maidir le haois, inscne agus aistriú stíle dinimiciúil ar mhaithe le brí shóisialta agus idirphearsanta a aclú (e.g. *7 Lá, C.U. Burn*, cláracha spóirt srl.).

4.1.2 T1 (nó a Comhionann Cumais) mar Chnámh Droma

Is iad na cineálacha cláracha atá i gceist sa rannóg seo: *Ros na Rún, Paisean Faisean, Soiscéal Pháraic, Ardán, An Tuath Nua*, cláracha spóirt áirithe, cláracha faisnéise áirithe. Sa chuid seo den sceideal feictear T1 ag feidhmiú ag leibhéal treoraitheach agus gnásanna iompar teanga á leagan síos san áit a bhfuil ionad struchtúrtha tábhachtach – a bhféadfaí feidhm an chnámh droma a bhaisteadh uirthi – á chomhlíonadh ag T1. Bheadh láithreoirí agus scriptscríbhneoirí ag feidhmiú ag leibhéal T1 agus lucht T2, nach bhfuil feidhm struchtúrtha chomh lárnach céanna acu, *de facto* faoi stiúir theangeolaíoch phobal cleachtais T1. Na ceisteanna a bheadh íogair agus suntasach mar thuar don chleachtas teanga i gcomhthéacsanna den chineál seo ná (a) an comh-mheá idir líon agus lárnacht lucht T1 agus T2; agus (b) an cineál T2 atá i gceist. Bheadh na féidearthachtaí d'ionramháil stíle agus d'aclú an *repertoire* iomlán teangeolaíoch faoi réir ag an dá ní seo.

Is fiú sampla coincréideach amháin a thógáil le comhthéacs agus feidhmiú casta teanga na haicme seo a thuiscint. Clár seachtainiúil ealaíne é *Soiscéal Pháraic* ina ndéanann cathaoirleach (Páraic Breathnach, ball de phobal urlabhra T1) agus triúr aíonna díospóireacht agus cur trí chéile ar chúrsaí ealaíne reatha. Go hiondúil, bheadh dhá nó trí ábhar éagsúla le plé (leabhar, scannán, ceolchoirm, taispeántas, píosa amharclainne, srl.) nó in amanna bheadh téama amháin ag rith tríd an gclár (ealaíontóir faoi leith nó cineál faoi leith grianghrafadóireachta, mar shampla). Déantar an clár a thaifeadadh mar aonad leanúnach 'beo' gan script réamhordaithe agus is léir go bhfuiltear ag díriú ar dhíospóireacht réasúnta nádúrtha a chur ar fáil. Formáid teilifíse é a bhfuil cleachtadh maith ag lucht féachana teilifíse uirthi. Gan ceisteanna phobal urlabhra T1 nó T2 a chur san áireamh ar chor ar bith, is léir go mbeidh cineál agus 'braistint' an chláir faoi réir cuid mhaith ag pearsantachtaí, teacht i láthair agus idirdhinimic na n-aíonna éagsula ar thaobh amháin agus idirdhinimic an éascaitheora/chathaoirligh agus aíonna ar an taobh eile, ar gach clár faoi seach. Ar an gcaoi chéanna beidh cleachtas teanga an chláir ag brath go láidir ar an gcomh-mheá idir chainteoirí T1 agus T2 i measc na n-aíonna. Má scrúdaíonn muid seo i dtéarmaí Theoiric an Oiriúnaithe, fágann sé go bhféadfadh torthaí éagsúla a bheith le comhdhéanamh an phainéil a bheith ag bogadh i dtreo mórlaigh de T2. Cuid bhunúsach den teoiric go dtuigtear go ngluaiseann cainteoir i dtreo cainteora eile ó thaobh stíle de (comhchlaonú) agus go ngluaiseann siad ó chainteoir eile (éagsúlú) de réir mar a shainíonn siad an ócáid agus a gcaidreamh lena gcomhpháirtithe comhrá. Is gá glacadh leis nach mbeidh cainteoir ag leibhéal tairsigh (B1/B2) nó fiú C1 in ann mórán aclaíocht stíle den chineál a bheadh nádúrtha i ndíospóireacht agus idirphlé bríomhar nádúrtha a láimhseáil. Is léir mar sin go mbeidh an ghluaiseacht agus an t-aclú stíle mórán i gcónaí sa treo T1 go dtí T2 agus go mbeidh laghdú dá bharr ar na féidearthachtaí d'ionramháil stíle.[10] Sa chás seo d'fhéadfaí a thuar go seachnóidh cainteoirí T1 cuid mhaith den *repertoire* sóinseálach a bhféadfaidís tarraingt as (féach 3.1 thuas) d'fhonn riachtanais chumarsáideacha a chur chun cinn agus gníomh fónta cumarsáide a chinntiú. Ar an taobh eile de, má tá mórlach na cuideachta ag feidhmiú ag leibhéal T1, tá seans ann go mbeidh cainteoir T2 in ann tarraingt ar scileanna eile cumarsáideacha d'fhonn a bheith lánpháirteach in ócáid dhea-dhéanta urlabhra agus go leanfar fós múnla

---

[10] 'People will attempt to maintain their speech patterns, or even diverge linguistically away from those believed characteristics of their receipients when they (a) define the encounter in intergroup terms and desire a positive ingroup identity, or (b) wish to dissociate personally from another in an individual encounter, or (c) wish to bring another's speech behaviours to a personally acceptable level ... The magnitude of such linguistic convergence will be a function of (a) the *extent of the speakers' linguistic repertoires* and (b) factors (individual and environmental) that may increase the need for social approval and/or high communicational efficiency ... The magnitude of such divergence will be a function of (a) the *extent of the speakers' linguistic repertoires* and (b) individual differences and contextual factors ...' [cló iodálach liomsa] Spolsky, 1988: 108–9.

iompair na rannóige 'T1 amháin nó chun tosaigh go mór' den chuid is mó.[11]

4.1.3 T2 Amháin nó Chun Tosaigh nó T1 agus T2 ar Chomhleibhéal Feiceálachta

Is iad na cineálacha cláracha atá i gceist sa rannóg seo: *Hector san Oz, Ceol Tíre, Bean an Tí, Cloch ar Chloch, Underdogs,* gearrscannáin, cláracha faisnéise, *Síle, Cúla4.* Má tá pobal urlabhra T2 chun tosaigh is féidir ceachtar de dhá rud nó meascán de dhá rud a thuar. Sa chéad áit, go mbeidh na féidearthachtaí d'ionramháil stíle teoranta mar gheall ar aonstíleachas nó raon laghdaithe stíle na gcainteoirí. Sa dara háit, más í an chuid sin de phobal T2 a bhaineann le pobal cleachtais a aclaíonn canúint shóisialta T2 mar chuid de phróiseas ionramhála féiniúlachta agus sainmhínithe shóisialta atá i gceist, go mbeidh siad ag tarraingt as *repertoire* stíle agus foinsí tagartha meafaracha nach ionann iad agus an *repertoire* atá i gceist i bpobal T1. D'fhéadfadh fós go mbeadh poitéinseal luaineachta agus sóinseálachta sa *repertoire* seo taobh istigh dá théarmaí tagartha féin ach ba ghá a aithint gur *repertoire* agus téarmaí tagartha phobal cleachtais T2 seachas T1 a bheas i gceist.

5. Cén Tionchar atá ag TG4 ar an nGaeilge?
5.1. Spás agus Deis do Chruthaitheacht Teanga agus Idir-intuigtheacht agus Idirphlé idir Chanúintí T1 agus T2.

Tá spás agus deis do chruthaitheacht teanga i ngach ceann de na trí mhór-rannóg a d'aithin muid agus comhthéacsanna éagsúla agus torthaí éagsúla teangeolaíocha ag gach ceann acu. An tionchar is mó atá ag TG4 ar an nGaeilge, dar liom, mar sin, ná go gcuirtear an spás agus an láithreán cruthaitheachta uathúil teanga sin ar fáil. An ghné is mó tionchar ar iompar teanga, dar liom, ná an t-éileamh cumarsáideach Gaeilge a chuirtear ar fáil. Cuirtear comhthéacs neamhghnáthach nua sochtheangeolaíoch ar fáil nach leanann an cleachtas coitianta i

---

[11] D'fhéadfaí comhthreomharachtaí a shamhlú idir seo agus ról agus iompar an 'leathchainteora' (cainteoir nach raibh teacht aige/aici ar mhúnla iomlán T1 ina c(h)uid sealbhaithe teanga) ag Dorian (1982):'...semi-speakers may have a very restricted grammatical and lexical competence in the recessive language (i.e. in comparison with older fluent speakers) but an excellent sociolinguistic or communicative competence. Dorian also notes that semi-speakers are much better understanders than producers' (Dressler, 1988: 189–90).

gcomhthéacsanna dátheangacha in Éirinn (seachas comhthéacsanna oideachasúla a bhfuil gaol múinteoir/foghlaimeoir i gceist iontu) go n-aistrítear cód ó Ghaeilge go Béarla go minic nuair a tharlaíonn idirphlé idir chanúintí T1 agus T2.[12] Ní mór do chainteoirí T1 agus T2 nósmhaireacht nó 'riail' shochtheangeolaíoch nach gcastar ar an mBéarla agus T1 agus T2 ag comhphlé le chéile a leanúint nuair a tharlaíonn an t-idirphlé i gcomhthéacs TG4. Spreagann agus éilíonn an láthair shochtheangeolaíoch seo iompar agus rogha teanga éagsúil seachas mar a bheadh sa saol mór go minic agus forbairt ar idir-intuigtheacht agus scileanna ionramhála stíle sa dá threo dá bharr.

Seans gurb é an toradh agus an tionchar is sainiúla agus is nuálaí atá á bhaint amach nó á chur chun cinn, mar sin, ná idir-intuigtheacht agus idirphlé idir chanúintí T1 agus T2. D'fhéadfaí cuimhneamh air seo sna téarmaí céanna a bhí i gceist againn nuair a scrúdaigh muid an toradh a bhí ar ardán agus éilimh chumarsáideacha a chur ar fáil do chomhphlé idir chanúinti áitiúla ar RnaG breis agus 35 bliana ó shin. Mar a chonaic muid sa chás sin, bhí ardú ar idir-intuigtheacht idir canúintí réigiúnda agus ardú ar chumas ionramhála stíle maidir le leibhéalú/cothramú, neodrú agus caighdeánú ar chanúintí réigiúnda mar thoradh ar an gcomhthéacs nua teanga sin.

5.2 Tionchar ar T1

Sa mhéid is go bhfuil ardán gradamúil breise teangeolaíoch á chur ar fáil a bhfuil láithreacht agus feiceálacht láidir ag T1 ann, go háirithe sna feidhmeanna gradamúla a luadh thuas, tá idir scáthán d'iompar teanga T1 á chur ar fáil do phobal T1 agus mhúnla do réimsí nua úsáide. D'fhéadfaí a bheith ag súil go mbeadh tionchar ag na rudaí seo ar dhearcadh agus ar mhuinín phobal T1 ina leith féin mar phobal urlabhra agus mar phobal cleachtais.

Is minic curtha i leith na n-ollmheán go mbíonn tionchar diúltach

---

[12] Bheadh an claonadh seo coitianta i suíomhanna dátheangacha eile chomh maith, féach McMahon 1994: 297 mar shampla. Ach féach fresin Hoffmann (1991: 183) mar a ndeir sí go bhfuil athruithe le tabhairt faoi deara sa phatrún iompair seo i suíomhanna áirithe mionteanga. Fós féin is é taithí an-chuid de phobal T2 gur fearr le lucht T1 Gaeilge casadh ar an mBéarla muna bhfuil leibhéal ard cumais ag an gcomhpháirti urlabhra T2. Tá tuairiscí go leor le fáil den rud céanna ag tarlú (casadh ar an mBéarla mar *lingua franca*) i gcás idirphlé idir chanúintí réigiúnda Gaeilge chomh maith.

acu maidir le caomhnú canúintí réigiúnda agus go spreagann na hollmheáin gluaiseacht i dtreo leaganacha/canúintí caighdeánaithe. Is cinnte go bhfuil feiceálacht níos ísle ar an meán seo ag canúintí reigiúnda sa mhéid is gur mar ghrúpa canúintí (canúintí éagsúla T1) i measc canúintí eile (canúintí éagsúla T2 agus sainréimeanna agus stíleanna oschanúnacha/leibhéalaithe) a thagann siad i láthair. Mar sin féin, is léir go bhfuil feiceálacht ard ag canúintí reigiúnda T1 sna feidhmeanna gradamúla, dáiríre sa sceideal (drámaíocht agus saothair chruthaitheacha ardchaighdeáin chomh maith le nuacht agus faisnéis) agus go dtugann seo stádas dóibh mar leagan/canúint ghradamúil i dtéarmaí dhearcadh an phobail. Mar fhíric lom oibiachtúil ba chóir a lua chomh maith, dar ndóigh, gur mar leaganacha agus mar fhorbairtí ar chanúintí T1 atá formhór mór na sainréimeanna agus stíleanna oschanúnacha/leibhéalaithe tagtha chun cinn. Ní miste a mheabhrú, mar sin, nár ghá go mbeadh aon mhaolú ná aon 'chaillteanas' canúna i gceist anseo mar go mbíonn dáileadh feidhmeach faoi leith (.i. ócáidí oschanúnacha, ócáidí idirchanúnacha agus ócáidí urlabhra a éilíonn béarlagair teicniúil agus speisialaithe) ag na stíleanna/leaganacha leibhéalaithe seo. Ceist eile an mbeadh dlisteanacht agus gradam sóisialta ag roinnt leis na canúintí leibhéalaithe seo nó an mbreathnófaí orthu i bpobail T1 mar leaganacha tanaithe de T1 – ach is ceart a chur san áireamh gur cuid dhílis, leanúnach den dioscúrsa pragmatheangeolaíoch in aon phobal urlabhra luacháil agus díospóireachtaí den chineál seo.

D'fhéadfaí ceist an ghradaim agus cur i láthair chanúintí T1 agus T2 a scrúdú chomh maith i dtéarmaí na hanailíse dioscúrsa agus na mór-rannóg atá aitheanta againn. Is féidir feidhm an leanúnachais (an láithreoir a chuireann cláracha i láthair agus a thugann eolas tábhachtach faoin sceideal sna gabhail idir chláracha) a shamhlú le húdarás agus le lárnacht ar mhacraileibhéal craolta an stáisiúin. Mar a chéile d'fheidhm na tráchtaireachta (reacaire/*narrator*) ar chláracha faisnéise agus d'fheidhm an éascaitheora agus an chathaoirligh ar chláracha díospóireachta ag micrileibhéal an sceidil. Mar gheall ar fheiceálacht T1 sna rólanna lárnacha frámála seo, bronntar údarás siombalach agus stádas lárnach ar T1 agus ar phobal T1 le hais T2.

Cé go bhfuil conspóidí dá chuid féin ag roinnt le fotheidealú ón mionteanga go dtí an mhórtheanga sa mhacra-chomhthéacs sochtheangeolaíoch, tá toradh suntasach, 'neamhphleanáilte', 'cliathánach' amháin leis maidir le haclú *repertoire* leathan stíleanna T1 ar mheán na teilifíse. I gcomhthéacsanna ina bhfuil T1 amháin, T1 chun tosaigh nó fiú ina chnámh droma i gceist, bheifí ag súil le srian stíle nó claonadh chun róshimplíthe teanga mar gheall ar eolas na rannpháirtithe agus lucht ginte clár ar raon leathan leibhéal cumais an lucht féachana (tá neart fianaise ann go dtéann lucht éisteachta – samhlaitheach nó fírinneach – i gcion go láidir ar iompar thart ar stíl teanga).[13] Ach má tá sé intuigthe go mbeidh fotheidealú Béarla leis an gclár a chraolfar, níl aon chúis go dtarlódh seo agus ní cosúil go dtarlaíonn.

Toradh eile a bhaineann le féidearthachtaí faoi leith na teilifíse mar mheán ná leithead agus raon na ndeiseanna thar gach cuid den sceideal le sainréimeanna agus stíleanna nua a chlúdach agus a fhorbairt i T1. Mar a chonaic muid, is próiseas leanúnach é seo atá ar bun cheana féin i réimsí taobh amuigh den teilifís ach is léir go bhfuil luas faoi anois ar mheán na teilifíse mar gheall ar TG4, go háirithe i réimsí neamhfhoirmeálta agus i 'dteilifís an réalachais'.

5.3 Tionchar ar T2

Tá cuid de na torthaí a bhaineann le hidirphlé idir T2 agus T1 luaite cheana féin. Sa mhéid is go raibh ardán bisiúil ar mheán craolta don teanga labhartha cheana féin ag pobal T1 ó bunaíodh RnaG, d'fhéadfaí a rá gur leathnú ar fhóram a bhí ann cheana atá i gceist do phobal T1 le TG4. Tharlódh mar sin gurb é an réimse tionchair is suntasaí teanga atá ag TG4 ná áit a gcuirtear spás úrnua poiblí ar fáil do phobal T2 nárbh ann dó deich mbliana ó shin.

Cé gur fíor go bhféadfaí a mhaíomh go gcloíonn dáileadh feidhmeach T2 leis na feidhmeanna éadroma, siamsaíochta ar an sceideal fhaid is atá dáileadh feidhmeach T1 le fáil sna feidhmeanna dáiríre agus siamsaíochta araon, níl dabht ar bith ach go bhfuil dlisteanú á dhéanamh ar T2 agus ar phobal T2 trína fheiceálaí is atá siad ar an sceideal i gcoitinne. Anuas air sin, is gá a chur san áireamh nach i dtéarmaí gradaim agus údaráis amháin a léitear brí mheafarach dháileadh canúintí i ngréasáin shóisialta. Tá luachanna comhionannais agus rannpháirtíochta agus dearbhú féiniúlachta chomh tábhachtach céanna in an-chuid

---

[13] Féach Bell (2001) do choimriú úsáideach agus forbairt bhreise ar an obair thábhachtach atá déanta aige ar an ngné lárnach seo de chúrsaí stíle. Tá gaol gairid ag 'creatlach deartha lucht éisteachta'/'*audience design framework*' Bell le Teoiric an Oiriúnaithe agus tá forás teoiriciúil tagtha ar an dá mhúnla mínithe le blianta beaga anuas.

comhthéacsanna (féach Milroy 2001). Is féidir a shamhlú go mbeadh dearbhú ar phobal teanga agus pobail éagsúla cleachtais T2 ag feiceálacht agus láithreacht chanúintí T2 ar TG4. Anuas air sin, is léir go bhfuil daonlathú/leibhéalú áirithe maidir leis an gceangal coiteann i saol na meán idir cumas teanga, údarás agus rochtain ar na meáin curtha i bhfeidhm ag cúinsí faoi leith sochtheangeolaíocha TG4.

Ag cloí le tionchar ar iompar teanga agus réimsí úsáide teanga (seachas ar dhearcadh teanga) fós, an mórthionchar eile ag TG4 ar T2 ná go gcuireann sé deis úsáide agus/nó riachtanas sochtheangeolaíoch nua ar fáil do chainteoirí narbh í an Ghaeilge an ghnáthrogha teanga acu i suíomhanna poiblí agus foirmeálta ná i sainréimsí eolais agus spéise. Bheadh an leathnú seo ar réimsí úsáide do chuid de phobal T2 – agus an spreagadh chun forbartha cumais teanga a leanfadh dá bharr – ina thoradh tánaisteach ar fheiceálacht T2 agus 'daonlathú' chúinsí rochtana ar an meán seo.

Iarfhocal

Iarracht é an páipéar seo ar ghearrthuairisc a thabhairt ar 'cheist na teanga' ar TG4 ag baint leasa as cuid de ghnáthuirlisí anailíse agus mínithe na sochtheangeolaíochta sóinseálaí. Tá modhanna anailíse agus fráma tagartha faisnéis-lárnach agus comparáideach curtha ar fáil sa réimse sin le daichead bliain anuas a chuidíonn linn le patrúin úsáide agus iompair a aithint agus muid ag iarraidh tuairisc fhuarchúiseach agus fráma mínitheach a chur ar fáil don fhaisnéis fhoirmiúil teanga atá os ár gcomhair. Tá bailíocht agus éifeacht agus tábhacht theangeolaíoch agus shochtheangeolaíoch dá chuid féin fós, dar ndóigh, ag fráma mínithe a dhéanann luacháil agus dlisteanú ar an bhfaisnéis sin ar bhonn foirme agus 'ceart' teanga. Ach i gcomhthéacs na sochtheangeolaíochta, trí bhreathnú ar T2 mar chanúint shóisialta dírítear ar úsáid na canúna sin seachas ar na difríochtaí foirmiúla atá idir í agus T1. Má tá freagrachtaí pleanála teanga nó pleanála stádais i gceist do TG4, d'fhéadfaí iniúchadh a dhéanamh ar chleachtas teanga an stáisiúin sna téarmaí sin agus feiceálacht/láithreacht chomparáideach na gcanúintí éagsúla a choinneáil faoi scrúdú.

Ceist eile as liosta na gceisteanna ar iarr lucht eagraithe an tseimineáir seo orainn dul i ngleic leo ná, 'Cad é an t-údar ceiliúrtha is mó dá bhfuil ag TG4 tar éis deich mbliana?' An t-údar ceiliúrtha is mó, b'fhéidir, ná go bhfuil sí ann – gur cuid dhlisteanach agus údaraithe de mhór-thírdhreach cultúrtha agus teangeolaíoch na tíre í, eilimint amháin den chumasc d'eilimintí éagsúla a bhfuil tionchar acu ar an tírdhreach cultúrtha agus teangeolaíoch sin. Mar gheall ar gur ann di, cuirtear láthair agus deiseanna cruthaitheachta sainspéise, ginearálta agus teanga ar fáil nárbh ann dóibh dá huireasa. Ní beag sin.

Leabharliosta

Aitchison, J., 1998. 'The media are ruining language', in Bauer, L. & Trudgill, P. (eag.), *Language Myths*. Londain, Penguin, 15–22.

Bell, A., 2001. 'Back in style: reworking audience design', in Eckert, P. & Rickford, J. (eag.), *Style and Sociolinguistic Variation*. Cambridge, Cambridge UP, 139–69.

Dorian, N.C., 1982. 'Defining the speech community to include its working margins', in Romaine, S. (eag.), *Sociolinguistic Variation in Speech Communities*. London, Arnold, 25–33.

Dressler, W. U., 1988. 'Language death', in Newmeyer, F. J. (eag.), *Linguistics: the Cambridge Survey. Volume 4: The Socio-Cultural Context*. Cambridge, Cambridge UP, 184–92.

Eckert, P., 2000. *Linguistic Variation as Social Practice*. Oxford, Blackwell.

Eckert, P., 2001. 'Style and social meaning', in Eckert, P. & Rickford, J. (eag.), *Style and Sociolinguistic Variation*. Cambridge, Cambridge UP, 119–36.

Hoffmann, C., 1991. *An Introduction to Bilingualism*. Londain, Longman.

Jenkins, J., 2003. *World Englishes: A Resource Book for Students*. Oxford, Oxford UP.

Jucker, A. H. & Ziv, Y. (eag.), 1998. *Discourse Markers: Descriptions and Theory*. Amsterdam, Benjamins.

McMahon, A. M., 1994. *Understanding Language Change*. Cambridge, Cambridge UP.

Milroy, L., 2001. 'Social networks', in Chambers, J., Trudgill, P. & Schilling-Estes, N. (eag.), *Handbook of Variation and Change*. Oxford, Blackwell, 509–72.

Ní Laoire, S., 2000. 'Traidisiún an ghearáin: an díospóireacht faoi Ghaeilge na Gaeltachta', in Mac Mathúna, L., Mac Murchaidh, C. & Nic Eoin, M. (eag.), *Teanga, Pobal agus Réigiún: Aistí ar Chultúr na Gaeltachta inniu*. Baile Átha Cliath, Coiscéim, 34–47.

Ó Braonáin, S. (eag.) 1997. *Ceathrú céid: Ceiliúradh Pictiúrtha de Chúig Bliana Fichead Craoltóireachta ar Raidió na Gaeltachta*. Gaillimh, Raidió na Gaeltachta.

Spolsky, B., 1988. 'Bilingualism', in Newmeyer, F. J. (eag.), *Linguistics: the Cambridge Survey. Volume 4: The Socio-Cultural Context*. Cambridge, Cambridge UP, 100–118.

Winford, D., 2003. *An Introduction to Contact Linguistics*. Oxford, Blackwell.

An Tírdhreach Teangeolaíoch agus Taibhiú Teanga ar TG4

Tadhg Ó hIfearnáin

Baineann an aiste seo le cumhacht íomhá TG4 ar phobal na hÉireann agus ar phobail éagsúla na Gaeilge. Ní i gcónaí a shamhlaítear cumhacht den chineál seo a bheith ag comhlacht teilifíse, ach bhí dlúthcheangal idir cruthú an chainéil agus an t-ionad a tugadh don Ghaeilge i saol na hÉireann deich mbliana ó shin; agus anois go bhfuil sé fréamhaithe i gcultúr na tíre, imríonn an stáisiún tionchar nach beag ar dhearcadh mhuintir na hÉireann ar an nGaeilge féin. Tá urrúntacht na teanga sa tsochaí náisiúnta agus a láithreacht sna meáin chraolta ag brath cuid mhaith ar bhreith phobal na tíre ar a hionad ina saol pearsanta féin agus ar an tslí a dtugann polaitíocht teanga an stáit cruth ar an dearcadh sin. Dá thairbhe sin, tá folláine na meán Gaeilge ina macalla, nó ina scáthán, ar bheartas náisiúnta na Gaeilge (Ó hIfearnáin, 2000), beartas ar bainistíocht é ar a gcreideann pobal na tíre faoin teanga agus ar an gcleachtas teangeolaíochta atá acu, de réir mhúnla acadúil Shohamy (2006) agus Spolsky (2004), múnla a bhfuil glacadh forleathan leis anois sa réimse seo léinn ós rud é go gcuimsíonn sé go leor de na teoiricí ar an bpolaitíocht teanga a chuaigh roimhe, agus toisc go bhfuil sé ag teacht le múnlaí a bhí in uachtar ar mhór-roinn na hEorpa le blianta fada anuas ach nár tugadh dóthain airde orthu i saol idirnáisiúnta an léinn sa Bhéarla (Ó hIfearnáin, 2006).

Tá cosaint agus forbairt na Gaeilge mar urlabhra pobail i lár pholaitíocht teanga an stáit ó bunaíodh é. Más fíor go bhfuair an beartas ginearálta seo tacaíocht ón gcuid is mó de phobal na tíre ó na 1970í go dtí na 1990í (Ó Riagáin & Ó Gliasáin, 1994), níl aon fhianaise againn a thaispeánfadh gur tháinig athchomhairle ar an bpobal ó shin, ach a mhalairt. Ná déantar dearmad gur éirigh go maith le cuid de bhuniompar an stáit i leith na teanga. Tá eolas de chineál éigin ar an nGaeilge ag tromlach mór de mhuintir na tíre anois a bhuí leis an gcóras oideachais, cuir i gcás. Ní hionann sin is a rá go mbíonn an slua mór daoine seo sásta a rá go bhfuil an teanga acu ar mhaithe leis an daonáireamh, ná go bhfuil sé ar chumas na mórchoda í a labhairt go líofa, ach tá an t-eolas neamhghníomhach sin ar an teanga an-tábhachtach i dtaca le tomhaltas na meán de. Ina ainneoin sin, mar is léir ó na múrtha suirbhéanna a rinneadh ar bhonn áitiúil agus náisiúnta le breis is tríocha bliain anuas, is beag duine de lucht tacaíochta na teanga a mheasann go bhfuil go leor déanta ag an stát chun an Ghaeilge a chur in athréim agus í a chur á labhairt ó cheann ceann na tíre. Is ionann gníomhartha an stáit i dtír dhaonlathach agus toil an phobail go pointe áirithe, ach is dócha go bhfuil polaitíocht na Gaeilge ar cheann de réimse leathan ábhar nach mbíonn formhór na ndaoine ag smaoineamh orthu go rialta agus a fhágtar faoin stát le gníomhú ar a son dá thairbhe. B'annamh a thabharfaí aon bheartas nua isteach a bheadh conspóideach sa chomhthéacs sin. Dá mb'fhíor go mbeadh bunú Theilifís na Gaeilge conspóideach fiche bliain ó shin dá mbeadh rialtas an lae ag iarraidh tabhairt faoi, thug mórchuid an phobail a dtacaíocht dó i 1996. Ábhar ceiliúrtha a bhí i mbunú na seirbhíse, go deimhin, in ainneoin na critice binbí a fuair sí ó chúpla tráchtaire sna meáin scríofa ar feadh tamaill. Léiríonn taighde Moriarty (2007) ní hamháin go nglactar anois le dlisteanachas an stáisiúin i measc daoine nach bhfuil an Ghaeilge go rómhaith acu, ach go bhfuil an-chion ag pobal na tíre air agus go mbeadh an-díomá orthu dá dtiocfadh deireadh leis ar chúis ar bith.

Ó tharla go raibh seirbhísí maithe raidió agus teilifíse ar na héilimh is práinní ag lucht ghluaiseacht na Gaeilge le blianta agus gur patrún uiledhomhanda atá ina leithéid d'éilimh a bheith ag díograiseoirí na mionteangacha i dtíortha eile le fada an lá (Watson, 2003, Hourigan, 2003), agus, ar a bharr sin, go bhfeictear don ghnáthphobal go mbíonn ról speisialta ag an teilifís i múnlú dhearcadh an phobail mhóir i leith na teanga, is minic a dhéantar nasc róshimplí idir cruthú an chainéil teilifíse agus an beartas oifigiúil ar *shlánú* na Gaeilge. Ní móide go gcuireann míshástacht an phobail leo féin, nó le torthaí teanga an chórais oideachais mar a chítear iad, leis an tuiscint aduain seo ar chuspóir na teilifíse chomh maith toisc gurb é TG4 is mó a chuireann an teanga os comhair an phobail iarscoile nach labhraíonn an teanga go rialta, agus go mbíonn ceangal fós ar chúl intinn na ndaoine sin idir an Ghaeilge, taithí na scoile agus ról an stáit i staid na Gaeilge.

Ní léir gur féidir leis na meáin ról lárnach a chruthú dóibh féin i gcothú teanga ar bith atá mionlaithe, nó tacú faoi leith a thabhairt do theanga atá á labhairt i gcomhthéacs dátheangach. Luadh cheana féin go bhfuil cumhacht áirithe ag TG4 ar leibhéal náisiúnta, ach faoi mar a deir Cormack (2007: 66), is deacair a mhaíomh go gcuireann aon bhealach teilifíse an teanga mhionlaithe s'aige á labhairt i measc daoine nach raibh á labhairt cheana. B'ait a leithéid a iarraidh ar chainéal teilifíse i ndeireadh na dála. Dá mbeadh lucht labhartha na teanga páirteach sa teilifís agus dá mbeadh an cainéal lonnaithe go maith sa phobal, thiocfadh leis tacú le misneach a thógáil sa phobal sin agus b'fhéidir go mbeadh toradh tairbheach ag an ardú misnigh sin ar chleachtas teanga an phobail, ach faoi mar a léiríonn Cormack (2007), in ainneoin go bhfuil cainéil teilifíse ag craoladh i mionteangacha in áiteanna éagsúla ar fud na hEorpa le breis is fiche bliain anois, níl go leor taighde déanta fós le gur féidir an téis sin a fhíorú.

Deir TG4 féin (TG4, 2007) go bhfuil siad le 'freastal ar phobal na Gaeltachta agus na Gaeilge i ngach aoisghrúpa agus aicme líofachta'. Is sainiú an-leathan é sin a chuimsíonn beagnach gach duine sa tír. Is sprioc uaillmhianach é sin chomh maith agus is rídheacair an cóimheas a thomhas sa sceideal sa dóigh is go mbíonn idir na cainteoirí is fearr sa Ghaeltacht agus na foghlaimeoirí is laige sásta. Is é an baol is mó a bhí ann le deich mbliana anuas titim idir dhá stól, nó titim áit éigin idir an dá fhoirceann sin. Is léir gur smaoinigh coimisinéirí na gclár ar an deacracht agus go raibh roinnt mhaith clár a craoladh sa chéad deich mbliana in ainm is a bheith ag tarraingt na ngrúpaí éagsúla aicmí líofachta le chéile. Na cláir is fisiúla is túisce a thug deis féachána do shlua mór daoine, ach ba chláir spóirt, ealaíne agus taistil iad nach raibh ag brath ar chúrsaí teanga féin ach go tánaisteach. Is doiligh clár atá téacsúil nó clár ina bhfuil díospóireachtaí agus caint bheo a chur in oiriúint do gach duine. Más fíor go leathnaíonn fotheidil Bhéarla na gclár an lucht féachána go grúpaí móra daoine, cuireann siad isteach ar na daoine nach bhfuil siad uathu toisc go gcruthaíonn siad teachtaireacht sa bhreis ar an gcaint féin. Tá na sraitheanna *Amú le Hector* an-suimiúil i gcomhthéacs na cumarsáide le grúpaí éagsúla líofachta. Is cláir iad a thaitníonn go mór le réimse an-leathan daoine de bharr spraíúlacht an láithreora agus iontas na n-áiteanna a mbíonn sé *amú* iontu. Ina ainneoin sin, is cóngaraí atá an aicme Gaeilge sna cláir, go háirithe an chéad chúpla sraith, don chineál Gaeilge a thaitníonn le foghlaimeoirí Gaeilge agus iad ag freastal ar scoil, nó tar éis imeacht uaithi, ná do ghnás labhartha na gcainteoirí is líofa, bíodh siad ina gcainteoirí Gaeltachta nó ná bíodh. Ó thaobh na meán agus soláthar 'chlársceideal ardchaighdeán teilifíse d'ábhar i nGaeilge agus i dteangacha eile' (TG4, 2007), ní fadhb í sin, ach léiríonn sé an tslí a mbíonn lucht féachána an-mhór sásta fanacht laistigh de chrios compoird áirithe ó thaobh na teanga de. Ba dheacair a shamhlú go mbeadh an oiread sin ratha ar na sraitheanna sin dá mbeadh an Ghaeilge i bhfad níos saibhre. Aithníonn go leor daoine a gcumas féin cainte i láithriú Hector, agus ní dócha go spreagfadh a leithéid de chlár iad chun cur lena n-acmhainn cainte.

Is iad an chumarsáid agus an cultúr croí na craoltóireachta, ach tá feidhmeanna eile ag stáisiúin teilifíse sa bhreis air sin, go háirithe i gcás na gcainéal mionteangacha. Cuireann siad le stór focal agus réimeanna na teanga, bíonn éifeacht acu ar stádas na teanga i súile na ndaoine, agus imríonn siad ról suntasach i ngeilleagar phobal na teanga. Ceapann Jones (2007: 190) gurb iad sin na cúig *phríomhfheidhm* atá ag an teilifís (cumarsáid, cultúr, stádas agus forbairt teangeolaíochta, agus eacnamaíocht) agus gurb é sin an fáth a bhfuil an meán seo de dhíth ar gach pobal teanga. Luann sé Ned Thomas (1997), duine de ghníomhairí móra ar son na meán craolta sa Bhreatain Bheag. Mhaígh Thomas gurb ionann teanga agus grúpa daoine a bhíonn ag caint lena chéile, agus sa lá atá inniu ann is sna meáin a bhíonn cuid mhór den chaint sin. Ina thuairimse ní dócha go mbeidh a dhath i ndán do theanga nach bhfuil teacht aici ar na meáin chraolta. Is minic a chualathas argóintí den chineál céanna in Éirinn, ach tar éis deich mbliana, tá an cheist fós le cur: Cé leis a bhfuil TG4 ag caint? Más ag caint le formhór de mhuintir na tíre atá sí, fiú mura mbíonn siad uilig ag éisteacht, an féidir léi a bheith ina meán ag croíphobal na Gaeilge chomh maith? Is féidir go bhfuil feidhm eile léi atá chomh tábhachtach céanna do thodhchaí na Gaeilge.

An Tírdhreach Teangeolaíoch

Tagraítear go minic don éiceolaíocht [e cology] theangeolaíoch. Is é Einar Haugen a thug meafar na héiceolaíochta isteach sa tsochtheangeolaíocht ina chuid saothair sna 1970í, agus rinneadh forbairt ar an bprionsabal go leanúnach ó shin. Mheas Haugen (1972) go bhféadfaí an stádas atá ag teanga faoi leith sa tsochaí a fhiosrú trí shraith de cheisteanna a chur faoin timpeallacht ina raibh lucht a labhartha, mar shampla: 'Cad é an gaol atá idir an teanga agus teangacha eile'; 'Cé hiad lucht a labhartha?';

'An bhfuil siad aonteangach nó ilteangach?'; 'An bhfuil canúintí an-éagsúla sa teanga?' Ina choinne sin, mheas Mühlhäusler agus Harré (1990) agus Mühlhäusler (1996) gur cheart tabhairt faoi cheist na héiceolaíochta teanga ar bhealach níos iomláine fós ar an ábhar nárbh fhéidir saincheisteanna den chineál sin a chur i ngach comhthéacs ar an ábhar gur minic a bhíonn an teanga atá ag an bpobal measctha go maith ina saol agus ina gcuid urlabhra. Bhraith sé gurb í *éiceolaíocht na cumarsáide* is túisce tábhacht seachas stádas teanga ar leith, agus gur mó an tuiscint atá ar fáil ar an duine agus ar an bpobal ón dóigh a mbaineann siad úsáid as na teangacha agus as na cineálacha, réimeanna agus stíleanna laistigh de gach teanga atá acu ná faoi stádas na teanga féin. D'fhéadfaí a mhaíomh gur cuid de scéal éiceolaíocht na Gaeilge anois TG4, agus go bhfuil saol na teanga le feiceáil ina sceideal agus ina léiriú ar fhoirmeacha uile theangacha lucht labhartha na Gaeilge, ón gcuid is glaine den Ghaeilge dhúchasach go dtí an sórt is measctha. Ach tá baol ann ina dhiaidh sin go ndeánfadh a leithéid d'anailís ar an scáileán mar scáthán ar an bpobal urlabhra neamhshuim den tionchar a imríonn an scáileán ar an lucht féachána.

Le tamall de bhlianta táthar ag déanamh anailíse ar fheiceálacht na dteangacha sa *spás poiblí* mar bhrainse nua den taighde seo ar an éiceolaíocht teanga. Is é atá i gceist leis 'an teanga sa spás poiblí' ná úsáid na teanga, nó úsáid na dteangacha, ar chomharthaí poiblí agus príobháideacha, ainmneacha oifigiúla sráideanna agus bailte (díospóireacht a bhíonn beomhar in Éirinn go measartha minic), fógraíocht thrádálach agus eolais, agus aon áit eile a mbíonn aon teanga le feiceáil i dtimpeallacht an phobail. Tugtar an *tírdhreach teangeolaíoch* ar an gcur chuige seo. Is coincheap é a thug Landry agus Bourhis (1997) dúinn, agus a bhfuil boilsciú ceart ar an taighde ann anois. Tá go leor anailíse substaintiúla curtha i gcrích ar thíortha faoi leith, cé gur beag atá déanta ar na tíortha Ceilteacha. Pléann Backhaus (1997), cuir i gcás, leis an tSeapáin, agus Ben Rafael et al. (2004) le hIosrael agus leis an bPailistín. Tá ceist na mionteangacha agus an tírdhreach seo pléite ag Cenoz agus Gorter (2006), go háirithe ó thaobh na Freaslainne agus Thír na mBascach de. Ní miste an coincheap a leathnú go dtí an teilifís agus b'fhéidir go dtí an raidió, go háirithe i gcás na seirbhísí craolacháin sa Ghaeilge. Bíonn lucht léinn na meán cumarsáide ag scríobh faoi thomhaltas na meán, faoi tslí a 'gcaitheann' na daoine a gcluineann siad uathu agus a bhfeiceann siad orthu. I gcás na meán Gaeilge, áfach, a sholathraíonn seirbhísí do dhaoine i ngach aicme líofachta, is féidir a mhaíomh gur cuid den tírdhreach teangeolaíoch iad ina bhfuil an gnáthshaoránach ag maireachtáil. Feictear cuid mhaith de phobal na tíre orthu i gcomhthéacs an iompair náisiúnta i dtaca le 'ceist na Gaeilge', taobh le hAcht na dTeangacha Oifigiúla, stádas úr na Gaeilge san Aontas Eorpach, teagasc na Gaeilge ar scoil, an chomharthaíocht dhátheangach, agus araile, ar cuid iad uile den timpeallacht teanga ina bhfuil muid beo. Nílim ag rá gurb é seo an tuiscint atá ag na daoine iontacha, díograiseacha, gairmiúla atá ag obair le TG4 ar a n-ionad sa saol náisiúnta. Tá príomhaíochtaí eile acu agus iad i mbun obair na teilifíse, ach dála gach uile ghné de bheartas Gaeilge na tíre, tá maoiniú an stáisiúin ag brath ar dheathoil an tromlaigh sa tír a bhfuil gach rialtas ag brath ar a gcuid tacaíochta. Mura mbíonn TG4 ag iarraidh í féin a shainiú mar chainéal beag do chainteoirí líofa Gaeilge, rud nach bhfuil de réir fhorógra na 'Súile Eile', ní mór do lucht na bainistíochta dul i ngleic leis an dóigh a mbíonn an tromlach, nach bhfuil mórán Gaeilge, acu ag 'úsáid' an mheáin seo, nó ag caitheamh leis, agus tairbhe a bhaint as chun leasa an stáisiúin.

Tugann an tírdhreach teangeolaíoch léargas ar an gcoibhneas cumhachta agus stádais atá idir na teangacha a labhraítear i stát ilteangach. Áitíonn Shohamy (2006: 110) go bhfuil teachtaireacht taobh thiar de léiriú teangacha sa spás poiblí, agus is ionann, a mhaím féin, TG4 agus láthair teanga sa spás poiblí. Dearbhaíonn sí gur teachtaireacht faoi chúrsaí cumhachta atá ann a chuireann tuiscint áirithe ina luí ar an lucht féachana faoi dhlisteanacht na teanga nó an tsóirt teanga a bhíonn le feiceáil agus le cluinstin. Ní chaithfidh an láithriú teanga seo a bheith comhfhiosach ar chor ar bith, ach imríonn sé tionchar ar an rud a chreideann na daoine faoin teanga agus lúbann sé an creideamh sin ar bhealaí úra. Ar leibhéal náisiúnta, cuireann TG4 le láithreacht na Gaeilge i saol an duine, fiú daoine nach bhfuil focal Gaeilge acu, rud nach bhfuil gan éifeacht ar an dearcadh náisiúnta, rud ar a dtugann Spolsky (2004) an idé-eolaíocht teanga. Níl aon amhras, mar a léirigh Moriarty (2007), cuir i gcás, go gcreideann an gnáthdhuine go bhfuil beocht nua sa teanga de thairbhe í a bheith le feiceáil go rialta ar an scáileán. Cé gur beag fianaise atá ann ó thaobh taighde de (Cormack, 2007) gur chuir an cainéal le beogacht na teanga ná le réimeanna cainte i measc lucht a labhartha, má chreideann neart daoine lasmuigh den phobal urlabhra, nó fiú laistigh de, gurb amhlaidh atá an scéal, is toradh deimhneach é mar sin féin, ach ar leibhéal na cumhachta agus an tionchair pholaitiúil. Níor cheart neamhshuim a dhéanamh dá thábhacht sin. Uirlis struchtúrtha atá i TG4 a d'athraigh cuid de dhearcadh na tíre ar an nGaeilge ó tháinig sé ar an aer. Ar an ábhar go n-imríonn sí éifeacht ar a gcreideann daoine faoin teanga, is meicníocht *de facto* í in athrú bheartas agus pholaitíocht na Gaeilge de réir pharaidím Spolsky, Shohamy agus a gcuideachta.

Is cinnte gur cuid den tírdhreach náisiúnta teangeolaíoch í TG4, más ea, ach cruthaíonn sí tírdhreach dá cuid féin ar an scáileán a léiríonn an débhríocht theangeolaíoch a eascraíonn as débhéascna chasta phobal na Gaeilge. Tá scáil ollchumhacht an Bhéarla le mothú ann, ar ndóigh. Bíonn an t-uafás clár Béarla ann, agus bíonn idir Bhéarla agus Bhéarlachas le cluinstin i roinnt mhaith de na cláir ar sceideal Gaeilge an chainéil. Bheifí ag súil leis sin go pointe áirithe toisc nach bhfuil an stáisiún ag iarraidh ligean orainn mar lucht féachana gur ann do shaol Gaelach gan aon Bhéarla ar chor ar bith. Ní bheadh sé sin de réir an tsaoil atá ag an bpobal urlabhra. Ach ní ag tuairisceoireacht amháin ar stádas na teanga atá an teilifís. Tá sí rannpháirteach i saol na Gaeilge. Gineann sí leaganacha nua den teanga agus tugann dlisteanacht do chineálacha eile. Más fíor go bhfuil an drámaíocht, idir *Ros na Rún*, na drámaí stáitse don scáileán (más ceadmhach sin a thabhairt orthu), an gheamaireacht shimplí ghrinn tuaithe a bhíonn le feiceáil i sraitheanna áirithe, go háirithe ó Thír Chonaill agus ón Tuaisceart, más fíor go bhfuil siad ag iarraidh a bheith cóngarach do chaint na ndaoine, ní mór dóibh dul i ngleic le ceist stádas na teanga mar sin féin. Tá saol na Gaeilge dátheangach, ach is cláir Ghaeilge iad na drámaí sin. Mura dtomhaiseann na húdair, na léiritheoirí agus na haisteoirí an meascán teanga i gceart bíonn baol ann go gcuirfidh siad cleachtas na teanga féin i measc an phobail ó riocht ina n-ainneoin féin as siocair go dtabharfaidh siad dlisteanacht, más go neamh-chomhfhiosach féin é, d'fhoirmeacha teanga nach mbeadh le moladh go comhfhiosach ag an bpobal. Ní ag seanmóireacht ar son na Gaeilge is glaine neamhthruaillithe atá mé, ach nuair a scríobhann údair úrscéalta agus gearrscéalta Gaeilge, mar shampla, diomaite de roinnt eisceachtaí (Séamas Mac Annaidh, cuir i gcás, a bhaineann an-éifeacht agus an-ghreann as meascadh na gcód), is i nGaeilge ghlan a scríobhtar iad. Táthar ag samhlú domhain ina bhfuil an Ghaeilge nádúrtha ag cách. Dála an scéil, dhéanfadh cuid mhaith de ghearrscéalta comhaimseartha na Gaeilge drámaí maithe gearra teilifíse. Ba bhreá an rud léiriú tuisceanach ar chuid de shaothar próis Joe Steve Uí Neachtain, i dteannta a bhfuil de dhrámaí scríofa aige, nó d'údair an

Tuaiscirt agus Bhaile Átha Cliath, go háirithe. Ní sa drámaíocht amháin a chruthaítear saol seo na teanga ar an scáileán, ach i ngach réimse de chláir an stáisiúin.

Taibhiú na Teanga

Maíonn sochtheangeolaithe áirithe gur *taibhiú* atá in iompar teanga na ndaoine a léiríonn, nó a chruthaíonn, suíomh sóisialta faoi leith. Go deimhin, is féidir le duine leas a bhaint as teanga chun leagan úr de féin a chruthú. Cruthaíonn cainteoirí Gaeilge na suímh shóisialta agus na pearsana seo de bharr a roghanna teanga agus de thoradh ar chineál agus ar stíl na Gaeilge a shocraíonn siad a úsáid. Nuair a bunaíodh TG4 gineadh láthair úr don taibhiú teanga seo. Agus é le bunú, bhíothas ag iarraidh go mbeadh scáil an phobail, a theanga agus a luachanna le feiceáil ar an scáileán, ach inneall gníomhach ginte atá sna meáin chraolta ó thaobh na teanga de. Ó tháinig ann don stáisiún athmhúnlaíodh íomhá an Ghaeilgeora agus na slite a gcuireann pobal na Gaeilge iad féin in aithne dá chéile agus don domhan mór, go háirithe an slua nach bhfuil an teanga ar a dtoil acu. Tá na comhthéacsanna ina gcruthaíonn cainteoirí Gaeilge a bpearsana poiblí níos fairsinge de thairbhe na teilifíse. Tugann na suímh úra seo dúshlán cheart na teanga, agus bronnann dlisteanacht phoiblí ar theanga atá neamhfhoirmeálta, measctha, agus fiú míchruinn i gcomhthéacsanna áirithe.

Taibhiú teanga atá i ngach láithriú teilifíse más ea, agus na láithreoirí agus na haisteoirí á gcruthú féin os comhair ceamara. Arís eile, níl an íomhá a cheaptar ar an tslí seo bréagach ar dhóigh ar bith. Is cineál úr é do láthair úr, gné a chuireann le cumhacht na Gaeilge i measc an lucht féachana, fiú más ar bhealach caolchúiseach neamh-chomhfhiosach é. Tá an nuacht agus cúrsaí reatha lárnach sa taibhiú náisiúnta teanga seo, ach is taibhiú gach cur i láthair chomh maith.

Ar na cláir is suimiúla a craoladh le deich mbliana anuas, tá na cinn a bhfuil athghuthú déanta orthu. Is minic gur leagan Gaeilge iad de shraitheanna teilifíse a rinneadh i dteanga iasachta seachas an Béarla, agus a bhfuil taibhiú na teanga agus ceist na litríochta agus 'na Gaeilge glaine' fite fuaite tríothu. Ní féidir anailís cheart teangeolaíochta a dhéanamh orthu in aiste bheag den chineál seo, ach ní miste díriú ar chlár amháin ina bhfuil an taibhiú ag teacht le saol an Ghaeilgeora sa lá atá inniu ann, agus a léiríonn an saol sin go meafarach i ngan fhios dó féin, a bheag nó a mhór: *The Muppet Show*.

Puipéid atá sna muipéid seo, a bhfuil saincharachtar dá chuid féin ag gach duine acu. Bíonn an clár suite in amharclann agus na muipéid á réiteach faoi choinne seó stáitse. Tarlaíonn eachtraí greannmhara den chuid is mó idir na muipéid, ar caracatúrú gach duine acu ar phearsanra na hamharclannaíochta seanaimseartha. Tá an *diva* ann, mar atá aisteoirí, ceoltóirí agus bainisteoirí an tseó, agus ainmhithe gach duine acu faoi stiúir Frank Oz agus a fhoireann. Bíonn aíonna ag na muipéid ar réalta ceoil, scannáin agus teilifíse iad. Ní inniu ná inné a rinneadh an bunleagan de na cláir seo, ach tuigtear fós gur daoine móra le rá iad na haíonna. Tá gliocas nach beag le brath ar an tslí a ndearnadh an *Muppet Show* a chur in oiriúint do TG4. Is i nGaeilge amháin a labhraíonn na muipéid lena chéile. Tharla gur puipéid iad na muipéid agus nach bhfuil aon rian den athghuthú le mothú ar a gcuid cainte, tá éifeacht iontach ina gcur i láthair. D'fhéadfaí a chreidiúint gurbh í an Ghaeilge a bhí acu ó dhúchas. Ní dhearnadh aon athghuthú ar na haíonna, a leanann de bheith ag caint i mBéarla ar feadh an ama, cé go mbíonn na muipéid féin ag caint leo féin agus leis na haíonna i nGaeilge. Ní dhéanann aon duine de na haíonna iontas de na muipéid a bheith ag caint leo i nGaeilge, ní nach ionadh, agus leanann an comhrá cliste códmheasctha ar aghaidh go dtí deireadh an tseó. Dúradh liom nár cuireadh Gaeilge ar chaint na n-aíonna toisc nach raibh dóthain aisteoirí ann chun athghuthú a dhéanamh go slachtmhar, agus go raibh fadhbanna ann maidir le cearta ar athghuthú na réaltaí móra sin, ach bíodh an dá mhíniú sin fíor nó bréagach, is é toradh an scéil ná léiriú iontach ar ghné de shaol an chainteora Gaeilge sa lá atá inniu ann. Cé go labhraíonn teaghlaigh Ghaelacha agus grúpaí aitheantais Gaeilge lena chéile, bíonn orthu Béarla a labhairt le cairde, le cuairteoirí agus le daoine dá gcuid aitheantais. Is minic a labhraítear Gaeilge le daoine nach bhfuil ach an cumas neamhghníomhach acu ach a bhfuil tuiscint acu ar an teanga ar mhaithe lena choinneáil sa chuideachta. Is léargas glic greannmhar ar shaol aisteach an Ghaeilgeora in Éirinn an lae inniu atá i *Seó na Muipéad*. Mar a dúirt duine óg liom ar na mallaibh, tá na muipéid sin an-chosúil linn féin!

Ceangal: An Bealach Chun Cinn

Tá TG4 ag craoladh anois le breis agus deich mbliana. Táthar ag soláthar clár de gach cineál, atá dírithe ar ghrúpaí éagsúla cumais agus líofachta. Ní beag sin, ach fós féin ní dóigh liom gur éirigh leo fós teacht ar réiteach éigin idir na cineálacha an-éagsúla teanga a theastaíonn chun an réimse is leithne daoine a mhealladh chun tráthnóna iomlán nó oíche iomlán a chaitheamh os comhair na teilifíse. Is cruacheist í, ach san fhadtéarma is dócha gur cheart don chainéal díriú i bhfad níos mó ar na haicmí is airde líofacht sna pobail féachana. Níl siad ar an ngrúpa is líonmhaire, ach is í sprioctheanga na ndaoine eile a labhraíonn siad.

Cuirtear an-bhéim i léann na sochtheangeolaíochta ar an *gcumas cumarsáide* (Saville-Troike, 2003) mar chuid d'eitneagrafaíocht na cumarsáide uile. Is coincheap é an cumas cumarsáide a chruthaigh Dell Hymes daichead bliain ó shin chun cur síos ar an eolas a bhíonn ó chainteoir le bheith páirteach sa phobal teanga agus a bheith in ann labhairt agus éisteacht go héifeachtach lena chomhchainteoirí. Bíonn an taighde ar an gcumas cainte dírithe ar chomhthéacs na cainte agus ar chomhthéacs sóisialta na gcainteoirí, seachas ar an eolas teangeolaíoch a bheadh ag an gcainteoir-éisteoir idéalach ba chás le Noam Chomsky agus lucht leanúna na scoile sin teangeolaíochta. Ní dócha gur ann do chainteoir-éisteoir foirfe i dteanga ar bith, gan trácht ar chainteoirí Gaeilge na linne seo. Is é atáthar a rá ná ní fios teangeolaíoch amháin atá ó chainteoirí, ná ó chraoltóirí. Ní leor Gaeilge a bheith acu, cé gur fearr an chuid is saibhre a bheith acu ar ndóigh. Ní mór eolas a bheith ag lucht an stáisiúin ar gach rud a théann le cultúr na teanga, chun na réimeanna agus na stíleanna cuí a úsáid go tairbheach ar na hócáidí cuí. Tá ar TG4 tuilleadh a fhoghlaim faoin teanga agus faoi lucht a labhartha. Ní mór di tábhacht a hionaid féin sa phobal urlabhra a thuiscint agus tabhairt faoi fhorbairt na Gaeilge féin de réir mar a cheadaíonn a cuid acmhainní é. Déanann gach seirbhís chraolacháin an obair sin fiú i ngan fhios di féin. I gcás na Gaeilge, ní miste an obair a dhéanamh go feasach agus smaoineamh go dian ar an gcineál teanga is túisce a thaitneoidh leis an lucht féachána uile san fhadtéarma seachas an rud is fusa dóibh a thuiscint. Ba dheacair an meán féin a fhorbairt in uireasa na pleanála sin.

Leabharliosta

Backhaus, P., 2007. *Linguistic Landscapes. A Comparative Study of Urban Multilingualism in Tokyo*. Clevedon, Multilingual Matters.

Ben Rafael, E., Shohamy, E., Amara, M. & Trumpe-Hecht, N., 2004. *Linguistic Landscape and Multiculturalism: A Jewish-Arab Comparative Study*. Tel Aviv, The Tami Steinmetz Center for Peace Research.

Cenoz, J. & Gorter, D., 2006. 'Linguistic Landscape and Minority Languages', in Gorter, D. (eag.), 2006. *Linguistic Landscape: A New Approach to Multilingualism*. Clevedon, Multilingual Matters, 67–80.

Haugen, E., 1972. *The Ecology of Language*. Stanford, Stanford UP.

Hourigan, N., 2003. *Escaping the Global Village. Media, Language and Protest*. Lanham/Oxford, Lexington Books.

Jones, E. H., 2007. 'The Territory of Television: S4C and the Representation of the "Whole of Wales"', in Cormack, M. & Hourigan, N. (eag.), *Minority Language Media. Concepts, Critiques and Case Studies*. Clevedon, Multilingual Matters, 188–211.

Cormack, M., 2007. 'The Media and Language Maintenance', in Cormack, M. & Hourigan, N. (eag.), *Minority Language Media. Concepts, Critiques and Case Studies*. Clevedon, Multilingual Matters, 52–68.

Landry, R. & Bourhis, R., 1997. 'Linguistic landscape and ethnolinguistic vitality: An empirical study', *Journal of Language and Social Psychology*, 16 (1), 23–49.

Moriarty, M., 2007. *Minority Language Television as an Effective Mechanism of Language Policy: A Comparative Study of the Irish and Basque Sociolinguistic Contexts*. Tráchtas PhD neamhfhoilsithe. Luimneach, Ollscoil Luimnigh.

Mühlhäusler, P. & Harré, R., 1990. *Pronouns and People: The Linguistic Construction of Social and Personal Identity*. Oxford, Blackwell.

Mühlhäusler, P., 1996. *Linguistic Ecology: Language Change and Linguistic Imperialism in the Pacific Region*. Londain, Routledge.

Ó hIfearnáin, T., 2006. *Beartas Teanga*. An Aimsir Óg, Páipéar Ócáideach 7. Baile Átha Cliath, Coiscéim.

Ó hIfearnáin, T., 2000. 'Irish Language Broadcast Media: The Interaction of State Language Policy, Broadcasters and their Audiences', *Current Issues in Language and Society*, 7 (2), 92–116.

Ó Riagáin, P. & Ó Gliasáin, M., 1994. *National Survey on Languages. 1993: Preliminary Report*. Baile Átha Cliath, Institiúid Teangeolaíochta Éireann.

Saville-Troike, M., 2003. *The Ethnography of Communication*. Oxford, Blackwell.

Shohamy, E., 2006. *Language Policy: Hidden Agendas and New Approaches.* Londain /Nua-Eabhrac, Routledge.

Spolsky, B., 2004. *Language Policy.* Cambridge, Cambridge UP.

TG4, 2007. 'Súil Eile'. http://www.tg4.ie/corp/corp.htm (léite 1 Feabhra 2007).

Thomas, N., 1997. 'Sianel Pedwar Cymru: The first years of television in Welsh', Páipéar a léadh ag International Symposium ón Contact and Conflict, European Centre for Multilingualism, An Bhruséil.

Watson, I., 2003. *Broadcasting in Irish. Minority Language, Radio, Television and Identity.* Baile Átha Cliath, Four Courts Press.

TG4: Seirbhís Chraolacháin nó Seirbhís Phleanála Teanga?

Seosamh Mac Donnacha

Réamhrá

Ceann de na ceisteanna a bhíonn ina cnámh spairne go minic ag eagraíochtaí craolacháin a bhíonn ag craoladh trí theanga mhionlaigh is ea, 'An seirbhís chraolacháin nó an seirbhís teanga muid?' nó i gcás eagraíochtaí a bhíonn ag craoladh trí Ghaeilge, 'An seirbhís chraolacháin nó an seirbhís Ghaeilge muid?' Is é an argóint a bheidh mé a dhéanamh sa pháipéar seo, maidir le TG4 (agus seirbhísí eile craolacháin Ghaeilge), nach 'seirbhís chraolacháin' ná 'seirbhís Ghaeilge' atá inti ach 'seirbhís phleanála teanga' – is é sin le rá gur chun críche pleanála teanga seachas chun críche craolacháin a bunaíodh an stáisiún. Laistigh de na téarmaí tagartha sin, is féidir a mhaíomh gurb é is feidhm d'eagraíocht chraolacháin atá ag craoladh i dteanga mhionlaigh, go príomha, ná 'feidhmiú mar sheirbhís chraolacháin an phobail teanga lena mbaineann an teanga mhionlaigh'. Sa chomhthéacs sin déantar an argóint a fhorbairt anseo gurb é príomhchuspóir TG4 ná feidhmiú mar sheirbhís chraolacháin phobal na Gaeilge, sa Ghaeltacht agus lasmuigh de, agus gur sna téarmaí sin go príomha is cóir fiúntas TG4, mar eagraíocht chraolacháin phoiblí atá á mhaoiniú ag an Stát chun críche pleanála teanga, a mheas.

Is rud nádúrtha é, agus TG4 deich mbliana ar an aer, go mbeadh muid ag ceiliúradh an stáisiúin agus a bhfuil bainte amach aige sna deich mbliana atá caite. Agus ar ndóigh mar chraoltóir náisiúnta tá ábhar ceiliúrtha ag TG4. Tá caighdeáin chraoltóireachta an stáisiúin, má mheastar é sin de réir chaighdeáin theicniúla agus raon na gcláracha, ar aon dul leis na caighdeáin chraoltóireachta atá ag stáisiúin náisiúnta na hÉireann agus na Breataine, agus ar uairibh ar chaighdeán i bhfad níos airde ná cuid mhaith dá bhfuil le feiceáil ar na cainéil teilifíse atá ar fáil dúinn trí na córais seachadta éagsúla atá ar fáil sa lá atá inniu ann.

Is éasca cuid de bhuaicphointí an stáisiúin le deich mbliana anuas a lua – *C.U. Burn, Hiúdaí, Ros na Rún,* na gearrscannáin, na cláracha spóirt agus na cláracha faisnéise – buaicphointí atá mar ábhar bróid ag foireann an stáisiúin go cinnte, ach atá mar ábhar bróid agus misnigh freisin ag muintir na Gaeltachta agus na Gaeilge, mé féin ina measc, de bharr gur léirigh siad an cumas, an tsamhlaíocht agus an chruthaíocht atá ionainn mar phobal. Agus, ar ndóigh, is ábhar gaisce do TG4 go bhfuil sí tar éis a marc a fhágáil, ní hamháin ar chraoltóireacht na Gaeilge in Éirinn, ach ar chraoltóireacht na hÉireann trí chéile. Tá a lorg fágtha aici ar an gcraoltóireacht spóirt in Éirinn le deich mbliana anuas, mar thoradh ar stáisiúin eile a bheith ag déanamh aithrise ar chur chuige TG4 sa réimse sin. Tá TG4 tar éis glúin nua craoltóirí óga den scoth a chruthú a bhfuil a n-aghaidh anois le feiceáil ar bhealaí teilifíse a bhfuil a gceanncheathrú lonnaithe i bhfad soir ó Bhaile na hAbhann. Tá cuid de phearsantachtaí craolacháin TG4 aitheanta anois mar chuid de mhórphearsantachtaí na hÉireann ag meáin chumarsáide na tíre trí chéile. Tá TG4 tar éis saol, éadan agus glór an ghnáthdhuine a chur i láthair an tsaoil mhóir ar bhealach nach ndearnadh cheana, trína gcuid cláracha faisnéise agus na cláracha agallaimh a bhíonn acu. Agus tá sí tar éis gnéithe de dhúchas na Gaeltachta agus na hÉireann a chur os comhair an tsaoil mhóir ar bhealach nach ndearnadh cheana: traidisiún bádóireachta agus farraige na Gaeltachta, an damhsa ar an sean-nós agus an ceol traidisiúnta go háirithe. Barr ar an méid sin, tá ceannródaíocht theicniúil léirithe ag TG4 i gcuid mhaith den chur chuige craolacháin a chleacht sí ó bunaíodh an stáisiún.

Mar sin, tá neart ábhar ceiliúrtha, ábhar bróid agus ábhar misnigh ag TG4 mar thoradh ar a céad deich mbliana i mbun craoltóireachta. Agus ar ndóigh, tá an-chreidiúint ag dul do bhainistíocht agus d'fhoireann an stáisiúin faoi gur éirigh leo an méid seo a bhaint amach in achar an-ghearr agus le buiséad atá an-teoranta, nuair a chuirtear é i gcomparáid leis an mbuiséad atá ar fáil d'eagraíochtaí craolacháin eile a bhfuil siad in iomaíocht leo agus a mbítear á gcur i gcomparáid leo ar bhonn laethiúil.

Raison d'Être TG4

Nuair atá an ceiliúradh thart, áfach, is gá i gcás TG4 ar nós gach eagraíocht eile filleadh ar na bunaidhmeanna a bhí le bunú an stáisiúin agus a bhfuil bainte amach aige a mheas i bhfianaise na mbunaidhmeanna sin. Níl i gceist agam, san aiste seo, dul siar ar an stair a bhaineann le bunú na seirbhíse, arae tá sí sin á chíoradh ag údair eile sa bhailiúchán seo. Is leor a rá ag an bpointe seo gur eascair an t-éileamh ar sheirbhís teilifíse Gaeilge ó phobal na Gaeilge, sa Ghaeltacht agus lasmuigh di, agus gur mar fhreagra ar an éileamh sin a bunaíodh TG4. Cé go gcuimsíonn feidhmeanna TG4, mar a shonraítear iad san Acht Craolacháin, 2001, gnéithe eile de pholasaí craolacháin an Stáit, deimhnítear in alt Alt 45 (4) (a) den Acht gur ceann de phríomhchúraimí na seirbhíse é freastal ar phobal na Gaeilge:

[Teilifís na Gaeilge's programme schedules shall] provide a comprehensive range of programmes, primarily in the Irish language, that reflect the cultural diversity of the whole island of Ireland and include programmes that entertain, inform and educate, provide coverage of sporting, religious and cultural activities *and cater for the expectations of those of all age groups in the community whose preferred spoken language is Irish or who otherwise have an interest in Irish* (liomsa an bhéim).

Deimhnítear é seo arís i *Ráiteas an Rialtais i leith na Gaeilge 2006*, áit a luaitear TG4 i measc seirbhísí craolacháin eile mar chuid den chóras tacaíochta a bheidh á fhorbairt mar chuid de straitéis fiche bliain an Rialtais don Ghaeilge.

Mar sin, is léir go raibh agus go bhfuil dhá bhunchuspóir faoi leith le bunú TG4 – freastal a dhéanamh ar phobal labhartha na Gaeilge sa Ghaeltacht agus lasmuigh di, agus tacú le polasaí an Stáit an Ghaeilge a chur chun cinn. Is cóir mar sin, dar liom, in aon léirmheas atá á dhéanamh againn ar fhiúntas TG4 sa todhchaí go mbeadh muid ábalta an fiúntas sin a mheas i bhfianaise an dá bhunchuspóir sin. Is chuige sin atá an stáisiún ann, is chuige sin atá an stáisiún á mhaoiniú ag an Stát, agus is sna téarmaí sin amháin is féidir a mheas an bhfuil luach a chuid airgid á fháil ag an Stát ar an infheistíocht leanúnach atá déanta agus a bheidh á déanamh i TG4.

Polasaí Teanga agus Pleanáil Teanga: Ról TG4 sa Phróiseas

Tá deacracht leis an gcur chuige seo, ar ndóigh, ar chúpla cúis. Ar dtús, tá polasaí an Stáit i leith na Gaeilge agus na Gaeltachta soiléir go maith. Tá stádas na Gaeilge mar theanga náisiúnta agus mar theanga oifigiúil leagtha síos i mBunreacht na hÉireann agus tá gnéithe eile den pholasaí rianaithe i gcáipéisí, i ráitis agus in achtanna éagsúla. Luaitear, mar shampla, in alt Alt 6 (i) den Acht Oideachais, 1998, gur gá do gach duine a mbeidh baint aige nó aici leis an Acht 'a chur i ngníomh' aird a bheith acu ar na 'bearta[i]s agus cuspóirí náisiúnta i ndáil le leathadh an dátheangachais i sochaí na hÉireann agus go háirithe go mbainfí úsáid níos mó as an nGaeilge ar scoil agus sa phobal'. Faigheann muid léiriú den chineál céanna ar pholasaí an Stáit i *Ráiteas an Rialtais i leith na Gaeilge 2006*, áit a ndeirtear gur 'aidhm ar leith de chuid an Rialtais í a chinntiú go bhfuil an oiread saoránach agus is féidir *dátheangach* i nGaeilge agus i mBéarla' (béim sa bhunleagan). Is léir go bhfuil infheistíocht shuntasach agus leanúnach á déanamh ag an Stát ar mhaithe le feidhm a thabhairt don pholasaí sin – tríd an gcóras oideachais, trí mhaoiniú ar eagraíochtaí stáit agus pobail atá ag plé leis an nGaeilge, agus ar ndóigh trí mhaoiniú a dhéanamh ar mheáin chlóite agus chraolta na Gaeilge, ar ceann acu é TG4.

An deacracht, ar ndóigh, ná go bhfuil bearna idir an leibhéal polasaí agus an leibhéal gníomhaíochta i gcur chuige pleanála teanga an Stáit. Is é an bhearna atá i gceist agam anseo, ar ndóigh, ná nach bhfuil aon phlean ná aon phróiseas pleanála ann a shonraíonn na haidhmeanna atá le baint amach, i dtaca le polasaí teanga an Stáit, agus a shonraíonn, i dtaca le baint amach na n-aidhmeanna sin, an ról agus na spriocanna atá mar chuspóir leis na gníomhaíochtaí pleanála teanga atá tionscnaithe ag an Stát agus le tacaíocht an Stáit. Fágann sé sin gur deacair aon léirmheas a dhéanamh ná aon bhreithiúnas a thabhairt ar a bhfuil bainte amach (i dtéarmaí pleanála teanga) ag TG4 le deich mbliana anuas. Mar, cé go bhfuil a fhios againn gur bunaíodh an stáisiún mar chuid de pholasaí teanga an Stáit, níl sé rianaithe in aon áit cén ról go díreach atá ag TG4 sa pholasaí seo ná céard iad na spriocanna atá le baint amach ag an eagraíocht ar mhaithe leis an ról seo a chomhlíonadh go sásúil. I bhfocail eile, ní féidir linn aon bhreithiúnas a thabhairt ar cé chomh maith agus atá éirithe le TG4 na spriocanna pleanála teanga a bhí ag an Stát don tseirbhís a bhaint amach, mar ní heol dúinn céard iad na spriocanna pleanála teanga a bhí ag an Stát don tseirbhís tráth a bunaithe.

An dara deacracht atá againn breithiúnas a thabhairt ar éifeacht TG4 mar thioncnamh pleanála teanga, ná nach bhfuil dóthain taighde déanta ar thionchar TG4 go dtí seo ar an nGaeilge ná ar phobal labhartha na Gaeilge. Níl aon mhórthaighde déanta go dtí seo, mar shampla, lena fháil amach cén tionchar atá á imirt ag TG4 ar dhearcadh an phobail i leith na teanga, ar chumas teanga an phobail, ar phatrúin úsáide na teanga i measc an phobail, ar chorpas na teanga, ná ar fhéiníomhá phobal labhartha na Gaeilge féin.

Gan an dá ghné seo .i. cuspóirí agus spriocanna sonraithe pleanála teanga a bheith leagtha síos do TG4 agus taighde cáilíochtúil agus cainníochtúil a inseoidh dúinn cé mar atá ag éirí le TG4 na cuspóirí agus na spriocanna sin a bhaint amach, níl in aon bhreithiúnas a thugann muid ar fhiúntas TG4 mar thiosncamh pleanála teanga ag an bpointe seo ach buille faoi thuairim.

Ról na hEagraíochta Craolacháin mar Chuid den Phróiseas Pleanála Teanga

Sa chuid eile den aiste seo, mar sin, tá i gceist agam cíoradh a dhéanamh ar an ról a d'fhéadfadh seirbhís chraolacháin ar nós TG4 a chomhlíonadh mar chuid de straitéis chomhtháite pleanála teanga, agus sa chomhthéacs sin, iarracht a dhéanamh slata tomhais a leagan amach don tseirbhís a áiríonn gur mar ghné faoi leith de pholasaí teanga an Stáit a bunaíodh an tseirbhís an chéad lá riamh.

Chun cabhrú linn an anailís seo a dhéanamh bainfidh mé úsáid as múnla comhtháite pleanála teanga (féach Mac Donnacha, 2000). Déanann an múnla seo grúpáil ar ghníomhaíochtaí pleanála teanga i dhá phríomhchatagóir, mar atá, Príomhghníomhaíochtaí agus Gníomhaíochtaí Tacaíochta. Tugtar Príomhghníomhaíochtaí ar na gníomhaíochtaí sin a bhfuil sé mar chuspóir acu dul i bhfeidhm go díreach ar staid na teanga sa phobal, agus rangaítear iad seo i gcúig ghrúpa, mar seo a leanas:

- Gníomhaíochtaí a bhfuil sé mar chuspóir acu tionchar a imirt ar mheon an phobail i leith na sprioctheanga;
- Gníomhaíochtaí a bhfuil sé mar chuspóir acu tionchar a imirt ar chumas an phobail sa sprioctheanga;
- Gníomhaíochtaí a bhfuil sé mar chuspóir acu úsáid na teanga a threisiú i measc an phobail;
- Gníomhaíochtaí a chothaíonn, a threisíonn agus a chuireann le hinbhuanaitheacht an phobail teanga;
- Gníomhaíochtaí a thacaíonn le haistriú na teanga ón nglúin seo go dtí an chéad ghlúin eile, trí mheán an teaghlaigh.

Is ionann na Gníomhaíochtaí Tacaíochta a luaitear sa mhúnla seo agus na gníomhaíochtaí sin, a bhfuil sé mar chuspóir leo bainistiú a dhéanamh ar, tacú le, agus cur le héifeacht na bPríomhghníomhaíochtaí a luaitear thuas. Cuimsíonn na Gníomhaíochtaí Tacaíochta gníomhaíochtaí a bhaineann le:

- Éifeacht an struchtúir eagraíochtúil .i. éifeacht na n-eagraíochtaí atá bainteach leis an bpróiseas pleanála teanga, mar eagraíochtaí aonair agus mar ghréasán eagraíochtaí;
- Soláthar a dhéanamh do na hacmhainní daonna atá riachtanach chun na gníomhaíochtaí pleanála teanga a riaradh go héifeachtach;
- Riaradh an phróisis phleanála (teanga);
- Taighde ar éifeacht agus ar fheidhmiú an phróisis phleanála teanga;
- Pleanáil Chorpais don sprioctheanga;
- Pleanáil Chomhlánach .i. a chinntiú go n-áirítear na cuspóirí pleanála teanga sa chur chuige a leantar i réimsí polasaí eile a bhféadfadh mórthionchar a bheith acu ar an sprioctheanga agus a pobal, mar shampla i bpolasaithe eacnamaíochta, oideachais, sláinte agus an phleanáil spásúil.

Ag úsáid an fhráma anailíse seo, is féidir linn rianú a dhéanamh ar chuid de na cuspóirí pleanála teanga a bheadh ag seirbhís chraolacháin teilifíse ar nós TG4, mar seo a leanas:

Na Gníomhaíochtaí Tacaíochta
Éifeacht an struchtúir eagraíochtúil: Léirmheas agus critic leanúnach a dhéanamh ar pholasaithe agus éifeacht na n-eagraíochtaí atá i mbun riaradh a dhéanamh ar ghnéithe éagsúla den phróiseas pleanála teanga.
Taighde: An taighde atá á dhéanamh ar éifeacht an phróisis phleanála teanga a chíoradh, a mheas agus a chur faoi bhráid an phobail.
An Phleanáil Chorpais: Tacú le héabhlóidiú na sprioctheanga trí théarmaí nua a chruthú agus a n-úsáid a normalú; trí úsáid na teanga a leathnú do na réimeanna éagsúla a bhaineann le saol na linne; agus trí fheidhmiú mar eiseamláir trí ardchaighdeáin d'úsáid na sprioctheanga a leagan síos dóibh siúd atá ag feidhmiú mar chraoltóirí gairmiúla na seirbhíse.
Pleanáil Chomhlánach: Léirmheas agus critic leanúnach a dhéanamh ar pholasaithe agus ar éifeacht eagraíochtaí éagsúla a mbíonn mórthionchar ag a gcuid gníomhaíochtaí ar an spriocphobal teanga, mar shampla na heagraíochtaí a mbíonn baint acu le forbairt eacnamaíoch an spriocphobail teanga, agus na heagraíochtaí oideachais agus sláinte.

Na Príomhghníomhaíochtaí Pleanála Teanga
Meon an phobail i leith na sprioctheanga a threisiú: Tacú le meon dearfach i leith na sprioctheanga a chothú agus a bhuanú i measc an spriocphobail teanga. Mar shampla, trí rochtain a thabhairt dóibh ar an teanga ar

bhealach neamhbhagarthach; trí eispéireas taitneamhach teanga a chruthú trí chláracha an stáisiúin; trí íomhánna dearfacha den teanga agus dá cainteoirí a chruthú; trí bholscaireacht agus síolchuradóireacht.

Cumas an phobail sa sprioctheanga a threisiú: Trí rochtain rialta a thabhairt don phobal ar an teanga labhartha agus scríofa (trí fhotheidil, mar shampla), trí dheiseanna a chur ar fáil d'fhoghlaimeoirí an focal labhartha a chloisteáil agus an tuiscint a fháil ó fhoirm scríofa (arís, trí fhotheidil); agus trí chláracha foghlama teanga a chur ar fáil (cé go bhfuil amhras orm an bhfuil aon fhiúntas lena leithéid de chlár, ann féin, mar straitéis sealbhaithe teanga).

Úsáid na teanga a mhéadú i measc an phobail: Trí dheiseanna a chur ar fáil don phobal úsáid a bhaint as na cumais teanga fhulangacha atá acu (na cumais éisteachta agus tuisceana); trí rochtain a thabhairt don phobal ar réimeanna nua teanga, agus trí chaipiteal sóisialta na teanga a mhéadú .i. trí ábhar cainte Gaeilge-láraithe a chur ar fáil agus trí dheiseanna fostaíochta a chur ar fáil.

An spriocphobal teanga a chothú agus a threisiú: Trí fheidhmiú mar sheirbhís chraolacháin an phobail teanga lena mbaineann an teanga mhionlaigh ina bhfuil an tseirbhís ag craoladh.

Tacú le haistriú na sprioctheanga go dtí an chéad ghlúin eile trí mheán an teaghlaigh: Trí rochtain a thabhairt do leanaí sna haoisghrúpaí éagsúla ar chláracha teilifíse sa sprioctheanga; trí fheasacht a chruthú i measc an phobail ar na buntáistí a bhaineann le leanaí a thógáil leis an sprioctheanga agus ar na straitéisí a d'fhéadfaí a leanúint chun é sin a dhéanamh go héifeachtach.

Tátal: Príomhchuspóirí TG4

Níl sa liosta thuas, ar ndóigh, ach liosta samplach de na cuspóirí pleanála teanga a d'fhéadfaí a leagan síos do sheirbhís chraolacháin ar nós TG4 – d'fhéadfaí cur leis an liosta. Agus, ar ndóigh, níl an tábhacht chéanna le gach rud atá luaite ar an liosta. Ach cén chaoi a socraítear an tábhacht nó an meáchan is cóir a thabhairt do na cuspóirí éagsúla?

Ceann de na prionsabail ar a bhfuil an múnla seo bunaithe is ea go mbíonn dhá chineál cuspóra ag eagraíochtaí pleanála teanga: *príomhchuspóirí* a bhaineann go dlúth leis an bpríomhréimse gníomhaíochta atá ag an eagraíocht .i. le *raison d'être* na heagraíochta, agus *cuspóirí tánaisteacha* a bhaineann lena dtionchar ar réimsí eile den phróiseas pleanála teanga. Is gá go mbeadh eagraíochtaí ábalta idirdhealú an-chinnte a dhéanamh idir an dá chineál cuspóra seo – is gá, go háirithe, go mbeadh príomhchuspóirí na heagraíochta an-soiléir, chun gur féidir leis an eagraíocht díriú isteach orthu agus spriocanna soiléire agus intomhaiste a leagan síos. Gan sin a bheith déanta, tá an chontúirt ann go mbeadh eagraíocht ag déanamh fómhair i ngarraí na gcomharsan .i. go mbeadh eagraíocht ag déanamh gaisce nó cás dóibh féin as cuspóirí a bheith bainte amach acu a bhaineann go príomha le réimse gníomhaíochta eagraíochtaí eile, ach gan aon dul chun cinn a bheith á dhéanamh acu le príomhchuspóirí na heagraíochta féin.

Ar an mbunús seo, is féidir linn tabhairt faoi idirdhealú a dhéanamh idir príomhchuspóirí agus cuspóirí tánaisteacha an liosta thuas, i ndáil le TG4. Ar dtús, is féidir linn a aithint gur cuspóirí tánaisteacha iad na cuspóirí sin atá luaite againn i dtaca le tionchar a imirt ar mheon, ar chumas agus úsáid na teanga i measc an phobail – ar an mbunús nach chun na críche seo a bunaíodh TG4. Ní shamhlaíonn aon duine go bhfuil an stáisiún ann go príomha mar áis bholscaireachta don Ghaeilge, mar áis foghlama teanga, ná mar áis chun daoine a chur ag labhairt na Gaeilge. Tá an príomhchúram i leith na rudaí seo ar eagraíochtaí pleanála teanga eile. Is féidir a rá freisin gur cuspóirí tánaisteacha iad na cuspóirí atá luaite againn i dtaca le taighde agus leis an bpleanáil chorpais. Arís, ní chun torthaí taighde a scaipeadh ná chun corpas na teanga a fhorbairt go príomha a bunaíodh TG4. Mar sin, cé go bhféadfadh TG4 ról tábhachtach a imirt i ndáil leis na cuspóirí pleanála teanga seo a bhaint amach, níl na cuspóirí seo iontu féin bunúsach do *raison d'être* na heagraíochta.

Is féidir linn, mar sin, príomhchuspóirí pleanála teanga TG4, a aithint ó na cuspóirí eile a liostaítear thuas, de bharr:

- Go bhfuil siad lárnach don *raison d'être* a bhíonn ag eagraíocht chraolacháin, go hiondúil, agus/nó de bharr
- Go raibh siad aitheanta mar cheann de na bunchuspóirí a bhí leis an tseirbhís tráth a bunaithe.

Is iad na príomhchuspóirí atá i gceist ná:

- Léirmheas agus critic leanúnach a dhéanamh ar pholasaithe agus éifeacht na n-eagraíochtaí atá i mbun riaradh a dhéanamh ar ghnéithe éagsúla de shaol an spriocphobail teanga .i. pobal na Gaeilge sa Ghaeltacht agus lasmuigh de, ar a n-áirítear na gnéithe sin a bhaineann go sonrach leis an bpleanáil teanga atá á déanamh sa phobal, agus an phleanáil chomhlánach atá á déanamh i réimsí eile saoil cosúil leis an bhforbairt eacnamaíoch, cúrsaí oideachais agus sláinte agus an phleanáil spásúil.

• Feidhmiú mar sheirbhís chraolacháin phobal na Gaeilge agus na Gaeltachta. Tá i bhfad níos mó i gceist leis an gcoincheap seo ná 'cláracha teilifíse a chur ar fáil trí Ghaeilge.' Ciallaíonn sé é sin go cinnte, ach ciallaíonn sé freisin: caitheamh aimsire, oideachas agus eolas a chur ar fáil don phobal ina dteanga féin; spás agus fóram a sholáthar trínar féidir le heagraíochtaí pobail, ionadaithe tofa, iriseoirí, saineolaithe agus an gnáthdhuine a dtuairimí faoi ghnéithe éagsúla de shaol an phobail a chur faoi bhráid an phobail le plé agus le cíoradh; spás a chur ar fáil inar féidir le healaíontóirí an phobail teanga, idir aisteoirí, scríbhneoirí, cheoltóirí agus damhsóirí a n-ealaín a chur i láthair agus a cheiliúradh; deis a chur ar fáil don spriocphobal teanga a nglór féin a chur i láthair trí mheán na teilifíse laistigh de na téarmaí tagartha agus na slata tomhais atá acusan mar phobal – seachas iad a bheith á gcur i láthair i gcónaí ag úsáid téarmaí tagartha agus slata tomhais duine éigin eile, dreama éigin eile nó pobail éigin eile.

• Tacú le haistriú na sprioctheanga go dtí an chéad ghlúin eile trí mheán an teaghlaigh, go háirithe trí rochtain a thabhairt do leanaí sna haoisghrúpaí éagsúla ar chláracha teilifíse i nGaeilge. (Sa ghnáthshlí, ghlacfaí leis gur cuspóir tánaisteach a bheadh anseo do sheirbhís chraolacháin, ach i gcás TG4 bhí an cheist seo lárnach go maith san éileamh a tháinig ó phobal na Gaeilge ar sheirbhís teilifíse Gaeilge. Dá bhrí sin, glacaim leis go raibh sé intuigthe ón tús gur ceann de bhunchuspóirí na seirbhíse ab ea soláthar clár teilifíse do leanaí i nGaeilge).

Tá sé intuigthe ón anailís seo gur seirbhís chraolacháin í TG4 – ach gur seirbhís chraolacháin í a bhfuil pobal dá cuid féin aici. .i. pobal na Gaeilge, sa Ghaeltacht agus lasmuigh di. Tabhair faoi deara nach ndeirim gur gnó do TG4 a bheith 'ag freastal' ar phobal na Gaeilge. Thabharfadh sé seo le tuiscint gur institiúid é TG4 atá 'lasmuigh' den phobal agus ag freastal air ón taobh amuigh. Chun go n-éireoidh le TG4 pobal na Gaeilge, sa Ghaeltacht agus lasmuigh di, a chothú, a bhuanú agus a threisiú tá gá againn le coincheap den stáisiún atá níos iomlánaíche ná sin. Coincheap a shamhlaíonn TG4 mar cheann d'institiúidí an phobail sin. Coincheap ar cás leis go mbraithfeadh an pobal sin 'gur leo' an stáisiún. Coincheap a shamhlaíonn go bhfuil 'pobal' ag féachaint ar an stáisiún seachas go bhfuil 'lucht féachana' aige. Coincheap atá bunaithe ar 'Ghlór Eile' a chur ar an aer seachas ar 'Shúil Eile', go háirithe nuair nach fios dúinn cén 'tSúil' í féin ná cé leis í.

Leabharliosta

An tAcht Craolacháin, 2001 [Acht 4 de 2001]. Ar fáil ag: http://www.oireachtas.ie/documents/bills28/acts/2001/a401.pdf (léite 10 Aibreán, 2007).

An tAcht Oideachais, 1998 [Acht 51 de 1998]. Ar fáil ag: http://www.oireachtas.ie/documents/bills28/acts/1998/a5198i.pdf (léite 10 Aibreán, 2007).

Mac Donnacha J., 2000. 'An Integrated Language Planning Model', *Language Problems and Language Planning*, 24 (1), 11–35.

Rialtas na hÉireann, 2006. *Ráiteas i leith na Gaeilge 2006/Statement on the Irish Language 2006*. Baile Átha Cliath, Rialtas na hÉireann.

SÚILE EILE

'Súil(e) Eile': Srian nó Féidearthachtaí?

Anna Ní Ghallachair

Idtús báire, ba mhaith liom a rá nach saineolaí ar bith ar na meáin chumarsáide mé. Tá mé ag scríobh mar dhuine a tógadh le Gaeilge agus Béarla sa Ghaeltacht, atá ina cónaí i mBaile Átha Cliath le dhá bhliain déag anuas agus arb í an Ghaeilge teanga a teaghlaigh. Sa pháipéar seo, díreoidh mé ar na gnéithe seo a leanas den cheist: (i) Údar ceiliúrtha TG4; (ii) 2007: na dúshláin shóisialta agus chultúrtha; (iii) TG4 agus ceist na Gaeilge.

Údar Ceiliúrtha TG4

Sílim go bhfuil muid uilig den tuairim go bhfuil go leor údar ceiliúrtha ag TG4 inniu. Is dóiche gurb é an t-údar ceiliúrtha is mó atá aici ná go bhfuil sí ann i dtólamh in éagmais buiséid chuí, ainneoin rialtas atá ar nós cuma liom, agus brú ar an teanga ag mionlach, ach mionlach atá measartha cumhachtach, go háirithe sna meáin Bhéarla. Tá sí ann ainneoin go bhfuil méadú as cuimse tagtha ar líon na stáisiún teilifíse a bhíonn á gcraoladh isteach ar mheán satailíte in achan teach sa tír atá á n-iarraidh. Tá údar eile ceiliúrtha aici fosta, ar ndóigh, sa mhéid is go bhfuil *niches* nó spriocghrúpaí aimsithe aici i réimsí áirithe, mar shampla, cláracha faisnéise agus cláracha spóirt, agus lucht féachana dílis ina measc siúd.

Tá feabhas nach beag tagtha ar chaighdeán na Gaeilge ar an stáisiún, cé go bhfuil méid áirithe oibre le déanamh air seo go fóill. Ach is dóiche gur obair leanúnach a bheas anseo, ach an oiread le stáisiún ar bith eile. Tá ról tábhachtach ag na daoine a bhíonn ag déanamh monatóireachta ar chaighdeán na teanga ar stáisiún ar bith, an dream a dtugann iriseoir an BBC, John Humphrys (2006: 3–4), an *Green Ink Brigade* orthu. Is é nádúr na dteangacha ná go n-athraíonn siad, mar a athraíonn an tsochaí féin. San am chéanna, tá gá le monatóireacht, bíodh sí oifigiúil nó neamhoifigiúil, le cinntiú nach dtéann na hathruithe seo thar fóir agus go gcloítear le caighdeán friotail atá inghlactha ag tromlach na gcainteoirí, inmharthana agus dúchasach.

Údar ceiliúrtha eile ná go bhfuil bunús maith curtha le tionscal na craoltóireachta trí mheán na Gaeilge. Tá toradh dearfach eile ann a d'eascair as obair TG4 agus is é sin go bhfuil íomhá nua-aimseartha cruthaithe ag an stáisiún dó féin agus don Ghaeilge, íomhá a bhfuil bá cothaithe aici don teanga, agus é seo go minic i measc daoine ar bheagán Gaeilge nó gan Gaeilge ar bith. Is grúpa tábhachtach na daoine seo mar gur minic a bhíonn tacaíocht don teanga ar leibhéal polaitiúil ag brath orthu. Is as an ghrúpa seo chomh maith a thagann formhór thuismitheoirí pháistí na nGaelscoileanna.

2007: Na Dúshláin Shóisialta agus Chultúrtha

Déarfainn gur beag duine a thuig an t-am seo deich mbliana ó shin caidé chomh hathraithe is a bheadh an tír seo agus muid ag ceiliúradh deich mbliana an stáisiúin. Gan trácht ar an gheilleagar, ná ar an ráta fáis is airde ó bhunú an Stáit, tá an tsochaí ina bhfuil muid ag maireachtáil athraithe go hiomlán. De réir na n-ambasáidí a cheistigh mise, tá os cionn 700,000 duine in Éirinn faoi láthair nach bhfuil an Béarla acu mar theanga dhúchais. Faoi láthair, labhartar nó úsáidtear tuairim is 200 teanga sa tír seo gach lá. Tá impleachtaí ag na hathruithe seo do na dualgais chultúrtha agus shóisialta atá ar na meáin, go háirithe ar an teilifís. Ó thaobh an chultúir de, ba chóir go bhféadfadh na hÉireannaigh Nua eolas agus aithne a chur ar Éirinn agus ar a teangacha agus go mbeadh an deis ag na hÉireannaigh eile aithne agus eolas a fháil ar chultúir na nÉireannach Nua.

Ón taithí atá agam féin a bheith ag plé ceisteanna teanga le cuid de na hÉireannaigh Nua, níl siad doicheallach roimh an Ghaeilge. Is as cúlra le cúig nó sé theanga go leor acu. (Níor chóir dearmad a dhéanamh gur mionlach sa domhan na daoine nach bhfuil acu ach aon teanga amháin.) Ag labhairt ag comhdháil ar theangacha nua na hÉireann i Maigh Nuad ar an 24 Márta 2006, dúirt Deo Ladislas Ndakengerwa, dochtúir as Ruanda a bhfuil sé theanga aige féin, go dtáinig sé go hÉirinn chun cónaithe agus go raibh sé i gceist aige saol iomlán na hÉireann a ghlacadh air féin, gur thuig sé go raibh dhá theanga in Éirinn agus go raibh sé ar intinn aige iad a fhoghlaim. Níorbh fhada, áfach, gur fhoghlaim sé dearcadh diúltach na nÉireannach i leith na Gaeilge, mar go raibh daoine ag rá leis seasta go mbeadh sé ag cur a chuid ama amú. Bhí daoine eile i láthair ag an chomhdháil chéanna ar cainteoirí Araibise iad a dúirt gurbh éigean daofa troid le nach mbrúfadh na scoileanna díolúine ón Ghaeilge ar a gcuid páistí.

Tá go leor de na hÉireannaigh Nua báúil leis an Ghaeilge. Mar sin, measaim féin go bhfuil sé mar cheart acu go gcuirfí ranganna Gaeilge ar fáil daofa. Sa Danmhairg, mar shampla, cuirtear ranganna Danmhairgise saor in aisce ar fáil ar feadh trí bliana do dhaoine a bhfuil cead faighte acu socrú sa tír; cuirtear síneadh leis an tréimhse seo má éiríonn leo pas a bhaint amach i scrúdú ag deireadh an ama seo. Mar sin, tá mise den tuairim gur chóir go mbeadh cúrsa Gaeilge do dhaoine fásta ar fáil ar TG4. Tuigim go bhfuil a leithéid iontach costasach, ach is bealach éifeachtach é le teanga a fhoghlaim sa lá atá inniu ann, go háirithe le tacaíocht ón Idirlíon, áit ar féidir cleachtaí idirghníomhacha a chur ar fáil go furasta.[1]

Is saol iontach cúng é saol an Bhéarla. Má théann tú isteach i siopa leabhar ar bith sa tír seo, is fíorannamh a fheicfidh tú leabhair ar aistriúcháin iad ó theangacha eile. I siopaí leabhar ar mhór-roinn na hEorpa bíonn leabhair ar fáil ar aistriúcháin iad ní hamháin ón Bhéarla ach ón chuid is mó de mhórtheangacha an domhain. Mar a deirim, tá domhan an Bhéarlóra iontach beag. Ba mhaith liomsa dá gcaithfeadh TG4 an Béarla ar leataobh agus domhan na nÉireannach a leathnú amach. Ar ndóigh, níor chóir go dtuigfí leis seo go mbeadh sé inghlactha laghdú a dhéanamh ar na cláracha Gaeilge ná céim síos a thabhairt daofa. Ní bheadh. Ba chóir i gcónaí a bheith ag iarraidh cur le líon na gcláracha Gaeilge agus cur lena gcaighdeán. In áit na 'Súile' amháin eile, measaim féin gur chóir do TG4 a bheith ag cur go leor 'Súl' ar fáil dúinn: ba chóir léargas a thabhairt ar an tsaol, ní hamháin trí shúile an Ghaeilgeora ach trí shúile eile, léargas níos leithne agus níos mó.

Chítear domhsa, fad is a bhaineann sé le TG4, go bhfuil saoirse ar an imeall. B'fhearr, in áit na gcláracha Béarla, as Meiriceá den chuid is

---

[1] Dála an scéil, measaim gur chóir go mbeadh dualgas ar RTÉ an rud céanna a dhéanamh don Bhéarla. Fiú sna cathracha, bíonn deacracht ag daoine gan a gcarr féin acu teacht a fhad le ranganna Béarla; is iomaí uair a chloistear faoi dhaoine a mbíonn orthu suas le trí bhus a thógáil agus cúpla uair an chloig a chaitheamh le dul chuig ranganna atá eagraithe ag an Stát. Dá mbeadh a leithéid ar fáil ar an teilifís, sháródh sé an deacracht seo.

mó, go mbeadh TG4 ag cur cláracha ar fáil i dteangacha nua na hÉireann le fotheidil i nGaeilge agus i mBéarla orthu, mar a bhíonn ag na Beilgigh (san Ollainnis agus sa Fhraincis) nó ag ARTE, stáisiún teilifíse poiblí faoin Fhrainc agus faoin Ghearmáin a bhíonn ag obair i gcomhar le stáisiúin phoiblí eile as an Bheilg, an Eilbhéis, an Spáinn, an Pholainn, an Ostair, an Fhionlainn, an Íslitír agus an tSualainn. Is stáisiún teilifíse gan teorainneacha é a chraolann i gcúpla teanga go comhuaineach. Tá sé mar mhisean ag an stáisiún sin *favoriser la compréhension et le rapprochement des peuples d'Europe* (ARTE, 2007), comhthuiscint idir pobail na hEorpa a éascú agus caidreamh a chothú eatarthu. Measaim go bhfuil an dualgas céanna ar na stáisiúin phoiblí sa tír seo freastal ar an phobal/na pobail ina iomláine agus cultúir na bpobal uilig a chur i láthair a chéile. Ní fheicim go bhfuil sé inchosanta neamart iomlán a dhéanamh i suas le 700,000 duine. (Is cinnte go bhfuil fáil ar chláracha as na céadta tíortha trí mheán na satailíte, ach níl na cláracha sin ag freastal go sonrach ar phobail na hÉireann agus níl siad ag cur pobail nua na hÉireann i láthair na nÉireannach.) Tá ré nua tagtha don tír seo. Is dóiche nach mbeidh comhdhéanamh an daonra chomh haonchineálach is a bhí choíche arís. Caithfidh muid uilig dul i ngleic leis an athrú seo. Ar bhealach, is tógáil náisiúin atá i gceist agus tá ról tábhachtach ag na meáin sa phróiseas sóisialta sin; ós rud é gurb é an teilifís is fusa rochtain, ba chóir go mbeadh sí i lár an aonaigh. Mar sin, ar leibhéal cultúrtha, bheadh sé mar thoradh ag a leithéid de pholasaí ilteangach léargas nua, léargas níos leithne, ar an saol a thabhairt do Ghaeilgeoirí agus do Bhéarlóirí, an Ghaeilge a thabhairt do na hÉireannaigh Nua, agus ar leibhéal sóisialta tuiscint ar a chéile a chothú idir pobail uilig na hÉireann.

 Ceist na Gaeilge

Is cinnte go bhfuil tionchar ag TG4 ar an Ghaeilge sa dóigh chéanna is atá tionchar ag RTÉ agus na stáisiúin Bhéarla eile ar Bhéarla na hÉireann. Maidir le pleanáil teanga, tá sé deacair a bheith ag súil go mbeadh freagracht ar stáisiún ar bith teilifíse ina leith nuair nach bhfuil polasaí teanga ar bith sa tír. Níl sa phleanáil ach iarracht an polasaí a chur i bhfeidhm. Tá giotaí de pholasaí againn a fhad is a bhaineann sé leis an Ghaeilge sa mhéid is go bhfuil stádas ag an Ghaeilge agus ag an Bhéarla faoin Bhunreacht agus go gcuireann Acht na dTeangacha leis an stádas seo. Tá Comhairle na hEorpa ag dréachtú próifíl pholasaí teanga don Roinn Oideachais agus Eolaíochta faoi láthair agus tá súil lena tuarascáil faoi earrach na bliana 2008. Agus an méid sin ráite, sílim gurb é an chéad fhreagracht atá ar an stáisiún ná cláracha den scoth atá dírithe ar achan phobal sa tír, idir óg agus aosta, a chraoladh i nGaeilge chruinn. Ní ghlacfaí le cláracha i mBéarla briste ar na stáisiúin Bhéarla. Is é mo thuairim féin ná go bhfuil feabhas mór tagtha ar chaighdeán Gaeilge an stáisiún, mar a dúirt mé cheana féin, agus bheadh dóchas agam go leanfadh sé seo de réir mar a bheas foireann oilte le Gaeilge á cur ar fáil don earnáil seo. Is fíor, áfach, gur mó suim a léiríonn formhór na ndaoine in ábhar cláir ná sa teanga ina gcraoltar é. Mar sin féin, mar atá a fhios againn uilig, téann an teanga i bhfeidhm ar an lucht féachana. I gceantar Ollainnise na Beilge, mar shampla, deirtear go bhfuil an oiread sin cláracha Béarla á gcoimhéad ag na daoine óga ansin go bhfuil tionchar aige ar a gcuid Ollainnise. Mar atá luaite agam cheana féin fosta, d'fheicfinn soláthar cúrsa Gaeilge mar fhreagracht ar aon stáisiún teilfíse Gaeilge na tíre.

Conclúid

Tá saoirse ar an imeall. Tá deis ann rudaí difriúla a dhéanamh ach maoiniú ceart a bheith taobh thiar den stáisiún. Ba chóir forbairt a dhéanamh ar na cláracha Gaeilge agus cur lena líon. Tá mionlaigh mhóra sa tír nach bhfuil freastal á dhéanamh orthu. Ba chóir do TG4 amharc i dtreo na hEorpa le múnla a aimsiú do stáisiún ilteangach, a mbeadh tús áite ag an Ghaeilge ann, a chuirfeadh ar a cumas a dualgais chultúrtha agus shóisialta a chomhlíonadh ar bhealach a thugann aitheantas do chomhdhéanamh phobal na hÉireann sa bhliain 2007. Ní srian ach féidearthachtaí a bheadh i gceist leis seo, dul i dtreo Bherlin in áit a bheith ag teacht as Boston.

Leabharliosta

ARTE, 2007. 'La chaine: La Centrale' [ar-líne]. Ar fáil ag: http://www.arte.tv/fr/tout-sur-ARTE/la-chaine/38976.html (léite 3 Bealtaine 2007).

Humphrys, J., 2006. *Beyond Words.* Londain, Hodder and Stoughton.

TG4: Radacach Inniu nó Díomhaoin Amárach?

Uinsionn Mac Dubhghaill

Ó thús a ré, agus go deimhin roimhe sin fós, bhí conspóid ann faoi líon na gclár Béarla ar TG4, nó TnaG mar a bhí, agus bhí conspóid ann faoi na figiúirí féachana, agus ar ndóigh tá an dá rud sin fite fuaite ina chéile. Ní gá dul siar ar bhreith dheacair an stáisiúin, agus ar an 'hostile ideological environment' a bhíodh ann i dtús a ré, i bhfocail chathaoirleach údarás RTÉ ag an am, Farrel Corcoran (Corcoran, 1998). Ach ba é an toradh a bhí ar na hionsaithe éagothroma sna meáin ó bhaill áirithe den *commentariat*[1] gur cuireadh an-bhéim ón tús ar na figiúirí féachana sa dioscúrsa faoi TnaG, amhail is gurbh iadsan amháin a bhí dlisteanach mar shlat tomhais ar dhul chun cinn an stáisiúin. Ba i dtéarmaí 'no one will watch it' a fréamhaíodh an díospóireacht ón tús, agus nuair a d'fhan an meánlucht féachana faoi bhun 1% sa chéad dá bhliain, ní hiontas gur dhírigh bainistíocht TnaG ar straitéisí úra chun dul i ngleic leis an ngéarchéim sin (Mac Dubhghaill, 2006).

Bhí 'díbhlocáil' na gclár Gaeilge ina chuid lárnach de na straitéisí úra sin. Nuair a thosaigh TnaG ag craoladh, bhíodh na cláir Ghaeilge á gcraoladh mar bhloc i gcroílár an sceidil. Nuair a rinneadh TnaG a athbhrandáil mar TG4 i bhfómhar na bliana 1999, cuireadh deireadh leis na bloic Ghaeilge trí na cláir Ghaeilge a mheascadh le cláir nua i mBéarla, ar chláir as na Stáit Aontaithe iad a bhformhór. D'ardaigh an sciar den lucht féachana go suntasach taobh istigh de thrí mhí dá bharr: ó Shamhain 1999 go hEanáir 2000 mhéadaigh an sciar den lucht féachana náisiúnta le linn buaicamanna féachana beagnach 100%, ó phointe a bhí díreach faoi

---

[1] Féach, mar shampla, colúin le Kevin Myers a foilsíodh san *Irish Times* ar na dátaí seo a leanas: 22 Bealtaine, 1996; 6 Nollaig, 1996; 17 Eanáir, 1997; 19 Aibreán, 1997; 28 Bealtaine, 1998; 18 Meán Fómhair, 1999; 25 Aibreán, 2001.

bhun 1% go dtí pointe a bhí díreach faoi bhun 2%. Lean an t-ardú sna figiúirí féachana ina dhiaidh sin: ba é 3.4% an meánlucht féachana le linn buaicamanna a bhí ag TG4 sa chéad leath de 2005, figiúr a chuir an stáisiún os cionn Sky One agus i bhfoisceacht scread asail de BBC2 agus Channel 4, de réir Stiúrthóir Teilifíse TG4, Alan Esslemont (Esslemont, 2002).

Más ag breathnú go fuarchúiseach air, faoi loighic na teilifíse atáthar, ní mór a admháil gur éirigh thar cionn leis an díbhlocáil seo. Ina dhiaidh sin féin, leanann díospóireacht i gcónaí faoi ról an Bhéarla sa stáisiún. I dtuarascáil a chuir RTÉ chuig an Aire Cumarsáide, Mara agus Acmhainní Nádúrtha, Nollaig Ó Díomasaigh, dúradh go gcaithfí a aithint '. . . that TG4's reliance on English-language acquisition has become disproport-ionate, is not in keeping with its core purpose, and is open to serious challenge at the European Commission ...' (Ó Muirí, 2005).

Luafaidh mé dhá shampla a léiríonn cuid de thréithe na díospóireachta sin. Agus TG4 ag réiteach don cheiliúradh deich mbliana ar an aer i bhfómhar na bliana 2006, chuir an t-iriseoir Cathal Mac Coille agallamh ar Leas-Cheannasaí an stáisiúin, Pádhraic Ó Ciardha, ar phríomhchlár cúrsaí reatha na maidine ar RTÉ Raidió a hAon, *Morning Ireland* (Ó Ciardha, 2006). Ba é comhthéacs an agallaimh ná gur fhógair an tAire Cumarsáide Nollaig Ó Díomasaigh go mbeadh TG4 neamh-spleách ar RTÉ ó thús mhí Aibreáin 2007 (Ó Díomasaigh, 2006). Níor mhiste a lua freisin gur craoladh an t-agallamh i lár mhí Lúnasa nuair a bhíonn tanaíocht éigin le sonrú ar sceidil theilifíse i gcoitinne:

CMC: If I wanted to watch TG4 tonight, wanted to watch something in Irish, what's on?

PÓC: *Nuacht* is on, the ...

CMC: Well, I hate news, particularly if you're on news all week. Apart from news, what's on?

PÓC: We've got lots of programmes. We've got a documentary on tonight, think it's about . . . the history programme we've got on tonight, and we've got, eh . . .

CMC: Is this *Peacaí Neelo* by any chance?

PÓC: *Peacaí Neelo*, yes, that's it.

CMC: At ten to twelve, [is] that it?

PÓC: That's a very good programme.

CMC: No, do you see the problem? If you want to watch something on TG4 tonight there's nothing on [in Irish], it seems to me, from half past six until ten to midnight.

PÓC: Well, that's a function, as I said earlier, of the funding problem that we have. I think what we're trying to do is to split the audience, not just for the Irish-language programmes but for all the service. Programmes that we provide do attract an audience.

CMC: Is that normal that, apart from news, there's nothing on in Irish from half past six until ten to midnight?

PÓC: No, that's not at all normal, if you ...

CMC: It's an unusual night?

PÓC: If you look at some of the schedules on the other channels, you'll find that things are fairly thin as well.

CMC: We'll have to leave it there.

Sa dara cás chuir an t-iriseoir Mary Wilson agallamh ar an Ollamh Colum Kenny ó Scoil na Cumarsáide, Ollscoil Chathair Bhaile Átha Cliath, agus ar an ngníomhaí teanga Ciarán Ó Feinneadha, ar an gclár *Drivetime* ar RTÉ Raidió a hAon (Kenny & Ó Feinneadha, 2006). Níor mhiste a lua go mbíodh Kenny ar dhuine de na tráchtairí ba ghlóraí a chuir i gcoinne bhunú TnaG; bhíodh Ó Feinneadha ar dhuine de na daoine ba ghníomhaí san fheachtas ar a son:

CK: It's watched by about three in every hundred people at any given time, two in every hundred if you're talking about its Irish-language programmes . . . and it receives about €twenty-two in every €100 of public funding available for broadcasting. . . .

CÓF: The comments there from Colum Kenny are disgraceful, they're totally and utterly unrepresentative of the facts. For example, the UEFA cup match between Barcelona and Celtic which was broadcast on TG4 [in Irish] had 290,000 people watching that programme, which was a share of 21%, a long long way from the 2% he mentioned. . . . The Allianz hurling league final between Kilkenny and Limerick in 2006, this year, last April, had 223,000 watching it, also broadcast in Irish.

Gné eile den díospóireacht is ea an chaoi a ndéantar na cláir Bhéarla agus na cláir Ghaeilge a chur i láthair mar dhlúthchuid de chraoladh TG4, an dá theanga ar comhchéim, in ábhar margaíochta an stáisiúin. Chuir TG4 an-bhéim ar an meascán teangacha Gaeilge-Béarla ina gcuid margaíochta féin le linn an tséasúir theilifíse a thosaigh i bhfómhar na bliana 2006, agus arís in earrach na bliana 2007. Tugadh le fios go raibh scoth na sobaldrámaí Meiriceánacha le feiceáil céim ar chéim le cláir Ghaeilge den scoth. Sampla amháin den phacáistiú seo ab ea an fógra bolscaireachta faoin séasúr úr drámaíochta a craoladh ar TG4 ag amanna éagsúla ó Mheán Fómhair 2007 ar aghaidh.

Is léir, mar sin, gur ceist íogair í ceist na dteangacha ar TG4, agus go mbaineann sí le dioscúrsaí éagsúla a bhaineann leis an gcultúr. Pléann Ó hIfearnáin an teannas a bhíonn idir aidhmeanna cultúir agus riachtanais an mhargaidh:

> The problems that RTÉ has experienced from its birth in relation to balancing audience share with a public service requirement to show programmes in Irish is even more acute in respect of the new Irish-medium television channel. TG4 ... is a dedicated minority Irish channel and faces the hourly challenge of attracting the biggest audience possible (2005: 105).

Cuid den dúshlán sin is ea freastal ar riachtanais an mhargaidh gan géilleadh don rud ar a dtugaimse 'ansmacht na bhfigiúirí féachana'. Feictear dom go bhfuil an stáisiún sáinnithe i ngaiste, go pointe, faoin am seo, de bharr na n-ionsaithe fíochmhara a rinneadh uirthi ag an tús; agus go bhfuil sí ag imirt ar pháirc imeartha nach bhfeileann di, seachas an cluiche a imirt ar cheann éigin eile – páirc imeartha an chultúir, cuir i gcás. Faoi mar a sheasann cúrsaí faoi láthair, dealraíonn sé go mbeidh tráchtairí áirithe ag faire ar na figiúirí féachana i gcónaí agus iad ag cur na ceiste, 'An fiú an tairbhe an trioblóid?', beag beann ar an méid gradam a bhainfidh sí amach, nó ar an méid clár d'ardchaighdeán a chraolfar ar TG4 faoi ghnéithe éagsúla de shaol na Gaeltachta. Agus beidh bainisteoirí TG4 ar an gcois deiridh de shíor, agus iad ag iarraidh an cheist sin a fhreagairt.

Ceist eile atá agamsa, áfach. An bhfuil bealach ar bith ann go bhféadfaí TG4 a shaoradh ón ngaiste sin ina bhfuil sí? Sílim go bhfuil, agus sa pháipéar seo ba mhaith liom breathnú ar rogha straitéiseach amháin atá roimpi. Ar dtús, áfach, ba mhaith liom súil siar a chaitheamh ar chuid de na hargóintí agus na fáthanna a bhí ann leis an tseirbhís a bhunú an chéad lá riamh. Ansin ba mhaith liom breathnú ar roinnt athruithe a tharla in Éirinn le roinnt blianta anuas, agus ar thuartha éagsúla faoi na blianta atá amach romhainn. Sílim go bhfuil idir bhagairtí agus deiseanna do TG4 sna hathruithe sin.

Is iomaí bean óg sa saol seo nach bhfuil aon taithí ná cuimhne aici ar na laethanta ina mbíodh iachall ar mhná éirí as a bpost sa státseirbhís a luaithe is a phósaidís. Níl aon chuimhne ag cuid mhaith díobh, ach an oiread, ar an streachailt leanúnach a rinne dornán ban san aois seo caite chun cearta na mban a bhaint amach. Ar an gcaoi chéanna, ní thagraítear ach go fánach don streachailt fhada a bhíodh ann chun seirbhís teilifíse trí Ghaeilge a bhaint amach.

Tá muid faoi chomaoin ag Iarfhlaith Watson (2003), Tadhg Ó hIfearneáin (2000) agus ag scoláirí eile a phléigh an chaoi ar chúlaigh an stát ó idé-eolaíocht na hathbheochana sa dara leath den aois seo caite, agus an chaoi ar fhás tuiscint nua ar phobal na Gaeltachta agus na Gaeilge mar mhionlach a raibh cearta teanga agus mionlaigh acu. Bhí an dá shruth idé-eolaíocha sin – sruth na hathbheochana agus sruth an phobail mhionlaithe – le feiceáil san fheachtas ar son an stáisiúin teilifíse, ar ndóigh. Ar thaobh amháin bhí Meitheal Oibre Theilifís na Gaeltachta, a d'éilig stáisiún pobail le freastal ar phobal teanga ar leith, is é sin, muintir na Gaeltachta. Ar an taobh eile bhí Conradh na Gaeilge agus grúpaí eile a d'éilig stáisiún náisiúnta don tír ar fad. D'éirigh go pointe le conraitheoirí aonair le linn na n-ochtóidí agus na nóchaidí an cheist a chur ar an gclár polaitiúil nuair a cuireadh i bpríosún iad toisc nár íoc siad a gceadúnais teilifíse mar agóid in aghaidh shiléig RTÉ i leith na teanga (féach alt Íte Ní Chionnaith sa bhailiúchán seo). Ach d'athraigh Meitheal Oibre Theilifís na Gaeltachta an bonn argóna ar fad nuair a rinne siad craolachán bradach teilifíse as Cnoc Mordáin i ndeisceart Chonamara faoi Shamhain 1987 agus arís faoi Nollaig na bliana dár gcionn (Watson, 2003: 85–86).

Mar sin féin, níor ghéill an córas polaitiúil agus stáit ach go mall, drogallach don fheachtas. Níor tharla aon dul chun cinn suntasach go dtí gur pósadh an dá eite sin le chéile san Fheachtas Náisiúnta Teilifíse agus gur socraíodh ar aidhm chomónta – stáisiún náisiúnta lonnaithe sa Ghaeltacht. Ar ndóigh, bhí comhghuaillíocht láidir idir beirt ghníomhaithe teanga lárnach sa phróiseas sin agus san fheachtas náisiúnta féin. Ba iad sin Ciarán Ó Feinneadha i mBaile Átha Cliath agus Donncha Ó hÉallaithe i gCois Fharraige. Mar iriseoir a scríobh go leanúnach san *Irish Times* faoin bhfeachtas agus faoi bhunú na seirbhíse i rith na nóchaidí, is é mo thuairimse nach mbunófaí TnaG le linn na nóchaidí murach obair na beirte sin. Murach iad cá bhfios nach ar bhonn teoirice amháin a bheadh muid ag plé ceist na seirbhíse teilifíse Gaeilge inniu.

Ach mairimid i ré an tsíorathraithe, i ré an ghréasánaithe agus i ré an 'timeless time', i bhfriotal an tsocheolaí Manuel Castells (1996: 464). An rud ar éirigh leis inné, ní gá go n-éireodh leis amárach. Thug an stát agus páirtithe polaitiúla éagsúla tacaíocht don stáisiún go dtí seo, ach níl aon chinnteacht ann go leanfar leis an tacaíocht sin. Tá an bonn airgeadais agus reachtúil atá faoi TG4 fós éiginnte agus neamhshocair, deich mbliana i ndiaidh a bunaithe, cé go ndeirtear linn go socrófar sin go luath. Tá taighde spéisiúil le déanamh fós faoin idirbheartaíocht a tharla idir RTÉ, TG4 agus ranna rialtais éagsúla le cúpla bliain anuas faoi cheist an neamhspleáchais, agus cé gur fhógair an tAire Cumarsáide i mí Lúnasa 2006 go mbeadh TG4 neamhspleách ón 1 Aibreán 2007, níor shoiléirigh sé go dtí seo ceann de na ceisteanna is tábhachtaí, ceist an airgid. Faoi láthair tá buanseasmhacht agus cinnteacht áirithe ag RTÉ maidir lena bhuiséad bliantúil, ach tá TG4 ag brath ar dhea-mhéin an Aire Airgeadais gach bliain. Céard a tharlóidh amach anseo má bhíonn Aire Airgeadais ann nach bhfuil aon dea-mhéin aige don stáisiún, nó má bhíonn ar Aire Airgeadais éigin roghanna míthaitneamhacha a dhéanamh má tharlaíonn géarchéim eacnamúil?

Ó Bhanc Ceannais na hÉireann go David McWilliams agus a chlár *In Search of the Pope's Children,* tá tráchtairí go leor ag insint dúinn cé chomh leochaileach is atá an bonn eacnamúil atá faoin Tíogar Ceilteach, cé chomh mór is atá an rialtas ag brath ar mhargadh na tithíochta agus ar thionscal na tógála, agus cé chomh hoscailte is atá geilleagar na hÉireann don gheilleagar domhanda. Céard a tharlóidh má bhíonn géarchéim eacnamúil sa tír de dheasca ionsaí mór sceimhlitheoireachta nó tubaiste timpeallachta éigin sna Stáit Aontaithe? An bhfeicfidh muid cinnteidil arís sna nuachtáin ar nós an chinn a foilsíodh san *Irish Independent* ar an 6 Nollaig 1993, nuair a dúradh, 'Use TV Millions For Health Service'?

D'éirigh le TG4 áit ar leith i saol cumarsáide na tíre a bhaint amach le deich mbliana anuas. Ach céard atá i ndán di sna deich mbliana atá romhainn? Ní féidir glacadh leis go leanfaidh TG4 ag fás agus ag forbairt agus léirmheasanna moltacha á bhfoilsiú sna nuachtáin faoina cuid clár. Níl a fhios againn céard atá romhainn amach. Féach na hathruithe a tharla sa tír seo ó tháinig TnaG ar an aer. Ní mór dúinn fanacht ar thorthaí na hanailíse ar Dhaonáireamh 2005 chun pictiúr cruinn a fháil maidir leis na pobail teanga nua atá sa tír, ach is léir ó shuirbhéanna éagsúla go bhfuil i bhfad níos mó cainteoirí Polainnise sa tír faoi láthair ná cainteoirí laethúla fásta Gaeilge. Cé a chreidfeadh é sin deich mbliana ó shin? Cé a chreidfeadh go mbeadh Stocbhróicéirí NCB Dermot O'Brien agus Eunan King (NCB, 2006: 10) ag tuar go mbeadh beagnach milliún inimirceánach sa stát faoin mbliain 2020, is é sin, duine as gach cúigear? Nó go mbeadh an tAire Comhshaoil, Oidhreachta agus Rialtais Áitiúil, Dick Roche, ag rá go mbeadh daonra na hÉireann faoin mbliain 2025 ar ais ag an leibhéal ina raibh sé díreach roimh an nGorta Mór – nuair a chuirtear an tír ar fad san áireamh (O'Brien, 2006)? Cén tionchar fadtéarmach a bheas ag an socrú polaitiúil ó thuaidh agus ag teacht na n-inimirceach ar cheisteanna mionlaigh agus teanga, thuaidh agus theas? Ní fios go fóill, ach is ábhar machnaimh é cinneadh an Aire Dlí agus Cirt, Comhionannais agus Athchóirithe Dlí, Micheál Mac Dubhghaill, deireadh a chur le riachtanas na Gaeilge sa Gharda Síochána, ar an ábhar, a dúirt sé, go mbeadh an teanga ina bac ar iarrachtaí daoine as na mionlaigh nua a mhealladh isteach san fhórsa (Mac Dubhghaill, 2005). Nó, má bhreathnaíonn muid ó thuaidh, cinneadh an PSNI gach duine nua a thagann isteach sa tseirbhís phóilíneachta a chur ar chúrsa traenála cúig huaire déag sa Mhandairínis, sa Phortaingéilis agus sa Pholainnis – sin 45 uair san iomlán – ach gan ach trí huaire a chaitheamh ar an nGaeilge (Ó Liatháin, 2006).

Níl a fhios againn céard atá romhainn. Níl spás agam anseo le cur síos a dhéanamh ar na hathruithe móra i gcúrsaí cumarsáide agus teicneolaíochta atá ag titim amach, ní hamháin in Éirinn ach go hidirnáisiúnta, ná ar na hathruithe i rialachán na cumarsáide abhus. Níor luaigh mé an focal 'Idirlíon' go fóill, ach dealraíonn sé go mbeidh deireadh leis an 'teilifís', i gciall thraidisiúnta an fhocail, faoi cheann deich mbliana nó mar sin, agus go mbeidh muid ag dearadh ár gcuid clársceideal féin ón iliomad roghanna – an iomarca roghanna, b'fhéidir – a bheas ar fáil dúinn ar an Idirlíon, nó ar an bhfón póca.

Cá bhfágann sin TG4 ar fad? Tig leat breathnú ar na rudaí sin mar bhagairtí, nó tig leat breathnú orthu mar dheiseanna. Sílim go bhfuil deis iontach ag TG4 comhghuaillíocht straitéiseach a dhéanamh leis na pobail teanga nua atá sa tír agus spás ar leith ar an sceideal a chur ar fáil dóibh. Ar an gcaoi sin d'fhéadfaí eite amháin den bhonn dlisteanach atá faoi TG4 a threisiú go mór, agus an argóint ar son an stáisiúin mar thaca riachtanach do phobal teanga mionlaigh a leathnú amach go dtí na mionlaigh teanga nua sa tír. Straitéis a bheadh ann a chuirfeadh go mór le hiarrachtaí an stáit comhtháthú sóisialta a bhaint amach sna pobail nua sin agus coimhlintí sóisialta a sheachaint. Bheadh sé de bhuntáiste breise aige go gcinnteodh sé tacaíocht na meán liobrálach do TG4 go brách – cineál 'polasaí árachais', más mian leat, in aghaidh an anfa – agus chabhródh sé le lucht TG4 an rud ar a dtugann siad 'national resonance' a bhaint amach ar bhealach úr. Ní hamháin sin, ach is é an rud ceart é le déanamh. Má tá cearta againne, lucht na Gaeilge, tá cearta chomh maith ag daoine eile a labhrann teangacha eile agus atá ina gcónaí sa tír seo. Muna dtugtar a gcearta dóibh, an fada go mbeidh siad á n-éileamh go glórach, agus comparáid mhíthrócaireach á déanamh acu idir an t-airgead a chaitear ar TG4 agus a gcuid riachtanas cultúir féin?

* Is éard atá i gceist agam go bunúsach ná gur cheart dúinn TG4 a athchruthú mar stáisiún teilifíse ilteangach agus ilchultúrtha, ach gurb é an príomhchúram a bheadh uirthi i gcónaí ná cláir Ghaeilge a choimisiúnú agus a chraoladh. Bheadh trí bhuntáiste leis sin. An buntáiste is mó, b'fhéidir, ná go dtabharfadh sé deis do TG4 éalú ó 'ansmacht sin na bhfigiúirí féachana' a luaigh mé níos túisce. Dá n-éireodh le TG4 dlisteanacht nua a chruthú di féin, bunaithe ar a ról mar inneall don chomhtháthú sóisialta, shamhlóinn go mbeadh sé deacair don rialtas seasamh i gcoinne argóintí gur cheart maoiniú níos substaintiúla a thabhairt di chun an dualgas tábhachtach sin a chomhlíonadh.

Tá ceangal idir an chéad bhuntáiste a luaigh mé thuas agus an dara ceann. Dá mbeadh an ról nua sin aici, níor ghá di an oiread sin clár Béarla a chraoladh, mar níor ghá don stáisiún a bheith ag faire chomh mór sin ar na figiúirí féachana. Gach seans go n-aimseodh an stáisiún lucht féachana nua sna *niches* nó sna pobail nua sin, agus nach mbeadh titim chomh mór sin ann. Fiú amháin dá mbeadh titim ann bheadh cosaint láidir ag TG4 ó lucht a cháinte mar go mbeadh seirbhís luachmhar mar chraoltóir poiblí á cur ar fáil aici do mhionlaigh éagsúla. D'fhéadfaí, mar a luaigh mé ar ball, tarraingt ar argóintí nua maidir le comhtháthú sóisialta chun dlisteanacht úr a thabhairt don stáisiún. Ní miste, sa chomhthéacs sin, súil a chaitheamh ar na caismirtí a tharla i bPáras le gairid, agus ceist a chur orainn féin: an dtarlóidh sé sin anseo? An dtiocfaidh an lá go mbeidh ógánaigh as mionlach imeallaithe éigin ag réabadh trí eastáit mhóra tithíochta i mbruachbhaile éigin de chuid Bhaile Átha Cliath, carranna agus busanna á gcur trí thine acu le teann frustrachais agus éadóchais?

An tríú buntáiste ná an tionchar a bheadh ag socrú dá leithéid ar íomhá agus ar fhéiniúlacht na seirbhíse féin. I dtús na haiste seo thagair mé don phíosa físe a chraol TG4 féin mar bholscaireacht dá shéasúr nua drámaíochta. Drámaíocht Bhéarla as Meiriceá a bhí ann den chuid is mó. Samhlaigh dá mbeadh drámaí Gaeilge, Polainnise, Eastóinise, Slóvaicise, Rómáinise, Bulgáraise, Francise, Sínise agus Béarla ann in ionad na gclár Meiriceánach sin. Cén teachtaireacht a bheadh muid a chur amach fúinn féin agus faoi áit na Gaeilge sa tsochaí nua ilchultúrtha ina maireann muid? An teachtaireacht lánmhuiníneach é faoin nGaeilge? Is dóigh liom é.

Ar fhaitíos na míthuisceana, níl mé ag moladh aon mhaolú ar áit ná ar ról na Gaeilge sa stáisiún. A mhalairt ar fad. Sílim gur féidir an Ghaeilge a threisiú go mór inti trí rian an Bhéarla agus feiceálacht an Bhéarla a laghdú. Agus ní fheicim gur féidir éalú ón mBéarla sa stáisiún ach amháin má athraítear an bonn argóna, an rud a thugann dlisteanacht di. San am atá caite níl aon amhras ach go bhféadfaí an dlisteanacht sin a fhréamhú i mianaidhmeanna an stáit maidir leis an athbheochan. Ach is léir ón bhfeachtas a bhí ann chun TG4 a bhaint amach go mbeidh toradh níos fearr feasta ar argóintí atá bunaithe ar chearta mionlaigh. Go pointe tá dlisteanacht TG4 sa lá atá inniu ann ag brath ar an dá argóint sin, ach go praiticiúil freisin tá sí ag brath ar na figiúirí féachana, agus más i dtéarmaí figiúirí féachana a bheas an díospóireacht beidh TG4 ag brath ar líon suntasach clár Béarla go brách. Luíonn sé le réasún, mar sin, go ndéanfaí 'comhghuaillíocht straitéiseach' den chineál atá á mholadh agam anseo chun an bonn argóna a chur ar ais ar cheist na gceart mionlaigh agus ar cheist an chultúir, agus gan an tábhacht chéanna a thabhairt don tslat tomhais eile úd, slat tomhais na bhfigiúirí féachana, nach bhfeileann don chomhthéacs teanga agus cultúir ina mbíonn TG4 ag feidhmiú.

Dá ndéanfaí amhlaidh, bheadh níos mó saoirse ag TG4 tabhairt faoi rudaí trialacha, dul sa seans ar bhealaí cruthaitheacha nach féidir léi a dhéanamh faoin múnla atá aici faoi láthair. Mar shampla, mura mbeadh sí chomh haireach sin ar na figiúirí féachana d'fhéadfadh sí súil a chaitheamh an athuair ar chuid den díospóireacht a bhain leis an bhfeachtas teilifíse. Níl fáth ar bith ann, mar shampla amháin, nach bhféadfaí spás a aimsiú sa sceideal don chineál craolachán pobail a bhíodh á lorg ag Meitheal Oibre Theilifís na Gaeltachta fiche bliain ó shin, go mór mór dá mbeadh craolachán pobail ag teacht ó ghrúpaí teanga eile. Luíonn sé le réasún, dá mbeadh TG4 ag freastal go sonrach sa sceideal ar phobail teanga ar leith, le clár irise dírithe ar chainteoirí Polainnise i mBaile Átha Cliath, cuir i gcás, gur cheart go mbeadh cuid éigin den sceideal curtha ar leataobh le freastal go sonrach ar mhuintir na Gaeltachta. Níl mé á rá nach mbíonn go leor de na cláir Ghaeilge ná go leor de na cláir mhacarónacha ag freastal ar mhuintir na Gaeltachta ach ní fheicim aon chúis nach bhféadfaí cuid éigin den sceideal laethúil a athbhrandáil mar Theilifís na Gaeltachta – díreach ar an gcaoi chéanna a bhfuil athbhrandáil déanta ag RTÉ Raidió na Gaeltachta ar chuid dá sceideal faoin lipéad Anocht FM.

Tá fasach ann do stáisiún ilteangach den chineál atá á mholadh agam anseo. San Astráil tá dhá chraoltóir phoiblí náisiúnta, an Australian Broadcasting Corporation, an ABC, agus an Special Broadcasting Service Corporation, nó an SBS mar is fearr eolas air. Bunaíodh SBS faoi acht rialtais san Astráil i 1991, cé go dtéann a fhréamhacha siar go dtí lár na seachtóidí. Faoin reachtaíocht tá sé mar dhualgas ar SBS seirbhísí raidió agus teilifíse a chur ar fáil i dteangacha éagsúla do mhuintir uile na hAstráile, agus freastal a dhéanamh ar na pobail teanga éagsúla sa tír sin, inimircigh agus bundúchasaigh ina measc. (Níl SBS ina aonar agus é ag iarraidh freastal ar mhionlaigh éagsúla teanga agus cultúir. Ábhar taighde spéisiúil ann féin é freisin an múnla atá ag leithéidí Channel M i Vancouver, Ceanada, nó ag ARTE na Fraince, gan ach dhá shampla a lua.)

Craolann SBS seirbhís teilifíse analógaí amháin, sé cinn de sheirbhísí teilifíse digití agus dhá sheirbhís raidió. Chomh maith leis sin, cuirtear seirbhísí cuimsitheacha teilifíse agus raidió ar fáil ar an Idirlíon (Special Broadcasting Service Corporation, 2004). Tagann thart ar 80% dá bhuiséad bliantúil ón rialtas feidearálach agus an 20% eile ó fhógraíocht. As an airgead sin cuireann SBS Television cláir ar fáil i mbreis agus seasca teanga. Craoltar níos mó ná leath dá chuid clár i dteangacha éagsúla le fotheidil Bhéarla. Bíonn SBS Radio ag freastal ar thrí scór agus ocht bpobal teanga éagsúla (Milan, 2004).

Cén chaoi a n-éiríonn leis mar chraoltóir agus cén dearcadh atá ag muintir na hAstráile ina leith? Breathnaíonn thart ar ocht milliún duine, nó 60% de theaghlaigh na hAstráile, ar ghné éigin den tseirbhís gach seachtain. Léiríonn suirbhéanna éagsúla go dtacaíonn céatadán ard de phobal na hAstráile leis. Mar shampla, i suirbhé de chuid Newspoll i measc 1,200 duine fásta i rith mhí an Mheithimh 2006, mheas 86% de na freagróirí go raibh ról tábhachtach aige i sochaí ilchultúrtha na linne. Mheas 89% díobh go raibh sé tábhachtach do mbeadh SBS ar fáil mar rogha ailtéarnach do na stáisiúin tráchtála teilifíse (Special Broadcasting Service Corporation, 2006).

Mar a luaigh mé ar ball, téann fréamhacha SBS i bhfad níos sia ná 1991, an bhliain ar bunaíodh í mar sheirbhís náisiúnta. Thosaigh sí amach i 1975 mar sheirbhís theoranta raidió i Sydney agus Melbourne. Cúig bliana ina dhiaidh, i 1980, thosaigh SBS Television ag craoladh sa dá chathair sin. Tír an-éagsúil a bhí san Astráil sna blianta a lean an Dara Cogadh Domhanda i gcomórtas leis an tsochaí atá anois ann. Bhíodh dhá mhórphobal ann, an pobal geal de bhunadh na hEorpa, agus na bundúchasaigh a mhair ar imeall na sochaí ar fad, iad brúite faoi chois agus gan aitheantas dá laghad acu dá gcearta stairiúla talún, dá dteangacha ná dá gcultúir.

Le caoga bliain anuas, áfach, tháinig breis is sé mhilliún inimirceach nua isteach sa tír as tíortha éagsúla. Sa lá atá inniu ann tá sainmhíniú an-éagsúil ann den rud is 'Astrálach' ann. Rugadh 25% de mhuintir na hAstráile taobh amuigh den tír. Labhraítear os cionn 200 teanga go laethúil san Astráil agus labhraíonn dhá mhilliún go leith Astrálach teanga sa bhaile nach é an Béarla é, is é sin, thart ar 13% den daonra iomlán (Milan, 2004).

Cé is móite de chorrscliúchas thall is abhus d'éirigh le muintir na hAstráile teacht slán ó mhórchoimhlintí eitneacha go dtí seo, agus cé go bhfuil go leor ciníochais le brath fós i measc grúpaí éagsúla, is tír ilchultúrtha ilteangach anois í, a deir bainisteoir stiúrtha SBS, Nigel Milan:

In the search for self-identification and national definition, SBS has played a big part. Quietly and subtly and with great success, SBS has helped Australians redefine themselves as citizens of a multicultural and multilingual society. By celebrating difference, demystifying cultures, and providing an outlet for the voices, views and visions of the world, SBS has heightened understanding and encouraged tolerance. I believe SBS has had a profound impact on the national psyche – on how Australians see themselves and how they view Australia's place in the world (Milan, 2005).

Mar fhocal scoir, má bhreathnaíonn muid siar ar bhlianta tosaigh TG4 tagann seanfhocal amháin chun cuimhne, is é sin, 'An té nach bhfuil láidir, ní foláir dó a bheith glic'. Má bhreathnaíonn muid chun cinn, is mithid dúinn seanfhocal eile a tharraingt chugainn féin, is é sin, 'Ní neart go cur le chéile'. Nó, lena chur ar bhealach eile, ní 'Súil Eile' ba cheart a bheith ar TG4 feasta, ach 'Súile Eile'. Fágfaidh mé sibh le habairt eile as aitheasc Nigel Milan ag comhdháil i gCanberra. Tá ábhar machnaimh ann, is dóigh liom, ní hamháin do pholaiteoirí agus don lucht ceannais in Éirinn, ach do pholaiteoirí ar fud an domhain, an Teach Bán san áireamh:

> In these often dangerous times, true security will come not to those with the most guns but to those with the most equitable and inclusive society (Milan, 2005).

Leabharliosta

Castells, M., 1996. *The Rise of the Network Society, The Information Age: Economy, Society and Culture,* 1. Oxford, Blackwell.

Corcoran, F., 1998. Litir san *Irish Times,* 24 Samhain.

Esslemont, A., 2002. 'A Gaelic Channel: The Irish Experience', Páipéar ag an Media Seminar on Gaelic Broadcasting a d'eagraigh an Comataidh Craolaidh Gàidhlig agus Ionad Taighde Lèirsinn, Inbhir Nis, Albain, 24 Bealtaine.

Kenny, C., & Ó Feinneadha, C., 2006. *Drivetime,* RTÉ Raidió a hAon, 30 Deireadh Fómhair.

Mac Dubhghaill, M., 2005. 'Minister announces Government Approval for major changes to the criteria for entry to An Garda Síochána', Preasráiteas, An Roinn Dlí agus Cirt, Comhionannais agus Athchóirithe Dlí. Baile Átha Cliath, 7 Meán Fómhair.

Mac Dubhghaill, U., 2006. 'Harry Potter and the Wizards of Baile na hAbhann: Translation, subtitling and dubbing policies in Ireland's TG4, from the start of broadcasting in 1996 to the present day', *Mercator Media Forum,* 9 (1). Aberystwyth, University of Wales Press, 47–58.

Milan, N., 2004. 'Public Broadcasting for Minorities – Regulations and Obligations', Aitheasc ag comhdháil de chuid Public Broadcasters International, Macau, 28 Deireadh Fómhair.

Milan, N., 2005. 'SBS: Reflecting the Changing Face of Australia', Aitheasc ag an Transformations Conference, Canberra, 9 Feabhra.

NCB Stockbrokers Limited, 2006. *2020 Vision: Ireland's Demographic Dividend.* Baile Átha Cliath, NCB.

Ó Ciardha, P., 2006. *Morning Ireland,* RTÉ Raidió a hAon, 18 Lúnasa.

Ó Diomasaigh, N., 2006. 'TG4 to Become Independent from 2007', Preasráiteas, An Roinn Cumarsáide, Mara agus Acmhainní Nádúrtha. Baile Átha Cliath, 17 Lúnasa.

Ó hIfearnáin, T., 2000. 'Irish Language Broadcast Media: The Interaction of State Language Policy, Broadcasters and their Audiences', *Current Issues in Language & Society,* 7 (2), 92–116.

Ó Liatháin, C., 2006. 'Béalghrá an PSNI', *Lá Nua,* 20 Meán Fómhair.

Ó Muirí, P., 2005. 'Tuarascáil', *Irish Times,* 26 Deireadh Fómhair.

O'Brien, T., 2006. 'Population may hit pre-Famine level by 2025', *Irish Times,* 10 Nollaig.

Special Broadcasting Service Corporation, 2004. 'A review of the viability of creating an indigenous television broadcasting service and the regulatory arrangements that should apply to the digital transmission of such a service using spectrum in the broadcasting services bands', Aighneacht chuig an Department of Communications, Information Technology and the Arts (An Astráil).

Special Broadcasting Service Corporation, 2006. 'Newspoll survey shows popularity of SBS', Preasráiteas, 31 Iúil.

Watson, I., 2003. *Broadcasting in Irish. Minority Language, Radio, Television and Identity.* Baile Átha Cliath, Four Courts Press

TG4@10: An Léargas Fiontraíochta

Emer Ní Bhrádaigh

Réamhrá

San aiste seo, déantar cur síos ar scéal nach dtugtar mórán airde air i measc ghnáthlucht féachana TG4 ná i measc lucht léinn na Gaeilge, is é sin, scéal na gcuideachtaí[1] léiriúcháin neamhspleácha a sholáthraíonn mórchuid d'ábhar craolta nuachumtha an stáisiúin. Déantar cur síos ar na dúshláin bhainistíochta, ghnó agus fhiontraíochta a dtugann bunaitheoirí agus bainisteoirí na gcuideachtaí sin aghaidh orthu. Déantar anailís dheimeagrafach ar na daoine agus na heagrais éagsúla ar fad a sholáthair cláracha nuadhéanta do TG4 ó bunaíodh an stáisiún i 1996. Déantar cur síos ar na saincheisteanna fiontraíochta a bhaineann leis na soláthróirí éagsúla do TG4, go háirithe iad siúd atá lonnaithe sa Ghaeltacht. Déantar cur síos ar na fachtóirí a thug rath do chuid de na cuideachtaí agus a mhalairt do chuideachtaí eile. Ag deireadh na haiste tugtar roinnt moltaí do láidriú an tionscail sa todhchaí.

An Fhiontraíocht   *entrepreneurs*

B'fhada drochmheas in Éirinn ar fhiontraithe, iad nasctha le rachmas agus le saint airgid. Ach chuir Gaeltarra Éireann béim ar luach na fiontraíochta i lár na seascaidí, a luaithe a thug an tAcht um Thionscail na Gaeltachta (Leasú) 1965 cead dó tacaíocht a thabhairt d'fhir (*sic*) na Gaeltachta fiontair nua a bhunú (Gaeltarra Éireann, 1969; Ní Bhrádaigh, 2004). Ó shin i leith, tá béim curtha freisin ag Údarás na Gaeltachta ar fhorbairt na fiontraíochta dúchasaí, agus braitheann an Ghaeltacht níos

---

[1] 'Cuideachta' an téarma Gaeilge ar 'company', más comhthéacs gnó atá i gceist. Aithníonn na heagarthóirí go n-úsáidtear an téarma 'comhlacht' go minic sa chaint chun an coincheap seo a chur in iúl, áfach.

lú ar infheistíocht eachtrannach agus níos mó ar fhiontraíocht dhúchasach ná an chuid eile den tír. Cé go bhfuilimid fós ag brath an iomarca ar infheistíocht iasachta, tá muinín níos mó ag daoine anois, tá siad níos uaillmhianaí, agus, de bharr an ráta ard fostaíochta, is lú riosca a bhaineann le post buan inphinseanaithe a fhágáil. Agus mar go bhfuil an tír níos saibhre, tá níos mó deiseanna sa mhargadh le daoine a mhealladh le dul le fiontraíocht.

Saintéamaí na Fiontraíochta

Baineann an fhiontraíocht le deiseanna a aithint agus iad a thapú, riosca a thógáil, agus eagras nua a bhunú, a fhás agus a fhorbairt. Tá cruthaitheacht agus nuálaíocht lárnach freisin. Ní gá gur brabús airgid a bheadh mar aidhm ag an té a bhunaíonn fiontar nua. Tá an fhiontraíocht shóisialta agus an fhiontraíocht phoiblí chomh tábhachtach céanna d'fhorbairt na sochaí folláine. Sampla d'aidhmeanna eile a d'fhéadfadh a bheith ag fiontraithe sóisialta/poiblí agus ag fiontraithe san earnáil phríobháideach araon ná leigheas a fháil ar mhíbhuntáiste, seirbhísí cultúrtha a chur ar fáil, nó abhcóidíocht a dhéanamh ar son pobal ar leith.

An Fiontraí

Féachann fiontraithe rathúla ar an timpeallacht agus ar an margadh, ag lorg deiseanna agus bealaí leis na deiseanna sin a thapú ar bhealach brabúsach. Tiomsaíonn fiontraithe acmhainní éagsúla le chéile: acmhainní daonna, acmhainní nádúrtha, acmhainní airgid. Aithníonn siad na laigí atá acu féin agus lorgaíonn siad daoine eile le cabhrú leo pé fís ar leith atá acu a bhaint amach. Is daoine dearfacha, fuinniúla, tiomanta, solúbtha iad fiontraithe. Bíonn siad in ann foghlaim ó bhotúin, agus tosú arís tar éis teipe. Tá siad in ann daoine eile a thabhairt leo. Is beirt, triúr nó níos mó fiontraithe a chomhbhunaíonn an chuid is mó de na cuideachtaí ardfháis. Ní neart go cur le chéile (Ní Bhrádaigh, 2004; Ní Bhrádaigh, 2007).

Fás agus Forbairt Cuideachtaí Nua

Tá cúpla bealach éagsúil le dul i mbun gnó, ón duine atá féinfhostaithe, agus b'fhéidir cláraithe mar thrádálaí aonair, go dtí an dream daoine a bhunaíonn cuideachta theoranta go hoifigiúil le haidhmeanna beachta fáis leagtha amach go minic i bplean cuimsitheach gnó. Go ginearálta bíonn aidhmeanna fáis agus forbartha níos cuimsithí acu siúd a bhunaíonn cuideachtaí teoranta, agus léiríonn an taighde go bhfuil seans níos mó go bhfásfaidh cuideachtaí ina bhfuil níos mó ná bunaitheoir amháin, go bhfuil deis mhaith sa mhargadh feicthe acu agus go bhfuil na scileanna, an saineolas agus nascanna le daoine eile acu an chuideachta a fhás agus sciar mhaith den mhargadh a ghnóthú. Bíonn réimse níos leithne saineolais, taithí agus inniúlachtaí ag buíon a chomhoibríonn le chéile (Bridge et al, 2003).

Ag an taobh eile den speictream, tá go leor a bhunaíonn gnó nua mar rogha stíl saoil lena slí bheatha a chur in oiriúint do thosaíochtaí eile atá acu sa saol, ina measc saincheisteanna ar nós: solúbthacht phearsanta, tógáil chlainne, cónaí faoin tuath, filleadh ar an dúchas nó ar an nádúr. Tá an cadhan aonair ann freisin ar fearr léi/leis oibriú as a stuaim féin nó a chomhoibríonn go drogallach le daoine agus eagrais eile. Sna cásanna seo is fíordheacair a shamhlú go bhfásfadh an chuideachta.

Ní mhaireann chuile chuideachta a bhunaítear agus is minic suas le 50% de chuideachtaí nuabhunaithe a bheith imithe as gnó laistigh de chúig bliana. An dúshlán d'fhiontraithe, d'infheisteoirí agus do lucht polasaí ná a bheith in ann an t-uasmhéid fiontar nua a chothú, trí fhiontraithe dóchúla a aithint agus tacú leo, agus go háirithe na buaiteoirí a aithint chomh luath agus is féidir le tacaíocht ar leith a thabhairt dóibh. Léirigh taighde David Storey sa Bhreatain Mhór gur chothaigh 4% de chuideachtaí nua 50% de na postanna deich mbliana níos déanaí. Aithníonn lucht polasaí agus tacaíochta gur fiú díriú ar an 4% a chruthóidh 50% de na postanna amach anseo (Bridge et al, 2003, 270–1).

In aon tionscal nua, go háirithe le teicneolaíocht nua, nó deis mhargaidh nua, bíonn go leor fiontar nua ann ag an tús agus de réir a chéile éiríonn le cuid acu níos fearr ná a chéile, agus bíonn siad ar fad ag fás de réir mar a fhásann an margadh. Ach a luaithe is a mhaolaíonn ar fhás an mhargaidh, géaraíonn an iomaíocht agus titeann na cuideachtaí is laige amach as an margadh. Seo an tanúchán i saolré an táirge nó saolré an mhargaidh. Tarlaíonn sé luath nó mall. Is é an cleas ná fás níos tapúla ná fás an mhargaidh le go mbeidh deis níos fearr buachan nuair a tharlaíonn an tanúchán. Róbhéim ar an bhfás tapa seo ba chúis le cuid den fhás osnádúrtha míréalaíoch a tharla sa tionscal ríomhaireachta ag deireadh na 1990í agus an titim ollmhór thubaisteach ar ar glaodh an dot.bomb ag tús an chéid seo. An cleas ná a bheith in ann éabhlóidiú agus athrú de réir mar a éabhlóidíonn agus a athraíonn an margadh (Bridge *et al*, 2003).

Bacainní Inmheánacha agus Seachtracha

Bíonn bacainní inmheánacha agus seachtracha ar fhás aon chuideachta, agus is dúshlán é do na bunaitheoirí a bheith in ann an t-idirdhealú a aithint. Bíonn an-tionchar ag fiontraí(aithe) ar fhás agus ar fhorbairt cuideachta. Léiríonn an taighde ar chúrsaí fiontraíochta agus gnó go ginearálta go bhfuil laige ar leith in Éirinn (agus i dtíortha eile freisin – níl Éire eisceachtúil) maidir le scileanna bainistíochta. Tá sé seo luaite san iliomad tuarascálacha ar fhorbairt na tionsclaíochta nó na fiontraíochta in Éirinn, ó Thuarascáil Whitaker (Roinn Airgeadais, 1958) go Tuarascáil O'Driscoll (Enterprise Strategy Group, 2004). Is minic a cheapann fiontraithe gur bacainní seachtracha agus easpa airgid na príomhbhacanna ar fhás a bhfiontair, ach is minicí lucht tacaíochta (príobháideach agus poiblí) ag rá gur easpa scileanna gnó nó bainistíochta an laige is mó.

An Tionscal Closamhairc Ghaeilge

Téann fréamhacha an tionscail chlosamhairc Ghaeilge siar breis agus fiche bliain roimh bhunú TG4. Bhí ceann de na chéad phictiúrlanna i gConamara ag Bob agus Helen Quinn ina dteach, in iarmhonarcha cniotála ar bhruach Loch an Mhuilinn ar an mbóthar isteach go baile na Ceathrún Rua i lár na 1970í, agus tráth an ama chéanna bhí scannáin á ndéanamh ag Quinn agus a chomrádaí Seosamh Ó Cuaig (Quinn, 2004). Rinne siad nuachtscannáin ar imeachtaí Gaeltachta agus thaispeáin siad iad sa phictiúrlann agus i hallaí an cheantair cúpla lá ina dhiaidh sin. Rinne Gael-Linn a chomhionann leis an tsraith *Amharc Éireann* idir 1956 agus 1964. Leis an dóchas a fuair siad ó bhunú Raidió na Gaeltachta i 1972, agus le hinspioráid ó stáisiún sna hOileáin Fharó, bhog dream ar aghaidh i 1987 le craoladh bradach teilifíse, le stiúideo i Ros Muc, Tigh Chlarke, agus an crann craolta ar Chnoc Mordáin thuas os cionn Chill Chiaráin (Ó hÉallaithe, 1996). Ina measc bhí Ó Cuaig, Quinn, Donnacha Ó hÉallaithe agus daoine eile a bhí gníomhach freisin i nGluaiseacht Chearta Sibhialta na Gaeltachta na blianta roimhe sin. Bhí sceitimíní ar mhuintir Chonamara nuair a thuigeadar go raibh a leithéid indéanta. Bhí an cás teicniúil do stáisiún lonnaithe sa Ghaeltacht déanta. Bhí cás polaitiúil agus airgeadais fós le déanamh.

Faoi dheireadh na 1980í bhí cinneadh déanta ag Údarás na Gaeltachta dul sa seans agus infheistíocht a dhéanamh i bhforbairt na scileanna cuí a bheadh ag teastáil sa tionscal dá mbunófaí stáisiún teilifíse trí mheán na Gaeilge. Bhí an cás maidir le scileanna déanta. Ar an gcéad chúrsa traenála sin a d'eagraigh an tÚdarás, cuireadh béim ar scileanna léiriúcháin. Níos déanaí a cuireadh béim ar scileanna teicniúla. Faoi lár na 1990í bhí an tÚdarás ag tacú le Concorde Anois, cuideachta léiriúcháin a bhunaigh an léiritheoir Meiriceánach Roger Corman ar an Tulach in aice leis an áit ina bhfuil ceanncheathrú TG4 anois i mBaile na hAbhann. Bhí an-cháil ar Corman dá scannáin le rátáil B agus go bhfuair sé luach a chuid airgid as a chuid oibrithe, ach gur thug sé an-traenáil dóibh, rud a thug bonn maith scileanna don tionscal sa cheantar. Ba choinníoll ar leith é i gconradh Chorman leis an Údarás go gcuirfeadh sé traenáil mhaith ar fáil do theicneoirí. Ba chainteoirí Gaeilge iad thart ar leath den cúigear is caoga duine a bhí ag obair ar scannán ar leith sa bhliain 1992 (Fennell, 1995).

Um an dtaca céanna, sa bhliain 1986 a bunaíodh Telegael (léiritheoirí *Aifric*) mar chomhfhiontar idir Údarás na Gaeltachta, RTÉ, agus Pól Ó Cuimín, cuntasóir a d'fhág a phost buan inphinseanaithe san Údarás le dul sa seans leis an ngnó nua seo. An príomhchustaiméir a d'aithin Telegael ar dtús ná RTÉ, a bhí díreach ag tosú ar chláir a choimisiúnú ó léiritheoirí neamhspleácha, seachas gach clár a dhéanamh iad féin. Bhí tús curtha le tionscal neamhspleách ceart faoin am ar thosaigh TG4 ag lorg soláthróirí dá sceideal craolacháin i lár na 1990í. Bhí an lucht déanta clár lán de dhóchas go raibh todhchaí bhreá os a gcomhair, agus b'fhéidir dul amú ar chuid de na léiritheoirí maidir lena dhúshlánaí is atá sé coimisiún a fháil agus a chur i gcrích, agus dul amú orthu freisin nach mbeadh ach cuideachtaí Gaeltachta nó lán-Ghaeilge ag soláthar don stáisiún nua (Fiontar, 1997; Ní Néill, 2006; Mac Eachmharcaigh, 2006; Ó Ciardha, 2006; Ó Cuimín, 2006).

Geallsealbhóirí

Bunaidhm TG4 ná cláir trí mheán na Gaeilge a choimisiúnú agus a chraoladh do lucht féachana na hÉireann. Tá iliomad geallsealbhóirí ag an stáisiún, ina measc na fostaithe, an lucht féachana, na cuideachtaí léiriúcháin, na cuideachtaí a chuireann áiseanna teicniúla ar nós stiúideonna, trealamh, áiseanna eagarthóireachta agus eile ar fáil, na cuideachtaí aistriúcháin agus fotheidealaithe, agus na fógróirí. Maidir le lucht déanta clár, tá go leor acu lonnaithe sa Ghaeltacht, cuid acu ar cuideachtaí móra iad, cuid eile acu ar daoine aonair iad ag feidhmiú leo féin ag déanamh clár amháin ag an am. Dream eile nach smaoineofaí orthu ar dtús iad na saoroibrithe a oibríonn ar chonarthaí sealadacha do léiritheoirí éagsúla de réir mar a bhíonn obair ann dóibh. Tá lucht traenála agus oideachais le fáil ní hamháin sna hinstitiúidí tríú leibhéal ach sna cuideachtaí léiriúcháin iad féin. Tá cúpla foinse maoinithe eile ann freisin seachas TG4 féin, ina measc Coimisiún Craoltóireachta na hÉireann (BCI) a bunaíodh i 2001. D'eascair an Coimisiún seo as An Coimisiún um Raidió agus Teilifís Neamhspleách (IRTC) a bunaíodh i 1988 le ceadúnais a thabhairt do chraoltóirí neamhspleácha raidió agus teilifíse. Comhionann an Choimisiúin i dTuaisceart Éireann é Coimisiún Scannán agus Teilifíse Thuaisceart Éireann (NIFTC) a bunaíodh i 1997. Tá ról lárnach ag na coimisiúin seo i bhforbairt thionscal na craoltóireachta in Éirinn. Tá ról lárnach freisin ag na bainc a dhéanann frithghealladh ar bhuiséid mhóra do thograí móra ar nós *Aifric* nó *Ros na Rún*. Tugann Screen Producers Ireland guth aontaithe do na léiritheoirí, ag tacú leo agus ag abhcóidíocht ar a son mar a dhéanann an Irish Film and Television Network agus Cónaidhm an Tionscail Chlosamhairc, foghrúpa de Chónaidhm Ghnólachtaí agus Fhostóirí na hÉireann (IBEC). Ar deireadh tá an lucht féachana agus na fógróirí, mar aon le corrurraí a dhéanann urraíocht ar chláracha ar leith. Tá tionchar ag rath nó teip TG4 ar na geallsealbhóirí seo ar fad, agus tionchar ag iompar na ngeallsealbhóirí ar an stáisiún. Ar scáth a chéile a mhaireann na dreamanna ar fad.

An Fhiontraíocht sa Tionscal Closamhairc

Nuair a fógraíodh i 1993 go raibh TnaG le bunú, bhí tuairim sa Ghaeltacht agus i bpobal na Gaeilge go mbeadh an soláthar clár ar fad á dhéanamh ag daoine agus ag cuideachtaí lonnaithe sa Ghaeltacht. Bhí bunús éigin leis an tuairim seo ós rud é go raibh an stáisiún le lonnú sa Ghaeltacht agus le freastal ar phobal na Gaeltachta agus na Gaeilge. Bhí an tuairim chéanna ann nuair a cruthaíodh an Margadh Eorpach Aonair i 1993, is é sin go mbeadh margadh mór 300+ milliún duine ar fáil ag gach cuideachta Éireannach. Is beag duine a smaoinigh go raibh gach cuideachta eile san aon tír déag eile san Aontas Eorpach ag machnamh ar an mbealach céanna. Tháinig sé aniar aduaidh ar roinnt léiritheoirí nua go raibh siad in iomaíocht le léiritheoirí seanbhunaithe, a raibh buntáiste iomaíoch acu ó thaobh taithí, saineolas teicniúil, saineolas margaíochta agus gnó, áiseanna teicniúla, srl., agus nach raibh siad ag brath go hiomlán ar choimisiúin ó TnaG (Ní Néill, 2006; Ó Ciardha, 2006).

Bhí cuideachtaí léiriúcháin ag úsáid láithreoirí le Gaeilge, ach bhí an chuid eile den chriú ag feidhmiú den chuid is mó trí Bhéarla. Níl aon dualgas reachtúil ar aon chuideachta a chinntiú go bhfuil an chuid eile den fhoireann líofa sa Ghaeilge. Bhain sé sin truisle as cuid de na léiritheoirí Gaeltachta, agus tá léiritheoirí ann fós a cháineann cleachtas TG4 coimisiúin a thabhairt do chuideachtaí léiriúcháin nach bhfuil ag feidhmiú go hiomlán trí Ghaeilge (Mac Eachmarchaigh, 2006; Ó Cofaigh, 2006). Faoi láthair tagann thart ar 70% de sholáthar TG4 ó chuideachtaí sa Ghaeltacht (Ó Meallaigh, 2006), ach ní hionann a bheith láithrithe sa Ghaeltacht nó lasmuigh di agus a bheith ag feidhmiú i nGaeilge nó i mBéarla. Tá an tuairim i measc roinnt léiritheoirí nár tugadh cothrom na féinne do léiritheoirí Gaeltachta (Mac Eachmharcaigh, 2006; Seoighe, 2006), ach tá daoine eile den tuairim go bhfuil TG4 ró-atharaíoch (Ó Cofaigh, 2006) nó gur tugadh agus go dtugtar fós go leor tacaíochta do na cuideachtaaí Gaeltachta nuabhunaithe (Ó Ciardha, 2006; Ó Meallaigh, 2006). San Acht Craolacháin 2001, Alt 45 (4) (d) (acht nach bhfuil ar fáil trí Ghaeilge fós) tá sé ráite go bhfuil dualgas reachtúil ar Theilifís na Gaeilge (an t-eintiteas neamhspleách reachtúil a bunaíodh ar 1 Aibreán 2007) 'to facilitate or assist contemporary cultural expression and encourage or promote innovation and experimentation in broadcasting' (www.irishstatutebook.ie). Tá dualgas reachtúil ann anois áit a mbíodh comhthuiscint roimhe seo.

Tús an Chéid: Athruithe de Dhíth

Tharla ré thubaisteach don tionscal closamhairc i dtús an chéid seo. Sa bhliain 2004 foilsíodh tuarascáil a choimisiúnaigh Screen Producers Ireland ó na comhairleoirí gnó Peter Quinn and Associates (2004). Sa tuarascáil seo rinneadh anailís ar an gcuid sin den tionscal léiriúcháin neamhspleách a bhí ag soláthar clár do TG4. Léirigh an taighde na deacrachtaí forbartha a bhí san earnáil. Bhí ardú bhuiséad TG4 á chaitheamh ar níos mó clár seachas ar bhuiséid níos mó a thabhairt do chuile chlár. Bhí laghdú 40% san fhostaíocht idir 2001 agus 2004. Seo an tanúchán a pléadh thuas. Is gá do dhaoine le scil theicniúil ar leith (m.sh. innealtóireacht, ceamaradóireacht, srl.) a chinntiú go bhfuil na scileanna gnó ag an eagras nua a bhunaíonn siad.

Bhí laige ar leith i dtaighde agus forbairt (T&F) agus bhraith an tionscal go raibh easpa tacaíochta ann do thaighde agus forbairt. Tá laige ar leith in Éirinn go ginearálta sa réimse seo; tá an stát sa seachtú háit déag san OECD maidir le caiteachas gnólachtaí ar thaighde agus forbairt (Forfás, 2006). Bhí láidreacht theicniúil agus laige gnó, go háirithe san airgeadas, le sonrú in go leor de na cuideachtaí léiriúcháin. Braitheadh go raibh an t-ísliú i mbuiséad TG4 tubaisteach don tionscal. Tá an chuideachta atá ag brath ar chustaiméir amháin i suíomh an-leochaileach. Tá na cuideachtaí léiriúcháin seo spleách seachas neamhspleách. Aithníodh na laigí seo i dT&F agus freisin i gcúrsaí margaíochta i dTuarascáil O'Driscoll (Enterprise Strategy Group, 2004). Tá dreasachtaí cánach agus meicníochtaí eile ag an stát anois le haghaidh a thabhairt ar an bhfadhb seo. Tá an tionscal closamhairc ar aon dul ar bhealach le cúrsaí tionsclaíochta agus fiontraíochta in Éirinn i gcoitinne, agus ag tabhairt aghaidhe ar na dúshláin seo ar na bealaí is feiliúnaí don tionscal.

Rinne tuarascáil Quinn go leor moltaí, cuid acu atá anois faoi lánseol. Bhí maoiniú stáit TG4 sa bhliain 2006 ag €28 milliún, 20% níos lú ná an moladh a bhí ag Quinn. Ardaíodh an maoiniú go €30 milliún sa bhliain 2007. Mhol Quinn go gcaithfí 80% d'aon mhaoiniú breise ar bhuiséid níos fearr a thabhairt do sholáthróirí ar an gcoinníoll go mbeadh Gaeilge ar a dtoil ag an bhfoireann tacaíochta. Moladh scéim mheantóireachta do na léiritheoirí sa Ghaeltacht le cabhrú leo bonn ceart a chur faoina n-eagrais. Moladh grúpa oibre ina mbeadh Údarás na Gaeltachta, an Roinn Airgeadais agus na bainc mhóra le scéimeanna maoinithe níos fearr a dhearadh. Anois agus Teilifís na Gaeilge neamhspleách, d'fhéadfaí tús a chur lena leithéid de scéim. Chonacthas go raibh sé in am cuíchóiriú a dhéanamh ar an tionscal, is é sin go raibh an iomarca cuideachtaí beaga agus léiritheoirí aonair ann, agus go mb'fhearr níos mó comhghuaillíochtaí straitéiseacha agus cumaisc a chruthú. Maidir leis an moladh deireanach seo, is beag de atá tarlaithe cé gur dea-chleachtas é in go leor tionscal eile, mar shampla an tionscal teicneolaíochta faisnéise agus cumarsáide (ICT). Maidir leis an gcéad mholadh thuas (buiséid níos fearr do sholáthróirí) tá sé ag tarlú ar bhealach spriocaithe trí chiste ar leith atá maoinithe ag Údarás na Gaeltachta agus TG4. Tá thart ar €500,000 sa chiste seo á chaitheamh in 2007 ar fhostaíocht i dT&F. Chuaigh na cuideachtaí léiriúcháin Gaeltachta san iomaíocht le maoiniú a fháil le duine ar leith a fhostú leis an taighde agus an fhorbairt a dhéanamh ar feadh tréimhse bliana, agus bronnadh maoiniú ar thart ar dheich gcuideachta. Bealach maith é seo le feabhas a chur ar an leibhéal T&F a bheidh ar siúl san earnáil. Cé nach bhfuil an scéim seo sásúil ná feiliúnach don léiritheoir aonair ar fearr léi/leis a bheith ag obair go neamhspleách mar thrádálaí aonair, ag ceannach isteach seirbhísí teicniúla de réir mar a bhíonn siad ag teastáil, tagann an modh oibre le moladh Quinn go gcruthófaí níos mó comhghuaillíochtaí agus cumasc le bonn ceart a chur faoin tionscal.

Comparáid Idirnáisiúnta: S4C na Breataine Bige
Ó thosaigh sé ag craoladh i mí na Samhna 1982 bhain S4C triail as cúpla múnla éagsúil le tacaíocht a thabhairt d'fhorbairt na gcuideachtaí léiriúcháin neamhspleácha sa Bhreatain Bheag. Dar leis an bPríomh-fheidhmeannach, Huw Jones, bhí cúig staid éagsúla ann thar an tréimhse de bhreis agus fiche bliain (Jones, 2003). Sa chéad staid, chothaigh siad an earnáil neamhspleách a fhad is a bhí deacrachtaí acu le HTV. Ar deireadh socraíodh na deacrachtaí le HTV, a chuir soláthar substaintiúil ar fáil as sin amach. Mar go raibh borradh sa gheilleagar ag an staid sin, bhí go leor oibre fós ar fáil don earnáil neamhspleách. Sa dara staid, tugadh tús áite ar bhealach d'ocht nó naoi gcuideachta a chuaigh san iomaíocht le stádas ar leith agus conarthaí níos fadtéarmaí a fháil, rud a thug deis do na cuideachtaí sin bonn ceart a chur fúthu féin. Míbhuntáiste an mhúnla seo ná go raibh constaic ar S4C murar éirigh le clár ar leith sa chéad bhliain. Faoi na conarthaí a síníodh bhí S4C faoi dhualgas leanacht le clár nach raibh ag éirí leis, nó clár eile a choimisiúnú ón soláthróir céanna. Fágadh S4C sa suíomh nár éirigh le cuid de na soláthróirí fabharaithe seo. Chabhraigh na conarthaí fadtéarmacha seo leis na hocht nó naoi gcuideachta fabharaithe, ach níor chabhraigh sé leis an gcraoltóir.

I staid a trí, tháinig deireadh leis an gconradh speisialta le HTV rud a chruthaigh margadh níos mó do na neamhspleáigh. Rinneadh iarracht na neamhspleáigh a chur ag seasamh níos mó ar a gcosa féin. Feidhmíodh ar bhealach cuíosach atharaíoch go dtí an staid seo, le gaol an-láidir idir an ceannaitheoir agus na soláthróirí. Ardaíodh leibhéal brabúis na dtograí trí tháillí níos airde a íoc, le coinníollacha speisialta maidir le caiteachais an bhrabúis. Samplaí den chaiteachas ná infheistíocht i dtraenáil sa chuideachta féin, nó síntiús a thabhairt do chiste traenála san earnáil. Bhí roinnt easaontais san earnáil mar gheall ar chaiteachas an bhuiséid earnála seo. Roghnaigh cuideachtaí éagsúla bealaí éagsúla leis an mbrabús breise a infheistiú – ó threalamh agus áiseanna, go forbairt daoine óga. Thug an múnla seo luach saothair níos fearr do na cuideachtaí agus a n-úinéirí, rud a chuir olc ar chuid den dream cruthaitheach (léiritheoirí, scríbhneoirí, srl.) a cheap gurbh iad ba lárnaí sa phróiseas. Bhunaigh cuid acu siúd a gcuideachtaí féin le tairbhe a bhaint as an mbuntáiste airgeadais.

Faoi staid a ceathair, bhí an teilifís dhigiteach ag teacht chun cinn. Sa staid seo, tugadh conarthaí dhá bhliain do chuideachtaí léiriúcháin do bheartán clár. Chothaigh sé seo mian i gcuideachtaí le buntáistí an mhórscála a bhaint amach, trí chumaisc, comhfhiontair nó comhroinnt áiseanna. D'éiligh S4C go mbeadh na cuideachtaí ag forbairt ardchaighdeán riaracháin, agus go mbeidís tiomnaithe don traenáil. Thit líon na gcuideachtaí lena raibh S4C ag obair thar an tréimhse sin, ach níor thit an méid is a cheap S4C a dhéanfadh. Tháinig nuálaíocht gnó chun cinn i mbealaí éagsúla. D'infheistigh cuideachta amháin i dtalann ardleibhéil, iarúinéirí cuideachtaí beaga eile ina measc. Tugadh conarthaí dhá nó trí bliana dóibh, nó scair sa chuideachta. Thug sé seo deis do dhaoine oibriú i gcomhluadar dinimiciúil nach mbeadh ar fáil i gcuideachtaí tionscail tinteáin. Thug sé deis freisin do na daoine cruthaitheacha díriú ar an ngné chruthaitheach, agus an riarachán a fhágáil ag an gcuideachta ina raibh siad anois ag obair. Roghnaigh cuideachta eile céatadán substaintiúil de bhrabús cláir a thabhairt do na daoine ba thábhachtaí le talann ar leith a bhí páirteach i ndéanamh an chláir. D'aithin cuideachta eile gur foinse chruthaitheachta ar leith atá sna daoine óga agus chothaigh siad iad siúd go háirithe trí ligint dóibh a gcuid smaointe a fhorbairt faoi chúram daoine níos sinsearaí. Bhí go leor de na fiontraithe a bhunaigh cuideachtaí sásta scaoileadh le cuid d'úinéireacht a gcuideachtaí ar son fás agus forbairt na gcuideachtaí, rud nach bhfuil neamhchoitianta i bhfás cuideachtaí go ginearálta i saol an ghnó.

Na Léiritheoirí

Faoin am ar chraol Teilifís na Gaeilge (mar a bhí) den chéad uair Oíche Shamhna 1996, bhí sé chuideachta léiriúcháin is fiche bunaithe sa Ghaeltacht cheana féin. Bhí 200 duine fostaithe ar bhonn lánaimseartha, agus buíon nua léiritheoirí féideartha i mbun oibre, mórchuid acu traenáilte ar chúrsaí a mhaoinigh is a d'eagraigh an tÚdarás (Údarás na Gaeltachta, 1996). Anois tá tuairim is tríocha duine aonair agus cuideachtaí léiriúcháin gníomhach ar bhealach amháin nó ar bhealach eile sa Ghaeltacht, an chuid is mó acu ag soláthar clár do TG4. Tá na cuideachtaí is láidre ag soláthar clár do RTÉ agus do chustaiméirí idirnáisiúnta freisin. Tá laghdú i líon na gcuideachtaí atá ag feidhmiú, agus brú maidir leis na buiséid a bhíonn ar fáil do chláir, agus éiginnteacht faoi chuid de na cuideachtaí a bhí ag brath go mór ar choimisiúin ó TG4. Tá an tírdhreach athraithe agus tá ré nua tosaithe, le deiseanna agus dúshláin nua ar fáil.

Ach cad eile is féidir linn a rá faoi na léiritheoirí? Chuir TG4 bunachar sonraí de na léiritheoirí ar fad lenar oibrigh siad le deich mbliana anuas ar fáil. Bhí 317 taifead san iomlán sa bhunachar, agus is mar seo a leanas atá (nó a bhí) siad lonnaithe timpeall na tíre. Feicimid i Léaráid 1 thíos go bhfuil líon mór i gContae na Gaillimhe ach breis agus a thrí oiread i mBaile Átha Cliath, rud nach ionadh ós rud é go bhfuil TG4 lonnaithe i gGaeltacht Chonamara, agus ar an taobh eile den scéal gur tionscal cathrach den chuid is mó é an tionscal seo, agus gurb é Baile Átha Cliath an ardchathair. Tá contaetha Chiarraí, Chorcaí, agus Dhún na nGall ag déanamh go maith freisin. Tá mórchuid de na léiritheoirí i gCorcaigh lonnaithe sa chathair seachas sa Ghaeltacht.

	Cuideachta	Trád. Aonair	Saoroibrí	Iomlán
Dún na nGall	6	1	0	7
Maigh Eo	3	0	2	5
Gaillimh	22	7	20	49
Ciarraí	2	2	4	8
Corcaigh	6	2	3	11
Port Láirge	2	0	0	2
An Mhí	1	1	1	3
BÁC	81	22	51	154
Eile 26	19	11	16	46
Eile 6	14	0	8	22
Idirnáisiúnta	5	0	5	10
Iomlán	161	46	110	317

Léaráid 1: Cá bhfuil na Léiritheoirí Lonnaithe?

Ó Léiritheoirí Aonair go Cuideachtaí Móra Léiriúcháin

Tá na léiritheoirí roinnte i dtrí chatagóir. Is ionann cuideachta agus eagras teoranta atá cláraithe leis An Oifig Um Chlárú Cuideachtaí (OCC). Is ionann trádálaí aonair agus duine atá cláraithe mar thrádálaí aonair. Is ionann saoroibrí agus duine atá ag feidhmiú go neamhspleách. De ghnáth dhéanfadh an dá chatagóir dheireanacha seo clár amháin ag an am, agus ní bheadh mórán sócmhainní seasta (trealamh, stiúideo, srl.) acu. De ghnáth má tá aidhm fáis ag léiritheoirí, cláraíonn siad leis an OCC le dliteanas teoranta a bheith acu. De ghnáth freisin bíonn an aidhm sin ann ón gcéad lá, bíonn cumas maith gnó ag an léiritheoir nó bailíonn sé/sí an cumas sin isteach sa chuideachta, trína c(h)uid foghlama féin, trí fhostaithe nua, nó trí chuid d'úinéireacht na cuideachta a dhíol i bhfoirm scaireanna. Is mar seo a bunaíodh na cuideachtaí is mó sa tionscal, ina measc EO Teilifís, Nemeton agus Telegael. Bíonn aidhm ag na cuideachtaí seo brabús airgid a dhéanamh, ach ní féidir leis an gcuideachta fás gan an brabús sin a athinfheistiú sa chuideachta. An rud is mó a thugann bród do na fiontraithe seo ná an méid fostaíochta a chruthaíonn siad agus go bhfuil cuideachta mhór bunaithe acu sa Ghaeltacht, i bhfad ó Bhaile Átha Cliath. Go minic freisin bíonn bród ar leith orthu gur go hiomlán trí mheán na Gaeilge atá an chuideachta ag feidhmiú (Ní Thuathail, 2006; Mac Murchú, 2006; Ó Cuimín, 2006).

Ar an taobh eile den speictream tá na saoroibrithe agus na trádálaithe aonair. I dtionscal ina bhfuil an chruthaitheacht lárnach tá gá le líon maith d'eagrais bheaga agus le hobair neamhspleách. Is minic a tharlaíonn scriosdó mar gur féidir leis an obair a bheith an-dian thar thréimhse fhada. Ar bhealach tá gá le suaitheadh gnó áit a bhfuil gnólachtaí nua de shíor ag teacht ar an bhfód agus cinn eile ag éirí as an ngnó. Tá gá freisin le suaitheadh léiritheoirí le smaointeoireacht agus cruthaitheacht úr a chothú. Seo an buntáiste a bhain leis an straitéis a bhí ag an gcuideachta sa Bhreatain Bheag a luadh thuas, áit ar thug cuideachta mhór conarthaí idir dhá agus trí bliana do léiritheoirí a bhíodh ag feidhmiú go neamhspleách roimhe sin. Tarlaíonn an suaitheadh seo in earnáil na n-ealaíon freisin. Is é an dúshlán ná an tacaíocht chuí a thabhairt do na léiritheoirí aonair, agus b'fhéidir gur fearr an múnla a mhol Peter Quinn & Associates (2004) maidir le comhghuaillíochtaí agus meantóireacht.

Feicimid i Léaráid 2 thall go bhfuil 84% de na léiritheoirí a chuir cláir ar fáil lonnaithe lasmuigh den Ghaeltacht. Ní hionann seo agus líon na gclár. Measann TG4 go gcuireann léiritheoirí Gaeltachta 70% de na cláir ar fáil faoi láthair má thomhaistear de réir luacha, agus 40% má thomhaistear de réir am craolta. Is éacht é seo nuair a smaoinímid ar dhaonra na Gaeltachta, agus ar láidreacht phobal na Gaeilge lasmuigh den Ghaeltacht, agus gur tionscal uirbeach atá i gceist i ndáiríre. An fhadhb atá ag mórchuid de na léiritheoirí Gaeltachta (seachas na cuideachtaí móra mar atá luaite thuas) ná go bhfuil siad ag brath go mór nó go hiomlán ar TG4 dá ngnó. Droch-chleachtas gnó é seo, atá dainséarach (Welsh Economic Research Unit, 2001). Is beag cuideachta bheag (trádálaithe aonair agus saoroibrithe san áireamh) atá ag easpórtáil, is é sin, ag déanamh clár do chraoltóirí thar lear. Is beag acu atá ag déanamh iarrachta na cláir atá déanta acu do TG4 (agus a bhfuil na cearta dóibh acu) a dhíol ar an margadh idirnáisiúnta. Tá na cuideachtaí móra á dhéanamh, agus tá ag éirí go maith leo mar is léir mar shampla sna duaiseanna Emmy a bhuaigh Telegael. Tá go leor de na léiritheoirí 'beaga' seo gur gnó stíl mhaireachtála atá acu agus nach bhfuil aidhmeanna fáis acu (Ó Curraidhín, 2006; Seoighe, 2006). Tugann sé seo buntáistí agus míbhuntáistí dóibh. Is i gcásanna mar seo a bhíonn buntáiste ag baint le comhfhiontair agus gréasánú. Ar an taobh eile den scéal tá an soláthar seo ó léiritheoirí aonair go maith do bhranda agus d'íomhá TG4.

	Gaeltacht	Neamh-Ghaeltacht	Iomlán
Cuideachta Theoranta	30	131	**161**
Trádálaí Aonair	6	40	**46**
Saoroibrí	16	94	**110**
Iomlán	**52**	**265**	**317**

Léaráid 2: Léiritheoirí Neamhspleácha 1996 go dáta

Maidir leis na cuideachtaí a chláraigh leis an OCC, is féidir anailís a dhéanamh ar a dtréimhse saoil trí bhreathnú ar an mbliain ar chláraigh siad, agus ar dhíchláraigh siad. An rud atá suimiúil ná na cuideachtaí a bunaíodh sa tréimhse 1994–6 agus 1997–9. Faoi cheann sé bliana (ar an meán) ní raibh ach 21% agus 22% (faoi seach) díobh éirithe as gnó. Is ráta maith marthanachta é seo. I dtaighde na fiontraíochta de ghnáth bíonn thart ar 50% de chuideachtaí nua a bhunaítear éirithe as gnó laistigh de chúig bliana. Mar shampla, in anailís ar chuideachtaí nua in Albain, bhí

40% de na cuideachtaí a bunaíodh in 1999 éirithe as gnó laistigh de cheithre bliana (Teasdale & Minty, 2004).

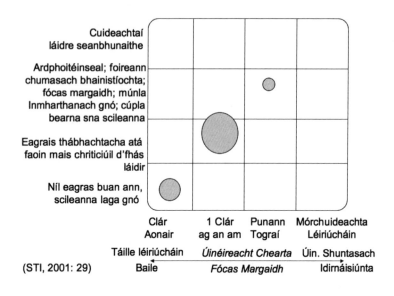

	Clár Aonair	1 Clár ag an am	Punann Tograí	Mórchuideachta Léiriúcháin
	Táille léiriúcháin	*Úinéireacht Chearta*	Úin. Shuntasach	
(STI, 2001: 29)	Baile	*Fócas Margaidh*	Idirnáisiúnta	

Léaráid 3: Ganntanas Cuideachtaí Iomaíochtúla Idirnáisiúnta

Inniúlachtaí Éagsúla i gCuideachtaí Léiriúcháin

I ndeireadh na dála, le tionscal láidir a fhorbairt tá gá le níos mó cuideachtaí láidre, rud atá ráite ag Oiliúint Scáileáin Éireann FÁS (OSÉ) ina thuarascáil a foilsíodh in 2000. Taispeánann Léaráid 3 thuas na saghasanna éagsúla eagrais a d'aithin OSÉ, an fócas margaidh atá acu, agus an úinéireacht atá acu ar chearta na gclár a dhéanann siad. Léiríonn Léaráid 4 thíos na hinniúlachtaí éagsúla atá ag teastáil le cuideachta mhaith léiriúcháin a bhunú, a fhás agus a fhorbairt. Tá an gnó ag barr an triantáin d'aonturas, le léiriú gurb iad na scileanna sin a fhásfaidh an chuideachta. Ach tá an fás sin ag brath ar na bunchloca teicniúla agus cruthaitheacha. Is féidir na ciorcail ag gach cúinne a laghdú nó a mhéadú de réir láidreacht cuideachta sna réimsí sin. Cuireadh cúpla léiritheoir faoi agallamh don taighde seo, iad siúd a bhunaigh cuideachtaí rathúla, maraon le cúpla trádálaí aonair agus saoroibrí. Bhí lucht na gcuideachtaí móra sásta go raibh ciorcail mhóra acu i chuile chúinne, agus bhí an dream eile den tuairim go raibh ciorcail mhóra nó leathmhóra sa dá bhunchloch, ach go raibh ciorcail bheaga ag barr i réimse an ghnó agus na bainistíochta. Ar bhealach tá sé níos éasca laigí teicniúla a aithint agus leigheas a fháil orthu, rud a dhéanann leithéidí Ghréasán na Meán go maith. Daoine cruthaitheacha den chuid is mó a thógann orthu féin dul i mbun léiriúcháin, ach mar a dúirt léiritheoir 'beag' amháin, is rud an-teibí iad na scileanna gnó (Ó Cofaigh, 2006). Is deacra easpa scileanna teibí a aithint agus a leigheas.

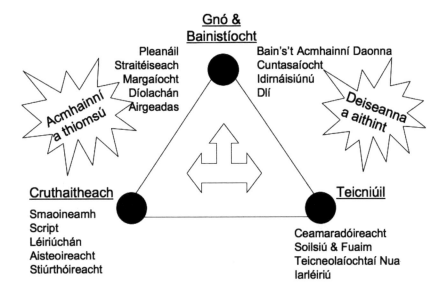

Léaráid 4: Inniúlachtaí Éagsúla i gCuideachtaí Léiriúcháin

Tá na cuideachtaí móra ag cur cúrsaí foirmeálta traenála ar fáil anois leis na hinniúlachtaí cuí a fhorbairt. Tá cúrsa bliana lánaimseartha go hiomlán trí mheán na Gaeilge, Ard-Dioplóma i Léiriú Teilifíse, á thairiscint ag Nemeton i gcomhar le hInstitiúid Teicneolaíochta Phort Láirge (féach an aiste le hIrial Mac Murchú sa bhailiúchán seo). Is maith a fheiceáil go bhfuil cúrsaí margaíochta agus pleanáil ghnó mar chuid den chúrsa, agus go bhfuil sé á theagasc go hiomlán trí mheán na Gaeilge. Faoi scáth EO Teilifís atá Gréasán na Meán, atá lonnaithe ar an Spidéal, sa Chuasnóg, áit a bhfuil riar cuideachtaí léiriúcháin idir bheag agus mhór. Sa bhliain 2005–06 cuireadh níos mó béime ar thraenáil theicniúil. Sa bhliain 2006–07 tá níos mó béime á cur ar thraenáil ghnó agus tá nascanna á gcruthú le hinstitiúid tríú leibhéal. Ba dheas polasaí Gaeilge níos láidre a bheith ag an togra seo, rud a bheadh ag teacht le moladh Quinn mar a luadh thuas.

✦ An Todhchaí

Cé go ndeachaigh an earnáil léiriúcháin trí thréimhse thubaisteach i dtús an chéid, agus go raibh sé dian orthu siúd a d'fhulaing, feiniméan coitianta a bhí ann. Anois go bhfuil an tanúchán thart, agus go bhfuil scéimeanna éagsúla ag tabhairt aghaidhe ar na laigí i dtaighde agus i bhforbairt, agus i scileanna gnó, bheifí ag súil go láidreoidh an earnáil. Tá bunchloch saineolais ann anois. Tá gá fós le níos mó comhfhiontar idir léiritheoirí agus lucht gnó; is gá do na cuideachtaí léiriúcháin fócas idirnáisiúnta seachas fócas paróiste nó Gaeltachta a fhorbairt. Ní léir go bhfuil mórán comhoibrithe nó comhléiriúcháin á ndéanamh le léirtheoirí mionteanga eile, cé go bhfuil breis agus ceathracha mionteanga san Aontas Eorpach anois. Bíodh is go bhfuil bunscileanna gnó san áireamh i gcúrsaí traenála agus dioplómaí mar atá luaite thuas, b'fhiú go mbeadh oideachas agus traenáil fiontraíochta níos láidre sna céimeanna agus cúrsaí traenála scannánaíochta ar fad. In Ollscoil Acadie in Albain Nua, tá deis ag mic léinn ceoil modúl fiontraíochta a thógáil mar chuid dá gcéim. Is minic rófhócas a bheith ag léiritheoirí ar an táirge seachas ar an margadh (Screen Training Ireland, 2000). Le feidhmiú ar ardchaighdeán domhanda ✦caithfear léargas domhanda a chleachtadh.

Tá dlisteanacht na fiontraíochta ag feabhsú agus tá rólchuspaí rathúla agus meantóirí láidre ann a d'fhéadfadh tacú le fiontraithe óga, nó a thacaíonn leo cheana féin. Tá an dearcadh fós ann go bhfuil fiontraithe ann le hairgead a dhéanamh ar chostas agus fulaingt daoine eile. Mar a dúirt agallaí amháin liom le linn an taighde seo: tá sé ceart go leor go ndéanfadh fear na mbuicéad na milliúin euro, ach cén fáth nach bhfuil sé de cheart ag an léiritheoir an rud céanna a dhéanamh? Murach na fiontraithe sin, a théann sa seans lena slí bheatha agus lena gcuid airgid féin, ní bheadh tionscal láidir againn ina bhfuil breis agus 400 fostaí lánaimseartha nó comhionann fostaithe lánaimseartha ag obair ag soláthar do TG4 (Peter Quinn & Associates, 2004). Is fada an bóthar atá siúlta ó bhí fís 'chraiceáilte' ag Bob Quinn agus lucht na teilifíse bradaí sna 1970í agus 1980í. Is iad a chuir an síol i ngort torthúil chruthaitheacht mhuintir na Gaeltachta agus na Gaeilge. Murach scileanna gnó, bainistíochta agus fiontraíochta ní bheadh mais chriticiúil d'fhiontair láidre teangabhunaithe ar fud na tíre anois. Ceiliúraimis na fiontraithe seo a scriosann an chothromaíocht ar bhealaí nuálaíocha.

Leabharliosta

Bridge, S., O'Neill, K. & Cromie, S., 2003. *Understanding Enterprise, Entrepreneurship and Small Business* (2ú eag.). Basingstoke, Palgrave Macmillan.

Enterprise Strategy Group, 2004. *Ahead of the Curve*. Baile Átha Cliath, Forfás [Tuarascáil O'Driscoll].

Fennell, N., 1995. 'The Film West Interview with Roger Corman', *Film West*, 23, Winter, Gaillimh, Galway Film Centre.

Fiontar, 1997. *EO Teilifís: Cás-Staidéar*. Baile Átha Cliath, Ollscoil Chathair Bhaile Átha Cliath.

Forfás, 2006. *Annual Competitiveness Report (Volume 2)*. Baile Átha Cliath, Forfás.

Gaeltarra Éireann, 1969. *Tuarascáil Bhliantúil 1968–69*. Na Forbacha, Gaeltarra.

Jones, H., 2003. 'Independent Production in Future Broadcasting Landscape', Páipéar a tugadh ag comhdháil IBEC, Merrion Hall, Baile Átha Cliath, 28 Bealtaine.

Ní Bhrádaigh, E., 2004. 'Fiontraíocht i nGaeltacht Chontae na Gaillimhe: 1926 go dtí an lá inniu', in Ó hUigínn, R. & Mac Cóil, L., *Bliainiris 2004*. Ráth Cairn, Carbad.

Ní Bhrádaigh, E. , 2007. 'Sure weren't we always self-sufficient, didn't we have to be! – entrepreneurship in the Irish Gaeltacht', in Dana, L. & Anderson, B. (eag.), *An International Handbook of Research on Indigenous Entrepreneurship*, Cheltenham, Edward Elgar, 211–31.

Ó hÉallaithe, D., 1996. 'Ó Theilifís na Gaeltachta go TG4', *Foinse*, 5 Samhain.

Peter Quinn & Associates, 2004. *Analysis of the Independent Television Production Sector as it Applies to TG4*. Baile Átha Cliath, Screen Producers Ireland.

Quinn, R., 2004. *Cinegael Paradiso*. Gaillimh, Distinguished Features.

Roinn Airgeadais, 1958. *Economic Development*, Baile Átha Cliath, Oifig an tSoláthair [Tuarascáil Whitaker].

Screen Training Ireland, 2001. *Training Needs Report: Film and Television Sector, 2002–2007*. Baile Átha Cliath, McIver Consulting.

Teasdale, P. & Minty, J., 2004. *Scottish Economic Statistics: Analysis of Firm Closure and Survival*. Edinburgh, Scottish Executive.

Údarás na Gaeltachta, 1996. *Tuarascáil Bhliantúil*. Na Forbacha, Údarás na Gaeltachta.

Welsh Economic Research Unit, 2001. *Economy and Culture: S4C in Wales – present and potential impacts*. Cardiff, Cardiff University & University of Glamorgan.

Suímh Ghréasáin

Reachtaíocht uile na hÉireann ar fáil ag: http://www.irishstatutebook.ie (léite 5 Aibreán 2007).

Agallaimh

Gabhaim buíochas leis na daoine seo a leanas a roinn a gcuid ama, a dtaithí agus a dtuairimí go fial flathúil liom i bhfómhar 2006 agus mé i mbun an taighde seo: Christy King, Órla King, Niall Mac Eachmharcaigh, Irial Mac Murchú, Miriam Ní Néill, Máire Ní Thuathail, Pádhraic Ó Ciardha, Ciarán Ó Cofaigh, Pól Ó Cuimín, Macdara Ó Curraidhín, Mícheál Ó Meallaigh, Bob Quinn, Máirín Seoighe, Gaelmedia Teo., Gréasán na Meán, Lios na Sí Teo. & Ros na Rún, Nemeton Teo., Údarás na Gaeltachta, EO Teilifis, TG4, Rosg Teo., Telegael Teo., léiritheoir neamhspleách, TG4, Cinegael, Scannán Dobharchú Teo.

SÚIL AN TIONSCAIL

Teilifís, Tionscal agus Teanga

Irial Mac Murchú

Cúlra

Is beag duine a chreideann mé nuair a deirim leo go bhfuil Rinn Ó gCuanach, ceann de na Gaeltachtaí is lú sa tír, ar cheann de na háiteanna is mó ina léirítear cláracha teilifíse sa tír seo anois. Is dócha go bhfuil suas le 200 uair an chloig teilifíse sa bhliain á gcur amach againn ónár gceannáras sa Rinn. Tá foireann bhuan de chúigear agus fiche againn agus timpeall leathchéad oibrí neamhspleácha rialta. Deir mo chuntasóir liom go bhfuil sé seo go léir cothrom le caoga post lánaimseartha.

Tá Nemeton trí bliana déag d'aois. Is iad na cláracha is mó aithne a dhéanaimid ná *Spórt TG4* agus *Health Squad* ar RTÉ1. Anuas air seo, cuirimid seirbhísí teicniúla agus saitilíte ar fáil do chraoltóirí ar fud na hEorpa agus Mheiriceá, ina measc CBS, NBC, BBC, Channel 4 agus Sky. Cuireann sé seo go léir sinn i measc an ghrúpa comhlachtaí teilifíse is mó sa tír. Is í an Ghaeilge teanga oibre an chomhlachta, sa rannóg léirithe, sa rannóg theicniúil agus sa seomra boird. Anuas air seo go léir, tá cúrsa tríú leibhéal as Gaeilge á mhúineadh againn i bpáirt le hInstitiúid Teicneolaíochta Phort Láirge, Ard-Dioplóma i Léiriú Teilifíse.

Postanna, Pórtar agus Pinsean

Féachann sé sin go léir go hiontach. Agus is dea-scéal é forbairt Nemeton agus na daoine iontacha atá ag obair sa chomhlacht. Ní bhfaighinn moladh ard go leor a thabhairt dóibh. Is aistear fada, ach an-taitneamhach, é a thug na comhlachtaí neamhspleácha agus TG4 deich mbliana síos an bóthar. Ach tá luach tánaisteach ar na deich mbliana sin de TG4, mar atá, an tionchar ar an bpobal as a dtagaimse agus ba mhaith liom cur síos a dhéanamh air sin.

Ba mhaith liom súil a chaitheamh siar ar feadh neomait go dtí cothrom an ama seo deich mbliana, nó b'fhéidir fiú amháin aon bhliain déag ó shin, go dtí an t-am a thosnaigh scéal na Rinne, na nDéise. Bhí an-chuid cainte ar an gcainéal nua teilifíse Gaeilge seo a bhí ag teacht. Bhí pictiúr áirithe ina cheann ag gach éinne maidir leis an rud a bhí ag teacht. Dúirt duine amháin liom ag an am: 'Samhlaigh é seo. Stiúideo teilifíse i ngach Gaeltacht, postanna, pórtar agus pinsean dúinn go léir mar iriseoirí agus tráchtairí spóirt, jabanna stáit. Tá an *gravy train* ag fágaint an stáisiúin, a mhic ó. Bí uirthi.'

Bhí múnla amháin ar aigne ag gach éinne, b'in sampla Raidió na Gaeltachta. Agus má bhí feachtas ar siúl ag muintir na Rinne ag an am chun stiúideo RnaG a lonnú sna Déise, ní raibh éinne chun sinn a fhágaint de mhapa nua TG4 agus an script nua seo á scríobh amach ar leathanach bán. *Bricks* agus *mortar*, postanna stáit agus airgead do gach éinne. Bunaíodh coiste áitiúil, Fís Déiseach, chun feachtas na teilifíse sna Déise a riaradh agus bhí roinnt daoine an-chumasacha air. Ba í seo an bhunchloch i ndáiríre don dtionscal sa Rinn agus ba chomh fada sin siar a cuireadh an síol a spreag an tionscal rathúil atá anois againn sa cheantar.

Realpolitik

Fiú amháin chomh luath sin, thuig an grúpa daoine seo an *Realpolitik* a bhain le bunú chainéal teilifíse Gaeilge. Ní bheadh stiúideonna ann, ní bheadh postanna stáit ann. Ní gnó í an Ghaeilge agus má bhí tionscal le bunú sa Rinn, an t-aon tslí ina ndéanfaí sin ná dul amach agus é a bhunú tú féin. Agus b'in a dheineamar. Ní raibh aon rud sa saol ní b'oiriúnaí ná ní ba thráthúla dos na daoine a bhí ag plé leis, ná don Rinn féin. Tionscal a bheadh bunaithe ar an dteanga, sna meáin chumarsáide, fostaíocht áitiúil i gceantar beag Gaeltachta óna raibh óige an cheantair ag síorshileadh, cainteoirí dúchais ag fágaint chun dul ag obair i gCorcaigh, i mBaile Átha Cliath agus thar lear. Bhí glúin iomlán d'ógánaigh le Gaeilge ag tréigint na háite.

Údarás na Gaeltachta

Is ábhar ann féin é na deacrachtaí gnó a bhí againn ag an dtosach, agus fágfaidh mé sin do lá eile, seachas a rá: gan ceannródaíocht Údarás na Gaeltachta, siar chomh fada le 1989, ní bheadh aon tionscal Gaeltachta ann. Dearmadtar é sin babhtaí. Ghearr an chabhair ón Údarás na blianta forbartha den aistear a bhí le déanamh againne. Leis an gcabhair sin thosnaíomar ag eagrú cúrsaí traenála go háitiúil agus ag spreagadh daoine óga ón gceantar chun freastal ar na cúrsaí ilscileanna léiriúcháin a bhí ar bun ag an Údarás, a bhformhór sa Sídheán i gConamara. Bhí ar a laghad duine amháin ón Rinn nó ón Seanphobal ar gach ceann de na cúrsaí sin, beagnach, thar thréimhse deich mbliana, agus tá a bhformhór fós ag obair sa tionscal. Ní cheannódh aon airgead an traenáil agus an taithí sin. Go deimhin, is cuimhin liom beirt ón áit ag freastal ar chúrsa i nGaoth Dobhair, duine acu ina tuismitheoir aonair, ag tiomáint abhaile 300 míle sa bhfuacht, sa bhfliuchas agus sa dorchadas, i lár an gheimhridh, gach Aoine agus ar ais arís ar an nDomhnach, ar feadh trí mhí. B'in an meon a bhí ann.

An tÁdh

Chun rath a bheith ort in aon ghnó, caithfidh an t-ádh a bheith leat, caithfidh srón a bheith agat chomh maith maidir leis an dtráth is oiriúnaí chun beart a dhéanamh, agus caithfidh muineál a bheith ort. Bhíodar sin go léir againne. Dheineamar an chéad chlár píolótach do TG4, an chéad sraith stiúideo don stáisiún, agus ba linn an chéad chraoladh ar mhinicíocht TnaG dhá lá roimh Oíche Shamhna 1996, le cluiche ceannais chraobh peile na Gaillimhe agus bua stairiúil na Ceathrún Rua. Níor stadamar ó shin.

Cén Fáth Seo agus Conas a Tharla Sé?

*Time*áil, mar a dúirt an fear! Bhí borradh faoi chúrsaí Gaeilge ag teacht cheana sa cheantar agus bhí glúin óg de dhaoine oilte ag lorg fostaíochta a thiocfadh lena gcuid scileanna agus oideachais. Bhí daoine eile ag iarraidh bogadh ar ais go dtí an ceantar. Anuas air seo, bhí mórtas nua acu as a gceantar Gaeltachta agus a ndúchas agus bhí oscailt nádúrtha dóibh i dtionscal na teilifíse chun seo go léir a thabhairt lena chéile. Bhí fonn orthu a gceann a chrochadh in airde.

Bhí níos mó ná jab i gceist. Bhí paisean, tuiscint agus úinéireacht i gceist, agus tá fós, fiú amháin i measc an phobail níos leithne. Tiomáin síos go dtí an bhunscoil sa Rinn aon lá agus féach ar na carranna ag bailiú na bpáistí ann. Tá greamán fuinneoige TG4 ar gach uile cheann acu. Mar a dúirt cathaoirleach Chomhairle Pobail na Rinne ag an am, Micheál Ó Faoláin: 'an tionscal is fearr a bunaíodh riamh sa Ghaeltacht'.

Fórsaí an Mhargaidh

Cén fáth, mar sin, nach bhfuil an scéal céanna le hinsint i ngach Gaeltacht sa tír? Cén fáth nach bhfuil earnáil Ghaeltachta chomh láidir le hearnáil na Breataine Bige ann? Is fuirist ceist mar seo a fhreagairt ag féachaint siar le radharc 20-20. Agus ón bhféachaint siar seo tá go leor foghlamtha agus go leor ceachtanna fós le foghlaim. Ag féachaint siar dom, níor leor tionscal chomh sainiúil a bhunú go hiomlán as an nua agus ansin é a fhágaint faoi fhórsaí an mhargaidh. Bhí sé ró-óg agus rónua dó sin. De bharr gur tionscal chomh dian agus chomh hiomaitheach atá ann, bhí cúnamh agus cosaint bhreise ag teastáil thar thréimhse mhaith blianta chun go seasfadh sé ar a chosa féin. Cosaint amháin a gheofaí a thabhairt nó go mbeadh polasaí láidir Gaeilge ag TG4 maidir le teanga na hoibre agus an plé le comhlachtaí neamhspleácha, páipéarachas, conarthaí agus mar sin de. Bheadh seo tar éis buntáiste a thabhairt do chomhlachtaí Gaeltachta/Gaeilge agus bheadh sé tar éis úsáid na Gaeilge sa tionscal níos leithne a spreagadh mar go gcaithfeadh na comhlachtaí gan Ghaeilge daoine a fhostú chun cumarsáid le TG4. Sin mar a tharla sa Bhreatain Bheag.

An rud is mó a d'imir drochthionchar ar an earnáil seo, áfach, ná easpa maoinithe TG4 agus na buiséid ísle dá dheasca seo. Bhí, agus tá fós, na daoine san earnáil seo ag obair uaireanta níos faide, ar phá níos ísle ná aon réimse eile de na meáin chumarsáide. Mar gheall air seo, tá daoine – na daoine is fearr agus is cumasaí, go minic – ag fágaint na hearnála. Sin bac an-mhór ar theacht chun cinn na haibíochta san earnáil.

Ach níl an deis caillte ar fad, agus b'iontach an scéal ansin le déanaí go bhfuil scéim le fógairt ag TG4 agus ag Údarás na Gaeltachta go bhfuil siad chun cómhaoiniú a dhéanamh leis na comhlachtaí neamhspleácha ar scéim forbartha cláracha. Seo an tionscnamh is tábhachtaí don earnáil le blianta fada anuas. Chomh maith leis sin, tá níos mó airgid á chaitheamh anois ar chláracha Gaeilge ná mar a bhí riamh, leis an maoiniú breise a fuair TG4, Ciste Teilifíse Choimisiún Craolacháin na hÉireann agus Ciste an Tuaiscirt. Don gcéad uair riamh anois, is féidir le comhlacht maireachtaint ag déanamh cláracha Gaeilge amháin, más mian leo.

Tiocfaidh rath an athuair ar thionscal na Gaeltachta, ach cúpla rud a dhéanamh, mar atá:

• An Ghaeilge a choimeád lárnach sa tionscal. Sin an dúshlán is mó.
• An maoiniú breise sa tionscal a úsáid chun buiséid a ardú; agus
• Allas a chur sa scéim nua forbartha.

Tá an-chuid dúshlán romhainn amach. An príomhcheann ná conas aon ghnó a fhás sa Ghaeltacht chuig an bpointe atá riachtanach chun maireachtaint sa todhchaí agus fanacht dílis dár dteanga oibre, an Ghaeilge. Seo an pointe go minic ag a dteipeann comhlachtaí Gaeltachta agus iad ag iarraidh fanacht dílis don nGaeilge. Ach deirimse gur tionscal teangabhunaithe is ea aon chomhlacht nó aon ghnó go bhfuil coimitmint ag an mbainistíocht don dteanga agus seachas féachaint ar an dteanga mar chrois bhreise le hiompar, féachaimis uirthi mar acmhainn bhreise.

Súil Chun Cinn

Tá beirt as gach triúr atá fostaithe ag Nemeton ón Rinn nó ón Seanphobal. Is í an Ghaeilge teanga oibre an chomhlachta agus níl aon eagla orm a bheith mórálach as a rá go bhfuil tionchar mór ag an dtionscal seo ar staid na teanga sa cheantar. Dar ndóigh, cé go bhfuil sí ag éirí níos láidre, tá an Ghaeilge fós lag sa cheantar. Níl mé ag iarraidh a mhalairt a rá, ach smaoinigh ar na pointí seo i gcomparáid le deich mbliana ó shin:

- Tá seans i bhfad níos fearr go gcloisfidh tú comhrá Gaeilge sa tigh tábhairne, sa siopa nó in áit phoiblí anois.
- Tá an-chuid de na daoine atá ag obair i Nemeton sa CLG agus sna heagraíochtaí áitiúla eile gur crann taca mór don dteanga sa cheantar iad.
- Tharla ceithre phósadh de bharr an chomhlachta agus tá cúpla lánúin eile le pósadh fós. Tá páistí á dtógaint acu le Gaeilge.
- Tá scata cainteoirí dúchais oilte san aoisghrúpa 25–35 coimeádta sa mbaile nó meallta abhaile againn.

Conas a chuirfeá luach air sin? Ó thaobh na nDéise de is iontach é TG4. Ní hamháin go bhfuaireamar cainéal Gaeilge dúinn féin agus dár bpáistí, ach fuaireamar an buntáiste tánaisteach seo uaidh. Tánaisteach – sea – nó b'fhéidir i ndáiríre an príomhbhuntáiste!

Guth Aduaidh ó Lios na Sí

Niall Mac Eachmharcaigh

B'iontach an buaireamh a bhí ann tá deich mbliana ó shin agus leoga bliain nó dhó roimhe sin. I ndiaidh blianta fada agus go leor gealltanaisí briste, bhí ár gcainéal féin teilifíse againn. Bhí atmaisféar dearfach tríd na seacht gcomhlacht déag Gaeltachta a bhí mar pháirt de Réalt ag an am. Réalt, sin 'roinnt eagarthóirí agus léiritheoirí teilifíse' a bhí ag déanamh idirbheartaíochta idir TnaG agus na léiritheoirí neamhspleácha. Bhí go leor cruinnithe idir Réalt agus TnaG sula ndeachaigh an stáisiún ar an aer. An rud is mó a bhí faoi chaibidil ná na *téarmaí léiriúcháin*. Ní raibh TnaG ag iarraidh na dtéarmaí léiriúcháin céanna a bhí ag RTÉ. Cad chuige ar cheart d'fhear nó do bhean as Rann na Feirste nó Ros Muc nó An Daingean an t-airgead céanna a fháil agus a bhí á shaothrú in RTÉ? Bhí mise ar dhuine den mhuintir a raibh eagla orthu go dtitfeadh an t-iomlán as a chéile mura nglacfadh muid leis na téarmaí nua seo. Ghlac muid leo agus anois tá a fhios agam an bomaite a ghlac, gur chuir muid tús le deireadh Réalt, agus tús le deireadh go leor comhlachtaí Gaeltachta chomh maith.

I 1995 bhunaigh mé an comhlacht Lios na Sí Teo. Bhí triúr ag obair ann go lánaimseartha agus go leor go páirtaimseartha ó am go ham. Is ar an ghreann is mó a dhírigh muid. *C.U. Burn* an chéad sraith a rinne muid, ansin sraith darbh ainm *Craic*. Bhí baint againn leis an tsraith *Gleann Ceo* agus bhí comhléiriú idir muid féin agus an comhlacht Cúl a' Toigh leis an tsraith *Luí na Gréine* a dhéanamh. Chríochnaigh sin cúig bliana ó shin agus sin an clár deireanach a rinne muid. Ag an am sin bhí mise tuirseach den dóigh a raibh rudaí ag dul. Níor chuir mé isteach ar aon bhabhta coimisiúnaithe ó shin. Cén fáth? Is é an freagra atá agamsa ar an cheist sin ná bhí sé ródheacair oibriú dóibh. Ní raibh aon eagarthóir scripte in TG4 agus is crua géar a bhí ceann ag teastáil. Chuireadh muid isteach script agus ghlactaí leis, ach nuair a théadh an *offline* isteach is ansin a thosaíodh an eagarthóireacht ar an script. Le *Gleann Ceo* agus *Luí na Gréine* bhí orainn athscannánú a dhéanamh ar an chéad dá chlár mar nár thaitin roinnt de na haisteoirí le TG4 cé go raibh siad feicthe agus aontaithe leo roimh ré. Chuir sin beaguchtach orm agus ní raibh suim agam a bheith ag déanamh cláracha faoin chóras sin níos mó. Le trí bliana anuas déanann Lios na Sí dráma raidió gach seachtain agus sin é. Sin go bunúsach cúlra Lios na Sí agus an áit a bhfuil muid anois i ndiaidh deich mbliana.

Seo roinnt barúlacha pearsanta atá agam féin faoin stáisiún TG4: ghlac sé tamall fada dom oibriú amach cad chuige ar athraigh siad an t-ainm. *Four*! Ar *Dublin 4* atá siad ag díriú a n-airde. Sílim gur chaill siad suim sa Ghaeltacht agus i gcomhlachtaí Gaeltachta. Bhí mé istigh i gcomhlacht Gaeltachta an tseachtain seo agus chuir sé cumha orm. Bhí ceathrar déag ag obair ann tá deich mbliana ó shin. Tá duine amháin fostaithe ann anois. Is cinnte gur cheart dóibh freastal ar Ghaeilgeoirí na tíre ach is Gaeilgeoirí muintir na Gaeltachta chomh maith. Nuair a bunaíodh Ciste an Tuaiscirt ar a laghad bhí siad ionraic go leor lena rá le Gaeilgeoirí Iarthar Bhéal Feirste nach dóibhsean amháin a bhí an t-airgead. Sibhse a bhí dílis don Ghaeilge, ná cuirigí isteach ar an chiste seo. I mo shúilese, tá an rud céanna ag tarlú sna sé chontae fichead.

Ag caint ar shúile, 'Súil Eile', nó *cyclops* mar a deir corrdhuine, caidé a fheiceann an 'tSúil' sin? Caidé an fhís atá ag TG4? Ní fheicimse go bhfuil dul chun cinn á dhéanamh acu. B'fhearr liomsa na cláracha a bhí ann na chéad bhlianta. Bhí blas na Gaeltachta orthu. Anois ní fheicim ach go leor cláracha déanta i nGaeilge le formáid iasachta nó gallda. Cuireadh in iúl dúinn gur foilsitheoir a bhí in TG4 agus nach mbeadh siad ag déanamh cláracha. Amharc uirthi oíche ar bith agus tchífidh tú go leor cláracha déanta acu féin.

Luacha léiriúcháin – *production values*. Tá sin tábhachtach ach sílim go bhfuil barraíocht béime á cur orthu. Má chluineann tú duine ag rá go raibh luacha maithe léiriúcháin ag clár drámaíochta, tá rud inteacht i bhfad contráilte. An gnáthphobal, deir siad go raibh sé greannmhar nó brónach ach ní luafaidh siad luacha léiriúcháin. Ag caint ar dhrámaíocht, bhí drámaíocht na Gaeilge beo bríomhar fiche bliain ó shin. Sílim gur thacht an Comhlachas Náisiúnta Drámaíochta an t-anam amach as. Tchím an rud céanna ag tarlú do na comhlachtaí léiriúcháin Gaeltachta faoi láthair. An fhís a bhí agamsa tá deich mbliana ó shin tá sí ar shiúl go maith anois. An méid sin ráite, beidh mé féin ar shiúl anois.

SÚIL SIAR

Tuairisc Scoir

Máire Ní Neachtain

Is beag duine a déarfadh nár aimsíodh spriocanna theideal an tseimineáir seo le linn na gcainteanna agus an phlé ar lá an tseimineáir féin faoi Shamhain 2006 agus sna haistí a lean sa leabhar seo. Is cinnte go spreagann plé ar aon ghné den Ghaeilge neart tuairimíochta. Is iomaí focal a dúradh agus a scríobhadh faoi Theilifís na Gaeilge agus TG4 ina dhiaidh ó bunaíodh é deich mbliana ó shin, agus fainic an bhfuil deireadh ráite go fóillín. Fós féin, is ceart a rá go bhfuil foireann TG4 le moladh go hard as an tacaíocht a léirigh siad don seimineár ón am ar tosaíodh á bheartú agus as an spéis mhór atá acu féin plé oscailte, réalaíoch a dhéanamh ar a bhfuil ar bun acu. Cé mhéid de na heagrais Ghaeilge nó go deimhin cá bhfuil na heagrais Ghaeilge eile a bheadh toilteanach lá a chaitheamh ag éisteacht le géarscrúdú ar a saothar, éisteacht le moladh agus cáineadh, labhairt ar a son féin agus léargas a thabhairt ar na dúshláin a bhaineann le seirbhís a sholáthar do phobal a bhfuil oiread sin éagsúlachta sna héilimh atá aige? An seirbhís teanga nó seirbhís teilifíse atá le soláthar? Cén pobal féachana a bhfuiltear ag díriú air: muintir na Gaeltachta, pobal na Gaeilge fré chéile, Gaeilgeoirí líofa, foghlaimeoirí, daoine fásta, páistí? Is é fíric an scéil go bhfuil na gnéithe sin ar fad san áireamh.

Dea-phleanáil ar ord reatha an lae a chinntigh gur labhair lucht bainistíochta na seirbhíse an-luath sa lá agus dheimhnigh sin gur chuala muintir an tseimineáir go bhfuil go leor de na nithe a chuireann as do léirmheastóirí agus don lucht féachana faoi TG4 ag déanamh imní don fhoireann bhainistíochta freisin. Ba dheacair neamhaird a dhéanamh de lártheachtaireacht aitheasc Chathail Goan, céad Cheannasaí Theilifís na Gaeilge, gur comhghéilleadh agus comhréiteach is géire a theastaigh leis an tseirbhís a bhunú agus go bhfuil gá fós leo ar mhaithe le forbairt agus buanú na seirbhíse.

Pléadh raon an-leathan ábhair agus is moladh ar an stáisiún é gur spreagadh taighde agus machnamh chomh hilghnéitheach sin. Pléadh mana an stáisiúin, 'Súil Eile', agus cuireadh malairt manaí chun cinn: ceann a mhol 'Súile Eile' i bhfianaise an éagsúlacht pobal atá in Éirinn na linne, éagsúlacht nach raibh trácht ar bith uirthi i dtús ré na teilifíse seo. Mhol mana eile 'Glór Eile', gur gá scrúdú níos grinne a dhéanamh ar an íomhá den phobal Gaeilge agus den Ghaeilge féin atá á cur chun cinn, mar nach féidir ceist na teanga a dhealú óna mbíonn ar bun ag an tseirbhís. Ar deireadh thiar is mar fhreagra ar éileamh ó phobal na Gaeilge a bunaíodh an tseirbhís, agus dá réir is í an Ghaeilge féin *raison d'être* an stáisiúin. Go deimhin féin, ba mhinic a tagraíodh don éagsúlacht daoine agus teangacha atá sa tír anois agus gur gá do na meáin fré chéile freastal ar an éagsúlacht seo. Luadh go bhfuil deis ar leith ann don Ghaeilge anois comhghuaillíocht a chothú leis na hÉireannaigh Nua agus gur cheart cuimhniú ar ghuth a thabhairt don phobal nua seo, gur chóir a spás féin a bheith acu ar an teilifís, agus go bhféadfadh TG4 ceannródaíocht a ghlacadh le seans a thabhairt do na hÉireannaigh agus na hinimircigh iad féin a chur in aithne dá chéile. Tarraingíodh anuas ceist na sraithchlár Meiriceánach a bheith chomh lárnach sa sceideal agus fiafraíodh an seirbhís do phobal na Gaeilge léithéidí *The OC* agus *Nip/Tuck* a bheith ar an gcainéal? Aithníodh gur dúshlán iad figiúirí an lucht féachana agus is iomaí údar a nocht an bharúil go bhfuil tíorántacht ag roinnt leis na figiúirí céanna.

Phléigh beirt údar go háirithe athbhreithniú a dhéanamh ar fhealsúnacht agus ar mhúnla an sceidil. Moladh breathnú ar ARTE, an comhfhiontar Francach-Gearmánach a chuireann béim ar chláir ealaíon agus chultúir agus a bhfuil bealaí spéisiúla aige le dul i ngleic le freastal ar éagsúlacht teanga agus pobail. Moladh freisin dul go Vancouver agus chun na hAstráile le breathnú ar eiseamláirí de sheirbhísí a bhfuil ábhair roghnacha agus éagsúlacht mar ghnéithe lárnacha sa sceidealú a dhéantar. Luadh go minic go bhfuil gá le rian agus feiceálacht an Bhéarla a laghdú. Aithníodh gur éachtach a bhfuil curtha i gcrích le deich mbliana ó thaobh na cruthaitheachta agus na teicneolaíochta de. Tá fáil ar dhaoine anois a bhfuil oiliúint orthu i gcúrsaí aisteoireachta, drámaíochta, léiriúcháin, scríbhneoireachta, agus teicneolaíochta agus a bhfuil ar a gcumas a gcuid gnó a dhéanamh trí Ghaeilge, rud nárbh éasca ar chor ar bith deich mbliana ó shin.

Bhí plé ríspéisiúil ann ar thaithí dreamanna éagsúla a bhíonn ag soláthar clár do TG4, agus léiríodh go soiléir go bhfuil gá le forbairt a dhéanamh ar chóras meantóireachta san earnáil seo. Is fiontraithe iad na daoine a théann i mbun na gcomhlachtaí léiriúcháin agus is dúshlán an-mhór d'aon chomhlacht na scileanna ar fad a theastaíonn le go mbeadh rath ar an bhfiontar a bheith acu ina gcomhlacht féin. Léiríodh go han-soiléir gur bunaíodh neart comhlachtaí fise ó thús ré na teilifíse Gaeilge ach gur imigh go leor díobh i léig go sciobtha. Léiríodh gur éirigh leis na comhlachtaí a raibh scileanna bainistíochta, teicniúla agus cruthaíochta acu sa gcomhlacht, ach gur dheacair do chomhlachtaí beaga a bheith láidir sna trí ghné sin. Moladh go tréan córas a bhunú le go bhféadfaí daoine le scileanna éagsúla a chur in aithne dá chéile, iad a chur ag obair le chéile, go bhfuil gá le comhoibriú a spreagadh, scileanna a roinnt ar a chéile agus gur chóir i bhfad níos mó tacaíochta a chur ar fáil do chomhlachtaí beaga ina leith seo ar fad. Tá géarghá fós le hoiliúint agus cé gur maith ann a bhfuil de chúrsaí ar fáil cheana féin, teastaíonn tuilleadh. Tá neart bearnaí le líonadh fós.

Tarraingíodh roinnt ceisteanna fiorspéisiúla maidir le pleanáil teanga agus forbairt na nGaeltachtaí. Is ceist mhór, a bhfuil géarghá breis iniúchta a dhéanamh uirthi, oiread sin de shaothar an stáisiúin, idir cheanncheathrú na seirbhíse féin agus líon na gcomhlachtaí neamhspleácha atá ag soláthar ábhair di, a bheith lonnaithe in aon cheantar amháin. Is údar imní an fhostaíocht a spreagann an tionscal a bheith á díriú ar aon cheann amháin de na ceantair Ghaeltachta. Níl baol ar bith ach go bhfuil tionchar aige sin ar an bhforbairt a tharlaíonn i nGaeltacht Chonamara agus go bhfuil pobail eile thíos leis go háirithe ós rud é go bhfuil daoine óga a chuirfeadh le beocht, cruthaíocht, fuinneamh agus fiontraíocht a bpobail dúchais á gceilt ar a gcuid bunphobal agus tá seans láidir ann go bhfuil ceannnródaithe agus urlabhraithe tábachtacha pobail á gcailliúint freisin. An bhfuil TG4 ag cothú eisimirce éirime as ceantair Ghaeltachta, an bhfuil sí ag cur le lagú na nGaeltachtaí?

Tháinig gné eile den phleanáil teanga chun cinn arís nuair a pléadh ceist cláir do pháistí. Glactar leis go cinnte go bhfuil an-tábhacht ag baint le cláir i nGaeilge do ghasúir. Is cuid de mhórchultúr an domhain an teilifís agus má tá an Ghaeilge le bheith mar chuid den saol, caithfidh an Ghaeilge a bheith an-fheiceálach ar an teilifís. Rinne údar amháin anailís ar ghuthú na gcartún agus léirigh sé go bhfuil canúint amháin Gaeilge go mór chun cinn ar na canúintí eile, rud a fhágann go bhfuil impleachtaí anseo don teanga go háirithe más ar an teilifís a bhíonn agus a bheas riar mhaith cainteoirí Gaeilge ag teacht ar a gcuid Gaeilge.

Is minic a tráchtadh ar an nGaeilge féin sa bhailiúchán seo. Is cinnte gur dúshlán don stáisiún an éagsúlacht caighdeáin atá i measc cainteoirí Gaeilge agus ní húdar iontais ar bith mar sin go mbeadh léargas air sin i nGaeilge an stáisiúin. Tá raon leathan réimeanna sa phobal agus is léiriú fírinneach ar an raon sin a mbíonn le cloisteáil ar TG4. Dar le húdar amháin sa leabhar seo, d'éirigh le RTÉ Raidió na Gaeltachta idir-intuigtheacht a chothú idir na canúintí éagsúla Gaeilge. Anois, tá TG4 ag cuidiú leis an idir-intuigtheacht sin idir chainteoirí éagsúla Gaeilge, an dream gurb í a gcéad teanga í agus iad siúd a d'fhoghlaim í nó atá á foghlaim. Braitheann an leibhéal Gaeilge i gclár, ó thaobh cruinnis, saibhris agus úsáide de, ar an leibhéal Gaeilge atá ag tromlach na rannpháirtithe. Má bhíonn céatadán ard cainteoirí ann a bhfuil ardscileanna teanga acu, sin an cineál Gaeilge a bhíonn le cloisteáil. Má bhíonn riar de na haíonna ar uireasa scileanna áirithe, cuireann na cainteoirí láidre iad féin in oiriúint do chainteoirí níos laige, agus fágann sin a lorg féin. Seo Teoiric an Oiriúnaithe agus cé gur féidir a bheith cruthaitheach taobh istigh de na móréagsúlachtaí seo, is dúshlán é seo do lucht déanta clár. An bhfuil tacaíocht á fáil acu ina leith seo? An bhfuil tacaíocht teanga ar fáil ag leibhéal ar bith? An gcuireann TG4 comhairle teanga ar fáil do na comhlachtaí neamhspleácha? An bhfuil comhairleoir teanga ag feidhmiú sa cheanncheathrú? Ba mhinic a léiríodh i rith an lae go bhfuil gá aghaidh a thabhairt ar cheisteanna teanga ar leibhéal na feidhme agus ar leibhéal na sochtheangeolaíochta.

Dearfacht, dea-thoil agus dea-mhéin is láidre atá chun cinn sa bhailiúchán aistí seo. Cinnte tá neart gnéithe de TG4 nach bhfuil daoine sásta leo. Cén sainaitheantas atá ag TG4 i ndáiríre? Níl daoine áirithe sásta leis an gcaoi a bhfuil an Ghaeilge á scaipeadh go fial trí sceideal Béarla. Bhíodh bloc Gaeilge mar chuid lárnach den sceideal tráth; aithníodh stáisiún a bhí ag craoladh trí Ghaeilge ag am an-chinnte, ach is minic anois a bhíonn ar an lucht féachana dul ar thóir cláir i nGaeilge. Ní féidir a bheith cinnte d'am ar féidir teacht ar chlár i nGaeilge cés moite den Nuacht. Tuigtear na constaicí airgeadais agus maoinithe, ach an gá gur cláir i mBéarla as Meirceá a líonfadh an sceideal cheal cláir Ghaeilge? Céard faoi rogha eile teanga nó teangacha a chur ar fáil don phobal? An gá a bheith ag craoladh ceithre huaire fichead in aghaidh an lae?

Tháinig ceist na bhfotheideal chun cinn freisin, ceist achrannach ó thús na seirbhíse. Glactar leis go coitianta anois go bhfuil gá leo, agus níor éiligh aon duine deireadh a chur leo. Bhí an-éileamh ann, áfach, gur ar bhonn roghnach a bheidís ann. Cén fáth go mbeadh tús áite ag na figiúirí lucht féachana ar cheart an Ghaeilgeora breathnú ar a s(h)uaimhneas ar chlár gan cur isteach ó fhotheidil? An síormheabhrú don Ghaeilgeoir iad na fotheidil gur teanga mhionlaigh/mhionlaithe an Ghaeilge? An ndéanann TG4 talamh slán de spéis agus de dhílseacht lucht labhartha na Gaeilge, an tábhachtaí di an té atá ar bheagán Gaeilge?

Is údar mórtais a bhfuil curtha i gcrích ó bunaíodh seirbhís teilifíse i nGaeilge. Dúradh nach bhféadfaí é a dhéanamh, nár cheart smaoineamh air fiú amháin. B'éigean a bheith nuálach agus seiftiúil, agus cé nach ionann TG4 agus an tsamhail a bhí, agus go deimhin atá, ag go leor daoine de sheirbhís teilifíse i nGaeilge, b'éigean teacht ar mhúnla éigin. Is múnla é atá á chruthú agus á leasú fós, agus seans nach gcríochnófar go deo é. Chuir TG4 muinín ón tús i dtalann úr, i gcoincheapa nua. Chraol siad ábhair nach raibh aird ag na seirbhísí seanbhunaithe orthu agus is moladh mór ar an stáisiún gur sciobadh cuid den talann úr a chothaigh an stáisiún, go ndearnadh aithris ar a chuid clár, gur tháinig seirbhísí eile ag bradaíl ar a fhearann agus gur mealladh ábhar uaidh de bharr pócaí níos doimhne! Lá ar leith a bhí sa seimineár ar a bhfuil an bailiúchán seo bunaithe, agus léiríonn na haistí agus modhanna na hanailíse sa bhailiúchán seo gur ábhar téagartha, acadúil atá in 'Súil Ghéar' a chaitheamh ar TG4.

SUMMARIES IN ENGLISH*

---

* Details of references used in these summaries in English are to be found at the end of the Irish-language essays on which they are based.

The Early Days and the Future

Cathal Goan

I am glad that TG4 is now considered important enough that a university seminar would be organised about it. That is proof in itself that TG4 has come of age. As I think back to the time before TG4 or Teilifís na Gaeilge was established, I remember an event in 1996, when a small group of us gathered in Dungarvan in County Waterford. We had asked colleagues from Wales to come and advise us about the strategies we would need for the new station. During those few days, the slogan *Súil Eile* was born and I am glad to say that it was Pádhraic Ó Ciardha himself who coined it. I think *Súil Eile* has been a very suitable slogan for the station ever since. Of course, various people have expected different types of *Súil Eile*: a local television service for the Gaeltacht, a service for Irish speakers throughout the country and so on.

In a way, all of those people are right to expect their own version of *Súil Eile*. This project should be innovative, imaginative and ambitious. It should be open and attractive to those people who consider Irish to be part of their heritage. Using each of those criteria, the station is considered to be an Irish-language service. I believe, however, that it has always been primarily a television service.

TG4 came on the air at a time when the original concept of television was based on the golden age of Lord Reith, when the broadcaster understood what the public wanted and gave it to them. That view is now being challenged. On the one hand, there has been a certain democratisation of electronic communication. On the web, the blogosphere is growing day by day and people can now access alternative opinions and stories in a bilateral communicative process which has little to do with the tradition in which I was trained. On the other hand, the commercial services are focussing on very specific niche markets and services which must be paid for.

Based on the structure of 'broadcaster/producer' involving the station and the independent sector, TG4 managed to attain a true Gaeltacht voice. I believe that TG4 also influenced the national audience, particularly through its sports programmes. The use of subtitles from the first day gave out the message that TG4 was open to all. Taking into account the vicious media debate which surrounded the establishment of TG4, I think that the use of subtitles was a good strategic decision.

Three things are required to keep TG4 on the air: facilities, money and trained staff. Regarding staff, TG4 can rightly be proud of the new talent which it discovered. To those who criticise the standard of the presenters' Irish, I would say that many of them were trained in the country's universities. In any case, what we hear from the box in the corner is a reflection of the wider world around us. TG4 has not yet managed to ensure that every aspect of its service, from beginning to end, occurs through Irish. I do not think that it will ever achieve that, although Irish is the principal language of communication in the headquarters.

In terms of money, TG4 did not have enough in the beginning, it still does not have enough and it will never have enough. The media devour money. I think that TG4 will have to fight to protect the small amount it has at the moment, particularly in the context of its forthcoming independence from RTÉ.

The third point I would make is in relation to facilities. The development of Internet technology will be very important for television. The analogue era is about to end. Within five or six years, television will become digital. That will present huge challenges to us, but compromise will be required too. Soon TG4 will be independent. The demand for different types of *Súil Eile* will not decline and more innovation and creativity will be required. That will require the support of the wider community, the Irish-language community, the people of the Gaeltacht and academia. Looking back ten years, I believe that TG4 has much reason to be proud of what it has achieved.

TG4's Top Twenty Decisions 1996–2006

Pádhraic Ó Ciardha

This contribution delivered at the start of the seminar's deliberations in my capacity as a senior representative of TG4, is devoted principally to identifying and reflecting on the twenty key decisions taken by the channel's management which have shaped and moulded the service to date. In making my selection, I confine myself to those decisions that were taken by the channel's management – I do not refer to any matters that had been decided by Government or other external agencies. I emphasise the fact that television channels are in a constant state of change and development and that this should be borne in mind at all times. TG4 is, and must be seen as, a work in progress.

The top twenty decisions that shaped the TnaG/TG4 service between 1996 and 2006 were the decisions to:

1. broadcast throughout the day, despite a lack of funding: available funding was for the provision of a two-hour-a-day service;
2. locate the news service in the channel's headquarters;
3. include *Cúla4* and *Hiúdaí,* a daily interactive programme service that connects with children and young people;
4. broadcast *Ros na Rún,* the twice-weekly soap opera that has been in the channel's schedule since the outset;
5. make sport an important programme strand from the beginning: first, with classic games from the GAA archive, and subsequently with the highly popular live weekend coverage of Gaelic games;
6. feature traditional music recorded in the heartland with grace and a lack of fuss;
7. show quirky and fearless factual programmes, both new original

material from Ireland and acquired strands from abroad, reversioned into Irish;

8. showcase new talent and not depend on well established television presenters;

9. maintain a website which facilitates a world-wide audience, webcasting etc. and features award-winning design;

10. give air-time to the best independent producers from both Gaeltacht and non-Gaeltacht areas;

11. rebrand as TG4 in 1999;

12. unbundle the Irish-language block of peak-time programmes;

13. provide on-screen English subtitles on all pre-recorded programmes for the adult audience;

14. generate a commercial revenue stream from advertising and sponsorship;

15. be independent. From the outset, there was an understanding and acceptance by all that TG4 would become a separate statutory entity;

16. become a sponsor of a very few and select projects: Schools' Video Competition, Traditional Music Awards and Ladies' Football;

17. listen to feedback and provide a prompt and personal response to all comments and contacts with the audience, elected representatives, media commentators and complainants;

18. forge an early and close link with the audience in Northern Ireland;

19. be innovative by pioneering new technologies and IT solutions, and using cutting-edge graphics, clever advertising and branding;

20. adopt *Súil Eile* as a clever, simple, all-encompassing motto with a long shelf life (and resolving to stick to the motto and the approach it encapsulates).

Towards the end of the chapter there are some thoughts on the future of television in Ireland, given the exponential increase in the availability of channels from outside the State. I express concern at the impact of technological developments on mainstream television channels. The pattern and culture of viewing television content will shift radically away from the traditional shared family or household viewing of a defined schedule of programmes in real time, to a non-linear, individual pattern of viewing content at a time to suit the viewer, podcasting etc.

Finally, I conclude my contribution by showing short clips from three TG4 programmes that illustrate the *Súil Eile* approach (i.e. the alternative perspective) on which the channel has based its programme-making policy. The three clips were (i) a news report from West Kerry on the end of an era for that locality's salmon fishermen as drift-net fishing was made illegal by order of the Government; (ii) an excerpt from a loving and unhurried documentary that chronicles the friendship and nostalgia of two old boatmen and currach-rowing champions as they sail around their old haunts and remember the golden era of the traditional sailing craft and their day in the sun as All-Ireland champion rowers, and (iii) a scene from the soap opera *Ros na Rún* as an example of how the modern medium of television can bring the innate genius of the Irish language to a wider audience with art, wit and superb acting.

Realising a Dream – Reminiscences and Thoughts of a TV Campaigner

Íte Ní Chionnaith

The establishment of an Irish-language television station, TnaG, was the realisation of a dream for which members of the Irish-language movement had campaigned for some twenty years. The feeling of palpable excitement, joy and awe on the opening night in the Connemara Coast Hotel, on the 31ˢᵗ October 1996, is one that I, as one of those campaigners, will never forget. It was an achievement that many people, even many Irish speakers and Irish-language organisations, thought could never be realised. In my account, I concentrate on some of the historical and personal aspects of this campaign, comment briefly on the huge success of TnaG/TG4 and raise some issues relating to TG4 policy.

We realised that night that the establishment of TnaG would change the Irish-language landscape forever. It would enhance and enliven the image of the language and the Irish-speaking community in the Gaeltacht and throughout the country. It would change the nature of broadcasting in Ireland. It was the beginning of a new era of hope, confidence and creativity. It was a recognition of the right of Irish speakers to a television service in their own language and an opportunity to develop a contemporary television culture that had so long been denied.

The date of the 4th January 1977 will also remain indelibly in my mind. On that morning, I was arrested and taken to Mountjoy Jail for not having a TV licence. I had been fined £25 or sentenced to seven days in prison as part of a civil disobedience campaign. In a letter sent in 1975 to the Department of Posts and Telegraphs (who were responsible for collecting TV licence fees at the time), I made it clear that I was unhappy with the lack of Irish-language TV programmes and that I believed an

Irish-language TV service should be established that would broadcast a full range of programmes in Irish, catering for all interests and ages.

I was not the first person to take such a stand. Alan Heussaff was the first person charged and prosecuted for refusing to buy a TV licence due to the lack of programmes in Irish on RTÉ. I was the first person to be imprisoned and I spent seven days in Mountjoy Women's Prison. In all, fifteen people were jailed as part of this campaign: myself, Íte Ní Chionnaith, seven days 1977; Flann Ó Riain, two days 1977; Uinseann Mac Eoin, seven days 1978; Éamon Ó Mathúna, fourteen days 1978; Micheál Ó Loingsigh, two days 1979; Cáit Uí Chadhain, four days 1983; Cairbre Ó Ciardha, four days 1985; Pádraig Mac Fhearghusa, two days 1985; Brian Ó Baoill, six days 1985; Niall Ó Murchadha, five days 1986; Bríd Uí Iarlaithe, two days 1986; Margaret Langsdorf, two days 1986; Donnchadh Ó Duinn, seven days 1987 and one day 1993; Seán Mac Stiofáin, two days 1989 and Ciarán Ó Feinneadha, two days 1992. Many others were charged and convicted but not jailed.

One person who took a particularly courageous stand was Cáit Uí Chadhain who, apart from being prosecuted on nine separate occasions, also took an appeal, with the assistance of Conradh na Gaeilge, against one of her convictions. Her argument was that she was not obliged to pay for a TV licence as the RTÉ Authority was not providing her or her family with a proper TV service in Irish as they were required to do. Her initial appeal received sympathy in the Circuit Court in 1980 from Judge Gleeson, who then sent her case for deliberation to the Supreme Court. Although the case was eventually lost in 1982, and it was ruled that Cáit Uí Chadhain was legally obliged to have a TV licence, it raised many fundamental legal issues relating to the rights of Irish speakers and the obligations of RTÉ.

TnaG was hard fought for and was finally achieved after twenty years of continuous campaigning by Conradh na Gaeilge, Freagra, Meitheal Oibre Theilifís na Gaeltachta, an Feachtas Náisiúnta Teilifíse, Údarás na Gaeltachta and many others. Conradh na Gaeilge was the first organisation to put forward the demand for the establishment of an Irish-language TV station/channel, long before any other Irish-language or Gaeltacht organisation supported the demand. Many, even in the Irish language-movement, thought that it was a totally unattainable, unrealistic proposal. But it was achieved after years of many forms of agitation, including meetings, protests, petitions, jailings, court cases, pickets, sit-ins and even the climbing of the RTÉ mast (a dangerous and courageous step undertaken by Ciarán Ó Feinneadha) and the establishment of an illegal TV station in Ros Muc in 1987.

The politician who, undoubtedly, deserves most credit in relation to the establishment of TnaG is Michael D. Higgins. The Labour Party Minister for Arts, Culture and the Gaeltacht, with responsibility for broadcasting was, as the *cliché* goes, the right person, in the right place, at the right time. But more than that, he understood the importance of TnaG in the context of civil rights for Irish speakers and in the sociolinguistic and sociological domain, and he had the steadfastness to withstand the attacks of a small but vociferous opposition.

There were certain newspapers and journalists who ran a concerted campaign against the establishment of TnaG and the financing of the station as well as making personal attacks on the minister himself. The Independent Group of newspapers and particularly the *Sunday Independent*, was to the fore with regular columns and articles by Colum Kenny, in particular. He questioned the cost, viability and necessity of such a station and alleged that the English-speaking TV-licence payer would suffer from the expenditure by RTÉ on TnaG. Myles McWeeney (*Irish Independent*) suggested TnaG would be an 'economic black hole' and a 'white elephant'. The only article I can recollect being published by the Independent during that period in favour of TnaG was an excellent one written by Matt Cooper in 1996, very shortly before he left that paper. In the *Sunday Tribune*, Diarmuid Doyle described the project as 'a gravy train' which would be 'wasting millions of pounds of taxpayers' money'. Kevin Myers in 'An Irishman's Diary' in the *Irish Times* was probably the most bitter and sneering opponent. He regularly attacked the whole concept, labelling TnaG 'Teilifís de Lorean', alleging that Irish was dead and that no more money should be 'squandered' on it. On the whole, however, the *Irish Times*, particularly in the excellent incisive articles by Uinsionn Mac Dubhghaill, was the most supportive newspaper.

There is no doubt but that TnaG/TG4 has been a fantastic success. It broadcasts, on average, six hours of very high-quality programmes in Irish per day. The rest of the programmes are mostly in English, however, and this is a contentious issue. Personally, I believe that there are far too many programmes in English and I sometimes worry at TG4 boasting of some of their 'international series' being part of the 'service' they supply. Is this the 'service' for which TnaG or TG4 was established? I reluctantly accept that some programming in English is necessary to fill the schedule but does TG4 need to be broadcasting twenty-four hours a day? Should TG4 be spending money, be it the taxpayers' money or advertising revenue, on English-language programmes?

This would be totally unacceptable on S4C in Wales. I recognise, however, that the two situations are very different in many respects. Firstly S4C gets all its English-language programming free of charge from Channel 4. There is also a huge difference in the financing of both stations. TG4 gets a government grant of € 28m, advertising revenue of approximately € 4m and 365 hours of programmes free of charge from RTÉ every year. S4C, on the other hand, gets a government grant of € 135m, € 13m in advertising revenue and 550 hours free of charge from the BBC. Obviously the fact that TG4 is trying to run such a broad service on such a tight budget is the main reason that it cannot broadcast more programmes in Irish. I would not like to think, however, that TG4 is using the English-language programming to draw a larger audience, to the detriment of those looking for an Irish-language service. The audience figures are used too often, even by TG4 itself, as the yardstick for the success of the station.

The onscreen subtitling of all Irish-language pre-recorded programmes into English is giving priority to the English-speaking audience. These subtitles should be available using Teletext and Irish speakers should be able to watch Irish-language programmes without the subtitles, or even with Irish-language subtitles, if they so wish. Despite the number of programmes in English, however, we can be proud of six hours of programmes (and sometimes more) in Irish per day. Such a service was almost unimaginable ten or fifteen years ago. It is more than RTÉ ever broadcast *per week* at their peak of Irish-language programmes. It is of utmost importance, however, to conserve and develop the identity of TG4 as an Irish-language station.

While raising certain issues, I would not like these views to be seen as negative. TG4 has changed our lives. It has given us a wide range of excellent programming and it has provided us with entertainment, information and analysis in our own language – *Súil Eile*. It has fostered creativity, not only in the Irish-language TV industry, but in the media in Ireland in general. It has given the younger generation, in particular, a positive, progressive, sexy image of the Irish language and Irish speakers. TG4 has given us the best of documentaries, children's programmes, news and current affairs, sports, comedy, soaps, music, travel, fashion, etc. The list is endless. It has also provided highly regarded employment for Irish speakers, in Irish, in the burgeoning independent TV companies in the Gaeltacht and throughout the country. TG4 is *our* station and we are proud of it.

Voicing the Future: The Language of TG4's Children's Programmes

Pádraig Ó Mianáin

Since the advent of Teilifís na Gaeilge/TG4, the Irish language has undergone a significant image makeover; it has largely shed the image of outdated greyness inextricably linked with the deepest of rural Ireland in the worst of times, and is now generally viewed as a colourful and vibrant language that sits comfortably with the modern world. The higher profile and cachet of the language is also a boost to the morale of the Irish-speaking community itself, and, indeed, the highest compliment we can give to TG4 is that, like its older cousin, Raidió na Gaeltachta, it is hard to imagine what life was like before it appeared on our screens.

The standard of Irish in TG4's programmes for young children is an issue of personal interest, as my wife and I are raising our children, the eldest of whom is four, through Irish in the deep Galltacht of Portstewart, in the north east of Northern Ireland. Our experience is that TG4 is an invaluable asset, not only in bringing the contemporary culture of their peers to our children in their own language but also in developing their linguistic ability by introducing them to a wide range of vocabulary and language particularly pertinent to their world. The provision of popular cartoons and similar programmes in Irish gives Irish-speaking children a sense of belonging to the wider culture, and they can take ownership of characters such as *Dora the Explorer*, *Clifford* and *SuperTed*, just like their non-Irish-speaking peers, rather than feeling alienated from the 'mainstream' culture around them.

I looked at a random programme from 20 different series broadcast by TG4 on *Cúla4*: eighteen cartoon series and two other programmes, *Elmo Anseo* and *Na Hoobs*. This brief survey raises some interesting issues in relation to the balance of dialects, the standard of Irish, and other issues of significance in early language formation, particularly as a large proportion of those watching do not live in a traditional Gaeltacht environment. Of the twenty series sampled, twelve were predominantly in Connacht Irish, three in Ulster Irish and two had an even mix of dialects; in the remaining three series, the level of language was so poor that they did not merit inclusion within any of the traditional dialects. This would indicate that Connemara Irish is being particularly well served, whereas Ulster Irish has some presence and Munster practically none. The issue of non-traditional dialects is a delicate one, and the question of who actually owns the language is becoming increasingly pertinent a Gaeltacht Irish-speakers become an ever smaller percentage of the overall Irish-speaking community.

In general, the standard of Irish in TG4's children's programmes is good, particularly where fluent native speakers provide the revoicing in their own dialect. On the other hand, it is not uncommon to find incorrect grammar and syntax, flawed pronunciation and literal translation from English or even English words used although Irish equivalents exist. Whatever about the particular circumstances of the Irish language, these defects would never be tolerated in similar English programmes. Ideally, there should be equal provision in all three dialects, and careful consideration should be given to the mixing of dialects in programmes for young children. While their Irish can be enriched with words and phrases from different dialects, only those children who have a firm foundation in a given dialect can truly benefit; otherwise, there is a danger of, at best, a mixed dialect (which, admittedly, many might find perfectly acceptable and even normal) or, at worst, confusion over basic elements of grammar, syntax and pronunciation. If the quality of spoken Irish is to be gauged by how closely it mirrors a traditional dialect rather than a 'synthetic' dialect, then careful consideration must be given to the implications of mixing the main dialects, for instance, where speakers of one dialect are obviously reading a script written in another dialect. It is the norm, when supplying educational resources in Irish for children of this age, to supply versions in all three dialects so as to consolidate the child's ability in a given dialect and to minimise confusion at such a delicate stage of their language formation. Notwithstanding the difficulty of finding common ground between the main dialects and standard Irish, it is a worrying indicator of the absence of editorial policy and/or quality control that a number of series contain such distorted Irish that they might be considered downright detrimental to young children's Irish.

While it should be restated that much of the Irish in TG4's children's programming is of good quality, a language policy or some element of quality control in the commissioning or production process – even something as simple as the appointment of a language editor – would enable TG4 to fulfil its potential as a standard-setting influence in the early language development phase. This would be of great benefit to the language and to parents and educators, as models of best linguistic practice are few. It would surely not require a great deal of extra effort from TG4 to strive for the same high standards in the language as they obviously demand in all other aspects of production in their children's programmes.

TG4: 'The Melodious Monster'?

Máirín Nic Eoin

P oet Michael Davitt, in a poem composed in Irish to mark the
launch of Teilifís na Gaeilge in 1996, referred to the station as 'An
tArrachtach Binn', i.e. the melodious monster. The poem reflects
an anxiety about television as a medium which is echoed in the work
of several Irish-language writers, including writers such as Antaine Ó
Flatharta, Pádraig Standún and Liam Mac Cóil, who have themselves
been directly involved in scriptwriting for television. Underlying this
anxiety is a lack of confidence that a television station in a minoritised
language like Irish can offer a truly alternative view of the world. When
the Irish-language station, TnaG, was established, it promised a different
viewpoint - *Súil Eile*, as the catchphrase indicated. The content and style
of the station's programmes, however, would indicate that what was
being offered was less a new way of looking at the world than a different
way of looking at Irish-language life and Irish-language culture.

When one examines the range of programmes broadcast by TG4
over the last ten years, one can discern a tension between the station's
desire to offer an alternative kind of Irish-language programme and the
pressure to offer audiences the kind of television content with which
they were familiar. The programme schedule itself mirrors the challenges
faced by speakers of Irish. Investing in Irish-language versions of well-
established television programme formats would indicate that TG4's
chief cultural role may be that of altering the image of the minority
language as a weak and old-fashioned medium through successfully
mimicking the most powerful and up-to-date forms of majority-
language television. Such a strategy is not without its difficulties, as critic
Robert Dunbar noted in an essay on Gaelic broadcasting in Scotland:
'any attempt to use minority-language broadcasting to make the

minority language "sexy" or "cool" must be treated with a considerable amount of care, because such concepts are generally defined by and through the majority language mass culture, especially where teenagers and young adults are concerned' (2003: 77). On the other hand, programmes which present content more traditionally associated with the Irish language may be concerned as much with the prestige attached to the televisual image as with the actual content itself.

I wish to argue that TG4's most successful programmes have been those which have successfully harnessed the strengths and talents of Gaeltacht communities, and those which use the Irish language in a wider intercultural context. Programmes such as the soap *Ros na Rún* where several generations of Irish-speaking actors and scriptwriters collaborate to produce a plausible and engaging television drama, have demonstrated the power of television to channel the creative energies of a weakened language community in an exciting and challenging manner. Television drama has had an influence on the development of conventional Irish-language theatre over the last ten years, but, as Niall Mac Eachmharcaigh indicated during the seminar, more efficient support strategies are needed if Gaeltacht communities outside the station's core hinterland in Galway are to benefit from the successes to date. One could argue that TG4 is at its best when it is on the road, whether it is with Hector Ó hEochagáin in Asia or South America, with mountaineer and adventurer Dermot Somers in Nepal or the Sahara desert, with chef Éamonn Ó Catháin in Budapest or West Cork, or with fashion connoisseur Aoife Ní Thuairisg in the boutiques of Irish towns and cities. Programmes such as *Amú le Hector* and *Bia agus Bóthar* use the language in contexts of cultural voyage and cultural encounter, while even a fashion programme like *Paisean Faisean* is enlivened by the fact that the participants are often second-language speakers for whom the programme is a linguistic adventure as much as anything else.

TG4 has achieved much over the last ten years. Yet certain issues should be taken into account in planning for the future. Important cultural choices have to be made when the resources available are never sufficient to fully realise the station's central ambition of functioning as a *Súil Eile*. One of these is the diverse nature of the viewing public. While TG4's English-language subtitling policy has quite rightly opened up the station's programmes to non-Irish speakers, practice in this area could be more sensitive to the diverse linguistic needs of viewers.

Optional subtitles, and the choice between majority-language and minority-language captions – as practiced by the Welsh-language station S4C – would mean that the station was valorising its core target audience, while at the same time offering greater linguistic choice to second-language viewers. TG4 also needs to address the issue of language learners and to develop programming strategies to cater for their needs. As Muiris Ó Laoire has remarked: 'If the language policy objectives of fostering bilingual proficiency are to be taken seriously, future broadcast media policies will have to support and encourage the ongoing efforts of educators, students and especially parents, of the Gaelscoileanna movement to align with the objectives of shifting language policy' (2000: 153).

The role of English-language programmes on the station's schedule has been a controversial one, particularly in regard to children's programmes and films. Again a greater diversity of approach is to be recommended, including Irish-language subtitles for parents. The issue of broadcasting films from the non-Anglophone world, instead of the predominantly American fare currently on offer, needs to be given serious consideration. While the bottom line here at present may well be viewing figures, it will be important for TG4 to develop its image as an alternative to the other Irish television stations and the possibilities of developing a multilingual strand within the service – building on the success of some of the travel series – should not be discouraged.

TG4 is still a young and energetic organisation. Far from being a melodious monster, it has developed into a stylish hybrid, with many of its best programmes reflecting a changing Ireland where the Irish language is seen to occupy a dynamic creative space. If given the resources necessary to build on its strengths, it will establish an impressive niche for Irish-language broadcasting in the digital age.

TG4, the Irish Language and Irish-Language Speech Communities: a Variationist Perspective

Siobhán Ní Laoire

'What is the effect of TG4 on Irish?' This is but one of the interesting and complex questions raised by the organisers of this seminar. Is there an effect and how might it be assessed? While there is little evidence of a direct causal, measurable link between media and changes in language styles in a speech community, it is nevertheless true that all elements of the media form part of the linguistic mix that is a speech community and can be accepted as reflecting current language use to some degree. It can also be argued that the media may influence the speed and spread of changes in language use through their role in picking up and reflecting changes in progress.

A model for the possible effects of broadcast media on language use in L1★ (or equivalent competence) Irish-language speech communities already exists since the foundation of RTÉ Raidió na Gaeltachta (RnaG) in 1972. The potential effects on language style and usage can be seen in the areas of increased mutual intelligibility between regional dialects, increased and developed capacity for style shift towards levelled and standardised varieties, and an increase and development in use of specialised registers and specialist vocabulary. Should we assume that the spheres of influence of TG4 will be comparable?

In order to assess TG4's possible influence on its audience's (and participants') language style and/or use it is necessary to specify that audience's constituent elements. Whereas RnaG's audiences and programme makers can be characterized in language competence and use terms as almost universally L1 or equivalent (with a smattering of what Bell (2001 and elsewhere) has termed 'eavesdroppers'), TG4 audiences and programme makers comprise multiple and diverse speech communities in language competence and use terms. Possible and potential effects and influences in the reflection/ refraction process will vary accordingly.

TG4's audience and production community comprise two distinct elements: L1 (or equivalent competence) speech communities and L2 speech communities. The L2* speech community's constituent sub-communities in language competence terms can be described using the Common European Framework of Reference for Languages (CEFR). The model identifies three levels of language competence with further subdivisions: Basic User (A1, A2); Independent User (B1, B2) and Proficient User (C1, C2). A significant part of the Irish L2 speech community plateaus anywhere between B1 and C1. This speech community nevertheless forms a community of practice and functions as a social network. Similarly, social networks formed by L2 speakers, who have reached C2 and close to C1 levels in competence terms but who reference their stylistic performance in terms of their own L2 social network rather than using L1 as a model of performance, also form a significant and highly visible element of the L2 speech community.

Using a sociolinguistic variationist model of linguistic variation as social practice, we can predict social interaction in linguistic terms with reference to either a complete or attenuated range of available stylistic options depending on the speech community affiliation of participants to the speech event. Reviewing a random sample of TG4's Irish-language schedule in this way we can distinguish the following categories and describe or predict likely interactional outcomes in terms of stylistic performance:

- L1 (or equivalent competence) only or L1 dominant
  Likely outcome in stylistic and interactional terms: Complete range of L1 stylistic repertoire potentially available.

- L1 (or equivalent competence) as backbone
  Likely outcome in stylistic interactional terms: Complete range of L1 stylistic repertoire potentially available but some reduction and levelling of stylistic options is likely in practice depending on the balance between L1 and L2 speakers in the speech event. Adjusting and accommodational moves will almost always occur in the direction L1 to L2 given L2's tendency towards monostylism and limited capacity for stylistic adjustment or manipulation.

- L2 only (or dominant) and L1 and L2 with equal visibility
  Likely outcome in stylistic interactional terms: Limited availability of L1 stylistic repertoire and reduced adjusting and accommodational capacity within that repertoire. However, a separate set of stylistic variables which refer to L2 speaker networks and communities of practice only, may also be available in some contexts.

By taking a variationist perspective on language use on TG4 and viewing L2 as a distinct social dialect rather than focusing on the formal distinctions between L1 and L2, it is also possible to identify a spectrum of possible influences across both varieties:

The positive status effect of the flagship role of L1 in prestige scheduling functions as well as its highly visible framing function in continuity and narrator/facilitating/chairing roles.

Similarly, while regional L1 dialects have reduced visibility on TG4 when compared with RnaG, they nevertheless occupy the prestige variety position and are still clearly the base variety from which L1 specialised registers and styles are generated and develop.

The new linguistic dynamic created by interaction between L1 and L2 and the possibilities for an increase in mutual intelligibility between L1 and L2 (distinct from the frequently observed sociolinguistic norm of use of English as *lingua franca* in social interaction between these groups).

Perhaps the most significant effect of TG4's existence is the creation of a unique public context for L2 which did not previously exist. While functional distribution of L2 is largely confined to lighter, entertainment sections of the schedule, is it nevertheless highly visible and in speaker network terms can be taken to validate, legitimise and reinforce existing L2 speech communities with potential for creating new fora for language performance and expansion of stylistic repertoires.

Since it is possible to associate language competence levels with characteristic performance styles and thus predict and describe likely outcomes according to the relative balance of communities of practice in any one speech event, it may be useful to invoke a neutral evaluative framework such as this when monitoring the distribution of the two major language varieties across the schedule. Returning to the seminar's list of questions: the fundamental reason for celebrating ten years of

TG4 lies in its very existence as a legitimate component of the cultural and linguistic landscape that forms and informs creative, cultural and linguistic practice now and will continue to do so in the future.

* L1 = First language/ native speaker; L2 = Second language/ learner

Linguistic Landscape and the Performance of Language on TG4

Tadhg Ó hIfearnáin

The *linguistic landscape* functions as an informational and symbolic marker of the relative power and status of languages spoken in a territory. It is a term that was introduced by Landry and Bourhis (1997) and has rapidly become one of the important areas of research within the language-policy paradigm of sociolinguistics. TG4 is part of Ireland's linguistic landscape but also creates a linguistic landscape of its own, on screen, within the ambiguous diglossic context of the Irish speech community. It reflects the status-power relationship of English and Irish but not simply in a passive way. It is a participant, generator and legitimiser of linguistic norms. In sociolinguistic terms, all behaviour can be understood as a performance in which speakers embody or create a particular social situation, or indeed create a particular version of themselves through their use of language. Irish speakers create these social situations and persona both by the act of language choice and by the style and variety of Irish they choose to use, within the parameters of their linguistic repertoire. Setting up an Irish television service constituted the conscious creation of a new arena for such performances. Early campaigners wanted a station in which they would see programming based on their own language and values, but the medium has been an engine for remoulding the self-image of Irish speakers of all competences and the way that they portray themselves and are portrayed by others. Broadcasters have thus expanded the linguistic contexts in which Irish speakers create their collective public persona, challenging prescriptive expectations of linguistic correctness by legitimising the appropriateness of informal and mixed language in specific and, in some cases, unspecific contexts.

Communicative competence, an area developed first by Dell Hymes in contrast to Noam Chomsky's idealised speaker-listener, refers not to linguistic knowledge alone but to what speakers need to know to be able to use language appropriately. It is suggested here that broadcasters as well as individuals have certain linguistic competences, but in the case of TG4 this needs to be planned in a more structural way, due to the nature of Irish and the kinds of language used within the bilingual speech community.

The chapter starts by placing the first ten years of TG4 within the context of the Irish speech community. It argues that the potential audience for TG4 programming in Irish is fragmented, ranging from very fluent speakers who are able to use and understand Irish in a wide range of dialects, registers and styles through to a very large number of people whose only knowledge of Irish is that obtained through schooling. This second group is by far the largest potential audience as nearly all those resident in the state during their school years came to acquire their Irish in that way. TG4, which aims according to its own mission statement to 'serve the Irish language audience across all age groups and language ability' (TG4, 2007), is thus faced with a particularly acute dilemma. The author believes that much of TG4's programming has been compartmentalised with different target audience groups in mind, with few programmes that are likely to appeal to people from the two ends of the spectrum of linguistic ability. Those programmes that actually do so tend to be particularly visual ones such as sporting events. There are some exceptions where the language ability seems to have been set very much to the learner end of the scale, but where the quality of the production and the nature of the presenters have led to a wider viewership among those who would otherwise not be attracted to such programmes for linguistic reasons.

Ultimately, however, my central question is to what degree TG4 is a television station for Irish speakers, however we may define such a group, or a television station which uses Irish in the same way that much of the Irish population do. One can situate TG4 as a phenomenon within the context of the language policy paradigm as elucidated by Spolsky (2004), expanded by Shohamy (2006) and shown to be in keeping with the major schools of language policy study over the last century in continental Europe (Ó hIfearnáin, 2006). This paradigm sees language policy, or language politics, rather than abstract language planning, as central to the question, particularly for a minorised language.

It is by means of the policy that beliefs about language in the population and the practice of languages by the population can be managed so that those beliefs and practices which enhance the policy objectives are strengthened, and those which do not are changed. TG4, like all Irish-language broadcast media in the state sector, reflects the actual conjuncture of Irish-language policy when it first came on air (Ó hIfearnáin, 2000). The existence of TG4 and its cost to state finances is not observed to be controversial among the majority of Irish people. However, it is also clear from its schedule that TG4, to a great extent, reflects the general attitudes towards Irish of the whole population, and a large amount of its programming tries to aim at the general audience whose Irish may not be very fluent. There are good reasons for the station to do this from a commercial point of view and its need to build its market share. It clearly also sees this as one of its roles. The language beliefs and practices of the majority of the population, and so of the government and institutions of state, undoubtedly also see this as central to its function. While accepting arguments that television stations do not have an obvious impact on the reversal of language shift (Cormack, 2007), the point is made that television can influence the way that people think about and use language. The broadcast media are one of the few fora where the majority of the population comes into contact with Irish after leaving school.

In conclusion, it is argued that TG4 should not simply reflect in its schedule the wide range of language abilities of its potential audience, but should take conscious decisions on language-development issues. In the long run, those whose knowledge of Irish is weak will probably welcome such maturity in the offer. To do this, TG4 needs to undertake research about the different language categories of its viewership in order to develop its own language plan.

TG4: A Broadcasting Service or a Language-Planning Service?

Seosamh Mac Donnacha

One of the key strategic issues to be decided by broadcasting organisations which broadcast through the medium of a minority language is whether they are primarily 'a broadcasting service' or 'a language-planning service'. This issue has not received any serious attention to date within Irish-language broadcasting circles, and most of the strategic discourse on Irish-language broadcasting has been primarily concerned with the role of Irish-language broadcasters *vis-à-vis* their English-language competitors, with very little discussion of their role as organisations whose primary *raison d'être* is a language-planning one. What little discussion has taken place on the issue has tended to confuse the much narrower concept of 'a language service' with the broader concept of 'a language-planning service', with both national Irish-language broadcasters TG4 and Raidió na Gaeltachta being resistant to any suggestion that they are 'a language service'.

This chapter discusses the role that broadcasting organisations can play as part of a language-planning intervention in support of a minority language. It is argued that the primary role of a broadcasting service broadcasting through the medium of a minority language is to become the broadcast voice of the minority-language community. In other words, its role is to fulfil a similar function in relation to the community of minority-language speakers, as English-language broadcasting organisations (for example) fulfil in relation to the community of English speakers of which they are part.

Thus it is envisaged that a minority-language television service should fulfil many of the traditional roles of public-service broadcasting services, which include analysis, critique and dissemination of information on the role, policies and effectiveness of other organisations which serve, regulate and administer other aspects of the community's life – for example, those organisations charged with responsibility for providing education services, health services, economic development and spatial planning. It is noted that TG4 was established initially as part of the Irish Government's broader strategy for supporting and promoting the Irish language. Thus TG4's primary role should be to function as the broadcast service of the Irish-speaking community and it is within these terms that the value of TG4 as a public-service broadcasting organisation, funded by the state as part of the Government's broader language-planning strategy, should be assessed.

If TG4 is to become the broadcast voice of the Irish-language community and if the service is to fulfil its dual role as a language-planning service and a broadcasting service, we need a much broader and complex vision of TG4 than the vision of the service as merely a broadcaster of Irish-language television programmes. We need to envisage TG4 as an organisation that belongs to the community. We need to envisage TG4 as an organisation that exists to entertain, to educate and to inform the community in their own language; that exists to provide a broadcasting forum in which community organisations, public representatives, journalists, experts of various kinds and ordinary people can present their views and opinions concerning various aspects of the life of the community for debate and discussion; that exists to provide a broadcasting forum in which the community's artists – actors, writers, musicians, dancers and programme makers – can present their art to be critiqued and celebrated; that exists to provide a broadcasting forum which allows the Irish-speaking community's voice to be heard within a frame of reference of their own choosing.

Súil(e) Eile: Hindrance or Help?

Anna Ní Ghallachair

The main issues under discussion here are TG4's cause for celebration, the social and cultural challenges in the Ireland of 2006 and the question of Irish. The principal cause for celebration is that the station is still in existence after ten years, despite an inadequate budget, a largely indifferent government, and hostility towards the language on the part of a fairly powerful minority, a minority which is particularly vocal in the English-language media. The station has survived in an environment of exponential growth in the number of television stations broadcast, via satellite, into Irish homes on a daily basis.

A further cause for celebration is the fact that the station has identified and cultivated a number of niche audiences with an interest in programmes such as documentaries, sports programmes, etc. The quality of these programmes is widely acknowledged to be very high. The station has also succeeded in creating a new, more positive image for the language, in particular among people with little or no knowledge of Irish. This is an important constituency.

It goes without saying that every television station exerts an influence on the language of its viewers. Therefore, the first duty of TG4 must be to broadcast programmes of the highest quality, which cater to the needs of all the citizens of the country, in acceptable, accurate Irish. Leaving aside issues of register, programmes in broken English would not be acceptable from an English-language channel. Undoubtedly, the standard of Irish on TG4 has improved greatly over the past number of years and the expectation is that, as our educational system continues to produce graduates trained for work in the Irish-language media, standards will continue to improve. A further role in the area of language maintenance, and in the interests of greater inclusivity, should be the provision of an Irish-language course on the station.

Ireland has changed, almost beyond recognition, in the ten years since TG4 first began broadcasting. In addition to the highest economic growth rate since the foundation of the state, the linguistic make-up of Irish society has been transformed. According to statistics obtained from a number of embassies in Ireland, there are approximately 700,000 people residing in the country whose first language is not English. Other research has shown that around 200 languages are used here every day. While many of our new Irish have access to television in their own languages via satellite, the Irish media, on the whole, pay them scant attention. Similarly, very little is done by the media to inform native Irish citizens about the cultures or background of so many of our new Irish. It would, therefore, seem reasonable if TG4 were to extend its scope, *Súil Eile* (another eye or viewpoint), by broadcasting television from some of these countries instead of American television, which is already available on the other channels, both Irish and British. In a country with many different ethnic groups, part of the remit of a state-sponsored television channel should be participation in nation building. One television station which could serve as a model is ARTE, the Franco-German channel, which works in co-operation with public channels in Belgium, Switzerland, Spain, Poland, Austria, the Netherlands, Finland and Sweden and whose mission is 'to facilitate understanding and a closer relationship among the peoples of Europe' (*favoriser la compréhension et le rapprochement des peuples d'Europe*). I do not believe that any public-service broadcaster should be allowed to ignore a substantial percentage of the population and indeed those who wish to learn more about these communities. A further, ancillary, but desirable, effect of such an approach would be to extend the world of our citizens beyond that of English and Irish speakers. Such a move could not, of course, involve a diminution of Irish-language content. The station must continue to increase its output of Irish-language programmes and aspire to improving their quality.

There is greater freedom on the margins. TG4 has an opportunity to do things differently, but not without sufficient funding. Irish-language programmes should be increased both in number and in kind. There are substantial linguistic minorities in the country who are being ignored by the Irish media. TG4, while ensuring that it remains primarily an Irish-language broadcaster, should look beyond Ireland for models of multilingual television which would allow it to fulfil its cultural and social obligations by acknowledging and catering to the needs of the multilingual, multicultural society that is the Ireland of 2007. Such changes should not be perceived as imposing constraints but rather as offering new possibilities for the station and for Irish society, taking us towards Berlin, instead of Boston.

Radical Today or Redundant Tomorrow? A Strategic Choice for TG4

Uinsionn Mac Dubhghaill

Parallel discussions about the role of English-language programm-
ing and audience figures have been a feature of debates about
TG4 (formerly TnaG) since its inception. One result of what
the former chairman of RTE, Farrel Corcoran, described as a 'hostile
ideological environment' (Corcoran, 1998) was an obsessive emphasis
on audience figures, as if they were the only legitimate yardstick of its
worth. It was no surprise, therefore, when TnaG's average national
audience share stayed below one per cent for the first two years that the
station's management moved to 'deblock' the initial schedule by mixing
English and Irish-language programmes, rebranding the station as TG4
in the process. The strategy was successful in that audience figures almost
doubled in the three months between November 1999 and January 2000
and continued a steady rise thereafter (Esslemont, 2002). Nevertheless,
the debate about the amount and position of English-language
programming on TG4 has continued. RTÉ, in a report to the Minister
for Communications, Marine and Natural Resources, Noel Dempsey,
said that '...TG4's reliance on English-language acquisition had become
disproportionate, was not in keeping with its core purpose, and was open
to serious challenge at the European Commission...' (RTÉ, 2005).

According to Ó hIfearnáin (2000: 105), the tension between cultural
aims and market needs, evident in the case of RTÉ, is even more acute
in respect of TG4. It seems that TG4, in part due to the historical and
sociolinguistic context in which it was established, has succumbed to
what may be described as the 'tyranny of the audience figures' rather
than seeking to establish and reaffirm its legitimacy on other grounds. I
wish to suggest an alternative way of affirming its legitimacy based on a
radical repositioning of the station as Ireland's multicultural and

multilingual TV station – with *Súile Eile* ('Other Eyes') as its slogan in place of the current *Súil Eile* ('Another Eye').

This alternative strategy is based on both cultural grounds and pragmatic considerations. The discourse that shaped the campaign for an Irish-language television station was derived from an emerging understanding of minority cultural and linguistic rights, as well as the earlier revivalist ideology (Watson, 2003; Ó hIfearnáin, 2000). If it is true that Irish speakers enjoy certain cultural rights as a linguistic minority (quite apart from the historical and constitutional position of the language), then other linguistic minorities in the State are also entitled to certain cultural rights, and some provision needs to be made for the expression of those rights in the national public broadcasting sphere. The influx of immigrants from diverse linguistic and cultural backgrounds has been documented elsewhere (NCB, 2006) but the implications of these new realities for cultural and broadcasting policies has not yet been fully discussed.

From a purely pragmatic perspective, a 'strategic alliance' between the interests of the Irish-speaking community and other minority-language groups could provide a powerful argument for more substantial and secure funding for the station, a key issue for TG4 as it faces into the challenges of independence from RTÉ in an uncertain economic climate. Such a strategy could greatly enhance the State's efforts to promote social cohesion in the new minority-language communities and avoid social unrest in the future. It would have the additional advantage of ensuring the support of the liberal media for TG4 in the future – a kind of 'insurance policy' in case of an economic downturn. It would also help TG4 achieve what it terms 'national resonance' by looking at the national audience in a new way. Not only that, but it is also, quite simply, the right thing to do. If Irish speakers have rights as a linguistic minority, then so too have other linguistic minorities in Ireland. If we fail to recognise this, how long will it be before people within those communities start looking for those rights, and start making unfavourable comparisons between state support for TG4 and the lack of provision for their own cultural needs?

Possibly the most significant benefit of such a change is the opportunity it gives TG4 to escape from the 'tyranny of the audience figures' mentioned earlier. If TG4 succeeded in forging a new identity and legitimacy for itself as an engine of social cohesion, its present role as ratings chaser – desperately seeking to lift its audience figures by broadcasting and promoting populist programmes in English at peak times – would become obsolete. It would no longer need to broadcast as many programmes in English, or promote itself as an uneasy hybrid of US soaps and home-grown programming in Irish. No doubt it would pick up some audience share in the new linguistic communities, but the audience figures would no longer be the main yardstick by which its success was measured – even in the popular press. This would have a dramatic impact on TG4's image and presentation. Imagine if Irish, Polish, Estonian, Slovakian, Romanian, Bulgarian, French, Chinese and English-language drama were a feature of its schedule, instead of its present fare of US soaps and Irish-language programming? What kind of a message would it send out about us as a people, and about the place of Irish in the new multicultural society in which we live?

I am not proposing any dilution of the central role of Irish in the station. On the contrary, such a shift would strengthen the language within TG4 by reducing its *de facto* core reliance on programmes in English. At the moment, the station is trapped within a sterile debate about audience numbers, running in a race it can never win, and it will remain dependent on programmes in English while that situation continues. There are a number of precedents abroad for what I am proposing. In Australia, the Special Broadcasting Service (SBS) plays an important role in social cohesion, and achieves a high level of public support, by broadcasting radio and television programmes to that country's diverse population in over sixty languages. Other examples worth further study include ARTE in France and Channel M in Vancouver.

TG4@10: the Entrepreneurship Perspective

Emer Ní Bhrádaigh

Introduction

This contribution describes and discusses within an enterprise development context the independent production sector which provides programmes for TG4. The business, management and entrepreneurial challenges faced by the entrepreneurs who establish these companies are discussed. Possible reasons for success and failure, and recommendations for the future are suggested.

Entrepreneurship

Entrepreneurship is about recognising and seizing opportunities, taking risks, establishing new organisations, and growing and developing them. Creativity and innovation play central roles in any entrepreneurial undertaking. Entrepreneurship is not limited to the for-profit sector but also embraces social and public entrepreneurship, where the entre-preneurs have motives such as addressing cultural or socio-economic disadvantages. There are more opportunities in the market now due to increased wealth, and the risk and opportunity cost of leaving a stable job in order to establish an independent enterprise are reduced. People have more education, more confidence and more role models than before. Entrepreneurs see opportunities where others do not; they are optimistic, driven, energetic and flexible. They learn from mistakes and can start again after failure. They can marshal the necessary resources around them to compensate for their own limitations and to realise the strong vision they have.

AV media producers with a growth orientation are more likely to establish new ventures in conjunction with others, are more likely to register the new venture as a limited company, and will have specific objectives well developed in a comprehensive business plan. At the other end of the spectrum are those who choose to establish new ventures as a 'lifestyle' choice or who prefer to work completely independently for artistic, creative or personal reasons. The challenge facing policy makers is how to encourage a high rate of new foundings and a high growth rate from those foundings, and low failure rates. Policy makers and researchers recognise that fewer than 5% of new foundings will eventually create about 50% of jobs, and thus make efforts to identify and target those enterprises for specialist support. In any new industry there is always a high foundation rate at the beginning, as the market grows quickly, followed by a plateau in growth accompanied by a shakeout whereby the weaker enterprises exit the market either through closure, amalgamation with other enterprises or diversification into other markets.

While entrepreneurs are quick to point to external barriers to their growth, internal weaknesses in aspects such as management, marketing and financial management have been highlighted in numerous state published reports.

The Minority-Language Audiovisual Sector

The Peter Quinn Associates report into the TG4 independent production sector (2004) reported a number of problems, many of which are common across a variety of industries. Some of its recommendations are now being implemented, such as, increased funding for R&D, and encouraging smaller producers to create joint ventures and to seek other markets and customers rather than depend solely on TG4. Much can be learned from the experiences of S4C in Wales. Longer term contracts were given to a number of companies to allow them to build a base. Gradually, S4C changed from having a paternalistic relationship to encouraging the sector to be more independent. This was done by increasing the budgets on certain expenditure on conditions such as that the profit be spent on training, and that administrative and business practices be improved. Business innovation led to companies introducing more favourable profit-sharing contracts for their creative people (screenwriters etc.) in recognition of their contribution, and engaging in joint ventures with other producers.

The Producers

An analysis of the 317 producers with whom TG4 has worked is presented here. Producers are divided into three categories. Companies (*Cuideachtaí*) are limited entities registered with the Companies Registration Office, and usually have growth aspirations from the very beginning and good business acumen, or buy in those skills through employees or shareholders. Sole traders (*trádálaí aonair*) are registered as such. Freelancers (*saoroibrí*) also operate independently. In any creative industry, there is a need for a high turnover or 'churning' of small businesses and creative people so that fresh ideas are constantly developed. The policy challenge is to provide suitable support for individual creative people by linking them with large established organisations or fostering strategic collaboration. The high number of Gaeltacht-based producers is an achievement considering the population of the Gaeltacht. Analysis of the lifespans of the limited companies associated with TG4 shows a higher than average survival rate. More companies in the independent sector need to move to the upper right hand corner of Illustration 1 where they have developed to a position where they have an international market focus, substantial ownership of the rights, and have developed a strong, capable management team. Illustration 2 shows the three main capabilities required for successful growth: business skills are at the top, based on a solid foundation of creative and technical skills. The size of the circles illustrates the relative strength in that capability and the difference between the large and small producers is primarily in the size of the business circle. Large successful companies such as Nemeton and EO Teilifís are now providing comprehensive training courses, the former in conjunction with Waterford Institute of Technology, run entirely through the medium of Irish.

The Future

While difficult for those adversely affected, the shakeout and restructuring of the early 2000s was a common phenomenon. The industry now has a solid base of a handful of large companies with over fifty employees each, along with a large number of smaller companies and individual producers. A critical mass of expertise has emerged. However, a parochial focus among some producers needs to give way to a more international outlook. For example, to date there have been very few, if any, co-productions with other minority-language production companies working in other minority languages. There is still a need to develop a greater focus on the market and business aspects of audiovisual enterprises. A foundation for this can be developed through the inclusion of more business or entrepreneurship subjects in film and production courses. There is still a residual opinion that profiting from minority-language audiovisual production is not a legitimate activity. The legitimacy of entrepreneurship is improving and there are now many role models available to aspiring producers. While the founders of the large successful production companies openly declare that profit was one of their motives, their main source of pride and sense of achievement is in providing high levels of quality employment in the Gaeltacht, and producing world-class television programmes.

AV Production, Irish Language and Community

Irial Mac Murchú

It is a little known fact but An Rinn, (also known as Ring), is one of Ireland's smallest Gaeltacht areas, but also one of the largest centres of television production in Ireland. Up to 200 hours of television are produced there annually by a team of twenty-five full-time and up to fifty regular part-time workers. This is equal to about fifty full-time jobs. Most of this work is produced by Nemeton Television. The company is thirteen years old and its best known productions include the sports output on TG4 and *Health Squad* on RTÉ1. We also provide technical and satellite services for broadcasters all over Europe and the US, among them CBS, NBC, BBC, Channel 4, Sky, etc. All of this puts us in the group of largest producers in Ireland. On top of this, we also teach a third level course, the Higher Diploma in Television Production, in Irish, in partnership with Waterford Institute of Technology and Údarás na Gaeltachta. Irish is the working language in the company, used for all areas from production to technical, and in the boardroom.

All of this sounds great and the company's development *is* a great story. And it is all down to the fantastic team we have working there. But it has been a long, albeit enjoyable, journey that has brought the Gaeltacht independent production sector and TG4 more than ten years down the road. Apart from the business success, there has been a huge spin-off effect, namely, the influence that this industry has had on the community which I come from and this is what I would like to share with you. I am going to cast a glance back for a moment to the time ten or eleven years ago when all of this began in Gaeltacht na nDéise. There was a lot of talk about the imminent arrival of an Irish-language TV channel. Everyone had his or her own idea of what this new service would look like. One local character commented to me at the time:

'Just imagine – a television studio in every Gaeltacht, pints, jobs and a pension for everyone working as journalists and sports commentators – all great state jobs. The gravy train is leaving, we'd better make sure we're on it!'. Everyone was thinking of the existing model of Raidió na Gaeltachta. And if the people of An Rinn/An Seanphobal had a campaign going at the time to secure a RnaG studio in the area, you could be sure, nobody was going to leave us out of the new map being drawn up for TG4 (TnaG at the time). We founded a committee, Fís Déiseach, to mount a television campaign and we had some very capable people in that group. This set the tone for the establishment of the industry in the area and it was that long ago that the seed was sown which inspired the industry we have today.

Even at that early stage, we realised the *Realpolitik* that would have to apply to the new service. There would be no studios and no state jobs. The language in itself is not an industry and if the television trade was to come to An Rinn, we would have to create it ourselves. I can think of no better way to describe it other than to say that its time had come when describing what happened next: an industry that involved the language, which was creative and belonged to the media world – an industry that would create employment in a small Gaeltacht area that was losing a lot of its native Irish-speaking youth.

It is worth restating once again here that without the pioneering vision of Údarás na Gaeltachta there would most likely be no Gaeltacht audiovisual industry and possibly even no TG4. They started a programme of training courses as far back as 1989 and from 1993 onwards, young people from Gaeltacht na nDéise had a presence on almost every course organised over the next ten years. Most of these people are still working in the industry. A measure of their commitment is best illustrated by two local people who did a three-month course in Donegal around 1996. One was a single parent who did the 600-mile round trip every weekend in the darkest, deepest, coldest and wettest of Irish winters. Such was the determination of the people involved.

To succeed in any business, you have to be lucky, you have to have a feel for timing and you have got to have neck. We had all three! We made the first pilot programme for TG4, the first studio series, we had the first transmission on the TG4 frequency two days before the official launch and we have never let up since. We have gone on to become one of TG4's biggest producers of programmes. We have achieved this because we always looked at it as more than just a job. We had a passion for what we were doing; we had an understanding of it and even a sense of ownership. This extends deeper into the community in our Gaeltacht. If you park any day of the week outside the primary school, Scoil Náisiúnta na Rinne, you will see a TG4 window-sticker on almost every car collecting children from school.

So why has this success not been repeated in all of the other Gaeltacht areas around the country? Why do we not have as strong an audiovisual sector as, say, Wales? This we can answer with hindsight. Looking back, it was not enough to develop a new industry as specialised as this one and leave it to market forces. In such an intense, new and competitive industry, more protection and nurturing were needed while the industry found its feet. One thing that could have been done would have been for TG4 to adopt Irish as the only language through which they would do business with the sector. This would not only have given an advantage to those who could do business *as Gaeilge*, but would also have fostered the use of the language in other companies as they would have *had* to employ Irish speakers. This is how it is done in Wales.

But the most harmful factor for the industry has been the poor funding of TG4 and the consequent poor programme budgets. The people working in the Irish-language television sector work longer hours for less pay than anyone working in any other area of media production in this country. The result of this is a high rate of 'churn': the best people leaving and going to work elsewhere as soon as they have the skills. This in turn inhibits the maturing of the sector. But there are many positives as well and the recent establishment of a production development scheme for Gaeltacht companies jointly by Údarás na Gaeltachta and TG4 will probably be viewed in time as one of the most important initiatives of recent times. Along with that, the increased funding for TG4, the Irish-Language Broadcast Fund north of the border and the BCI Sound & Vision Scheme all mean that for the very first time a production company can now survive making programmes solely in Irish, if they wish to do so. The industry in the Gaeltacht will blossom again, but a few key things need to be done: the language should be brought back centre-stage (the biggest challenge), the extra funding available should be used to increase the programme budgets to a more realistic level, a major effort should be put into the new production development scheme.

At present, two out of every three people employed in Nemeton are locals. Irish is the working language of the company and I am proud to say that we have had a very positive effect on the prominence of the language locally. That is not to say that a total language revolution has happened or that you will not hear any English spoken in the area, but in comparison to ten years ago, things have improved greatly. For example, you have a much better chance of hearing a conversation in Irish in the local shops, bars or other public places. Many of Nemeton's employees are members of the local GAA club, which is a key pillar of the language locally. Four couples who met in Nemeton have got married and a few more are planning to do likewise, all intending to or already bringing up their children *le Gaeilge*. A whole generation of people in their twenties and thirties have stayed at home or have returned home to work. How do you put a value that? Viewed from the perspective of Gaeltacht na nDéise, TG4 has been great for us. Not only did we get an Irish-language channel for our children, but we got this huge secondary benefit which has impacted on the whole community. Did I say secondary?

The View from Lios na Sí

Niall Mac Eachmharcaigh

There was great excitement over a decade ago, after many years of campaigning and after many broken promises, when it became clear that there was finally going to be an Irish-language television channel. The organisation Réalt was busily engaged in negotiations between TnaG and independent Irish-language television producers. Seventeen Gaeltacht production companies were members of Réalt at the time and they were feeling upbeat and positive. There were plenty of meetings before the station came on the air and the terms and conditions attaching to productions were the main issues that were constantly under discussion during that period.

TnaG did not want to adopt the same production terms and conditions that applied in RTÉ – after all, why on earth should a man or woman from Rann na Feirste or Baile na nGall earn the same money for the same work as someone in RTÉ? I was one of the people who were afraid that the whole venture would collapse if we did not accept the new terms that were being proposed. So we accepted them and I knew the moment we accepted them that it was the kiss of death for Réalt and quite a few Gaeltacht companies as well.

I founded the company Lios na Sí Teo in 1995 and we employed three people full-time and quite a few on a part-time basis over the years. Most of the work we did was comedy: *C.U. Burn* was the first series we made and then came another one called *Craic*. We were in involved in making *Gleann Ceo* and we co-produced *Luí na Gréine* with Cúl a' Toigh. That was all more than six years ago and we have not made a television programme since. By then, I was tired and fed up with the way things were going. I have not applied for funding commissions since then. Why? Well, my answer is that it was too hard to work for

TG4. They did not have a script editor, though one was sorely needed. We used to submit scripts and they would be accepted but then when we went ahead and submitted the offline version, they would start into the editing process! In the case of both *Gleann Ceo* and *Luí na Greine*, we had to re-shoot the first two programmes because TG4 was not happy with some of the actors. But the thing was that TG4 had already seen and agreed on them with us. That upset me quite a bit and I had no interest in continuing to make programmes under a system like that. For the last few years, Lios na Sí has been confined to making a weekly radio drama. So that is the background to Lios na Sí and the state of affairs after the first decade of TG4.

I have my own personal opinion of TG4. It took me a while to work out why the decision was taken to change the name from TnaG to TG4. Then it dawned on me: T-G-*Four*! That's the point, isn't it? It is more concerned with Dublin 4 than other audiences. I think it has lost interest in the Gaeltacht and Gaeltacht production companies. I happened to be in a Gaeltacht company a while back and it was depressing to see that although they had employed fourteen people in 1996, they now only have one employee. Of course, it is right for TG4 to serve Irish speakers throughout the whole country but those who live in the Gaeltacht are Irish speakers too, after all. When the Irish-Language Broadcast Fund was established in Northern Ireland, at least it was honest enough to say to the Irish speakers in West Belfast that the funding was not aimed exclusively at them. In fact, the message to those who have been loyal to Irish seems to be: Don't bother applying. As far as I can see, the same thing is happening in the Republic as well. And talking of seeing and the TG4 slogan *Súil Eile* or 'another way of seeing things', you could say that TG4 sees things in much the same way as a cyclops would. And what does it see with its one big eye? What kind of vision has it got anyway? The way I see it, TG4 is not making much progress at all. Personally, I prefer the programmes it broadcast in the early years: they had a real flavour of the Gaeltacht. Now a lot of the programmes are in Irish all right but the format is somehow foreign or alien.

What is more, TG4 always claims that it is a broadcaster/commissioner only, that it does not actually make programmes itself. But just look at the station any night of the week and you will see plenty of programmes that it made itself. Production values are important certainly but I think too much emphasis is placed on them. If you hear someone saying that a drama programme has good production values, there is something wrong somewhere. After all, ordinary people say a programme is funny or sad or whatever but they do not mention production values. And talking of drama, Irish-language drama was alive and well twenty years ago. But I think the Comhlachas Náisiúnta Dramaíochta squeezed the life out of it and I see the same thing happening to the Gaeltacht production companies now. Ten years ago, I had great hopes for Irish-language television and I had a vision of what could be achieved. But not today, not anymore . . .

BEATHAISNÉISÍ
BIOGRAPHIES

Na hEagarthóirí

Is Léachtóir Sinsearach í **Eithne O'Connell** i Staidéar an Aistriúcháin (Gearmáinis) san Ionad um Staidéar an Aistriúcháin agus Téacs (CTTS) i Scoil an Staidéir Teanga agus Idirchultúir Fheidhmigh (SALIS) in Ollscoil Chathair Bhaile Átha Cliath. Rinne sí staidéar ar an teangeolaíocht, ar an nGearmáinis agus ar an nGaeilge sa Choláiste Ollscoile, Baile Átha Cliath. Ba í a thionscain na chéad chúrsaí ollscoile san Aistriúchán Clos-Amhairc in Éirinn agus d'fhoilsigh sí iliomad ábhair ar oiliúint agus cleachtas an fhotheidealaithe agus na dubála, le fócas ar leith ar mhionteangacha agus páistí. I 2003, d'fhoilsigh sí *Minority Language Dubbing for Children*. Tá sí ar dhuine de bhunaitheoirí Chumann Aistritheoirí agus Ateangairí na hÉireann agus an European Association for Studies in Screen Translation.

Tá **John Walsh** ina Léachtóir i Scoil na Gaeilge, Ollscoil na hÉireann, Gaillimh. Tá sé freagrach go príomha as cúrsaí sa tsochtheangeolaíocht a mhúineadh ag leibhéal na bunchéime agus na hiarchéime. Tá dochtúireacht aige ó Ollscoil Chathair Bhaile Átha Cliath faoi thionchar na Gaeilge ar fhorbairt shocheacnamaíoch na hÉireann. Roimhe sin, rinne sé céim MA sa Chaidreamh Idirnáisiúnta (Socheolaíocht, Polaitíocht, Dlí) san ollscoil chéanna. Tá céim BA sa Ghaeilge agus sa Bhreatnais aige ón gColáiste Ollscoile, Baile Átha Cliath. Roimhe seo, d'oibrigh sé mar Léachtóir le Gaeilge in Ollscoil Chathair Bhaile Átha Cliath, leis an mBiúró Eorpach do Theangacha Neamhfhorleathana sa Bhruiséil agus mar iriseoir le Raidió Teilifís Éireann agus le TG4. D'fhoilsigh sé *Díchoimisiúnú Teanga: Coimisiún na Gaeltachta 1926* i 2002.

Tá **Gearóid Denvir** ina Cheann Scoile ar Scoil na Gaeilge, Ollscoil na hÉireann, Gaillimh. Bhain sé BA agus MA amach sa Choláiste Ollscoile, Baile Átha Cliath, agus tá PhD aige ó Choláiste na hOllscoile, Corcaigh. Tá sé ag teagasc na Gaeilge in Ollscoil na hÉireann, Gaillimh, ó 1977. Chaith sé tréimhsí ag teagasc in Ollscoil Hamburg, sa Choláiste Ollscoile, Baile Átha Cliath, agus in Ollscoil Toronto. Bíonn sé ina léachtóir ar cuairt sa Léann Éireannach, Boston College, freisin. Tá riar mhaith leabhar agus aistí taighde scríofa aige ar ghnéithe éagsúla de litríocht, teanga agus cultúr na Gaeilge, ina measc, *Aistí Phádraic Uí Chonaire* (1978), *Cadhan Aonair* (1987), *An Dúil is Dual* (1991), *Amhráin Choilm de Bhailís* (1996), *Litríocht agus Pobal*, (1997), *Rogha an Chéid* (2000). Tá cónaí air i nGaeltacht Chonamara.

Na hÚdair

I mBéal Feirste a rugadh **Cathal Goan** agus is céimí é de chuid an Choláiste Ollscoile, Baile Átha Cliath. Mar chartlannaí a fostaíodh é in RTÉ i dtús báire i 1979 agus ina dhiaidh sin ceapadh mar léiritheoir raidió é sa bhliain 1983. Thosaigh sé ag obair sa teilifís i 1988 mar léiritheoir ar *Today Tonight*. Bliain ina dhiaidh sin ceapadh ina Eagarthóir ar *Cúrsaí* é (irischlár cúrsaí reatha agus ealaíne), agus i 1990 ina Eagarthóir ar Chláir Ghaeilge Teilifíse RTÉ. Le linn na tréimhse seo, tháinig méadú suntasach ar líon agus ar chineál na gclár Gaeilge ar RTÉ, go háirithe i dtaca le cláir do pháistí agus forbairt ar dhrámaíocht. Ba é an Ceannasaí bunaidh ar Theilifís na Gaeilge é ó 1994 go dtí 2000 nuair a d'fhill sé ar Bhaile Átha Cliath agus ar phost mar Stiúrthóir na gClár Teilifíse le RTÉ. Ó Dheireadh Fómhair 2003 i leith tá sé ina Phríomhstiúrthóir ar RTÉ.

Tá **Seosamh Mac Donnacha** ag obair mar Chomhordaitheoir Acadúil le hAcadamh na hOllscolaíochta Gaeilge in Ollscoil na hÉireann, Gaillimh, agus is léachtóir agus taighdeoir é i réimse na pleanála teanga. Bhí sé mar chomhúdar ar roinnt tuarascálacha taighde a bhaineann leis an bpleanáil teanga sa Ghaeltacht, ina measc *Staid Reatha na Scoileanna Gaeltachta* (2005), a ullmhaíodh don Chomhairle um Oideachas Gaeltachta agus Gaelscolaíochta, agus *Polasaithe agus Cleachtais Eagraíochtaí Éagsúla le Feidhm sa Ghaeltacht* (2001), a ullmhaíodh do Choimisiún na Gaeltachta. Tá sé ina chomhúdar freisin ar an *Staidéar Teangeolaíoch Cuimsitheach ar Úsáid na Gaeilge sa Ghaeltacht* a d'fhoilsigh an Roinn Gnóthaí Pobail, Tuaithe agus Gaeltachta i 2007.

Bíonn **Uinsionn Mac Dubhghaill** i mbun teagaisc agus taighde san iriseoireacht agus i staidéar na meán in Acadamh na hOllscolaíochta Gaeilge, Ollscoil na hÉireann, Gaillimh. Bíonn sé ag teagasc ar chúrsaí cumarsáide an Acadaimh, lena n-áirítear an BA sa Chumarsáid agus an Dioplóma sna Dána: Scileanna Raidió. Is iriseoir oilte é a bhfuil taithí leathan aige sna meáin éagsúla. Bhí sé ina Eagarthóir Gaeilge agus ina Chomhfhreagraí Iarthair leis an *Irish Times* sna nóchaidí, agus ina eagarthóir bunaidh ar an iris Ghaeilge *Cuisle*.

Is i Rann na Feirste i dTír Chonaill a rugadh **Niall Mac Eachmharcaigh**. Ó bhí sé ar an mheánscoil bhí plé aige le haisteoireacht agus le drámaí gearra a scríobh don stáitse. Ar na cumainn drámaíochta a raibh sé páirteach iontu, tá Aisteoirí Rann na Feirste, Aisteoirí na gCnoc, Aisteoirí Ghaoth Dobhair agus Aisteoirí na Tíre, agus is iomaí ardán sa tír ar chuir siad léiriú ar stáitse. Sa bhliain 1989 rinne sé an cúrsa léirithe/stiúrtha a d'eagraigh Údarás na Gaeltachta. Ó shin tá a aghaidh le feiceáil, nó a ghuth le cluinstin, ar theilifís na tíre, TG4, RTÉ, nó BBC Thuaisceart Éireann. Is i ndrámaí grinn is mó a bhí a shuim, drámaí mar *C.U. Burn*, *Gleann Ceo*, agus *Luí na Gréine*. Bhí sé lárnach i scríobh na sraitheanna sin agus ó am go ham rinne sé aisteoireacht iontu chomh maith. Le cúig bliana anuas is dóigh gur fearr aithne air mar John Joe i *Ros na Rún*.

Bhunaigh **Irial Mac Murchú** an comhlacht léirithe teilifíse Nemeton sa Rinn i nGaeltacht Phort Láirge i 1993. Tá Nemeton ar cheann de na comhlachtaí teilifíse is mó sa tír le timpeall caoga duine fostaithe ann. Is iad na cláir is mó dá chuid atá i mbéal an phobail ná *Spórt TG4* agus *Health Squad* ar RTÉ 1. Cuireann an comhlacht seirbhísí teicniúla agus saitilíte ar fáil do raon leathan craoltóirí náisiúnta agus idirnáisiúnta. Déantar obair an chomhlachta go hiomlán as Gaeilge, is cuma cén craoltóir a bhfuiltear ag obair leis. I 2007, bronnadh Gradam Gnó na Gaeltachta ar Nemeton.

Tá **Emer Ní Bhrádaigh** ag obair mar Léachtóir le Fiontraíocht le Fiontar, Ollscoil Chathair Bhaile Átha Cliath. Roimhe sin bhí sí ag obair leis an gColáiste Ollscoile, Baile Átha Cliath, le Comhairle Ealaíon Thuaisceart Éireann agus san earnáil bhogearraí. Tá tráchtas dochtúireachta á chríochnú aici faoi láthair faoi fhorbairt na fiontraíochta i nGaeltacht na Gaillimhe ó aimsir Bhord na gCeantar Cúng go dtí an lá atá inniu ann. Tá suim ar leith aici san fhiontraíocht shóisialta agus chultúrtha, agus sa turasóireacht, sa tionscal muiracmhainní agus sa tionscal closamhairc. Tá ailt léi san *Irish Journal of Management*, in *Frontiers* *of Entrepreneurship Research* agus san *International Handbook of Research on Indigenous Entrepreneurship* (2007).

Tá **Íte Ní Chionnaith** ina Léachtóir Sinsearach le Gaeilge i Scoil na Meán, Institiúid Teicneolaíochta Bhaile Átha Cliath, áit a bhfuil sí ag múineadh ó 1979 i leith. Bíonn sí ag teagasc ar an BA san Iriseoireacht le Teanga (Gaeilge) agus an BA in Ealaíona na Meán Cumarsáide. Is ball í de Chonradh na Gaeilge óna hóige agus chaith sí ceithre bliana mar Uachtarán ar an gConradh (1985–9). Ghlac sí páirt ghníomhach i bhfeachtais éagsúla an Chonartha thar na blianta, go háirithe an Feachtas Teilifíse agus an Feachtas um Chearta Teanga, agus bhí ról lárnach aici i bhforbairt na bpolasaithe craolacháin agus ceart. Chaith sí seachtain i bpríosún i mí Eanáir 1977 mar chuid d'fheachtas na gCeadúnas Teilifíse, an chéad duine as cúig dhuine dhéag a cuireadh go príosún le linn na tréimhse 1977–93, san fheachtas ar son breis clár Gaeilge ar RTÉ agus san fheachtas ba chúis le bunú stáisiún iomlán teilifíse Gaeilge.

Is as Árainn Mhór i dTír Chonaill **Anna Ní Ghallachair.** Rinne sí céim sa Fhraincis agus sa Ghearmáinis, agus an tArd-Teastas san Oideachas in Ollscoil na hÉireann, Gaillimh. Chaith sí sé bliana ag déanamh staidéir ar an Fhraincis agus ag teagasc an Bhéarla agus na Gaeilge in ollscoileanna sa Fhrainc. Chaith sí deich mbliana mar Léachtóir le Fraincis, Gearmáinis agus Gaeilge in Institiúid Teicneolaíochta Leitir Ceanainn. Bhí sí ina comhalta de Choimisiún na Gaeltachta (2000-02). Faoi láthair is í ionadaí na hÉireann í ar choiste AULC (Cumann Ionaid Teangacha na nOllscoileanna) sa Ríocht Aontaithe agus in Éirinn agus is comhalta í de Choiste Comhairleach i bPleanáil Teanga Údarás na Gaeltachta. Tá sí ina Stiúrthóir ar Ionad na dTeangacha in Ollscoil na hÉireann, Maigh Nuad le dhá bhliain déag.

Tá **Siobhán Ní Laoire** ina Léachtóir le Gaeilge agus Léann Éireannach i Scoil na dTeangacha, Institiúid Teicneolaíochta Bhaile Átha Cliath ó Nollaig 2005. Roimhe sin bhí sí ina hOllamh Cúnta i Scoil an Léinn Cheiltigh, Institiúid Ard-Léinn Bhaile Átha Cliath (1991–2005), ina Léachtóir le Gaeilge (ar iasacht) i gColáiste Phádraig, Ollscoil Chathair Bhaile Átha Cliath (2000-02) agus ina Léachtóir le Gaeilge sa Choláiste Ollscoile, Baile Átha Cliath (1986–8) agus i gColáiste Oideachais Carysfort (1984–6). Tá leabhair agus ailt foilsithe aici agus páipéir chomhdhála tugtha aici sna réimsí taighde seo a leanas: an tsochtheangeolaíocht, traidisiún amhránaíochta na hÉireann agus prós na Nua-Ghaeilge Moiche. Le blianta beaga anuas tá sí i mbun taighde ar ghnéithe fóirmiúla agus impleachtaí sochtheangeolaíocha de mhalartaíocht stíle agus réime sa Ghaeilge. Tá sí ina Cathaoirleach Cláir ar an MA sa Ghaeilge Fheidhmeach, ITBÁC, faoi láthair.

Léachtóir le Gaeilge i gColáiste Mhuire gan Smál, Ollscoil Luimnigh, í **Máire Ní Neachtain**. As Baile an tSagairt sa Spidéal i nGaeltacht na Gaillimhe í agus céimí de chuid Choláiste na hOllscoile, Gaillimh, agus Choláiste na Tríonóide, Baile Átha Cliath, is ea í. An tsochtheangeolaíocht agus sealbhú teanga na príomhréimsí taighde atá aici. Tá spéis ar leith aici i gceisteanna comhaimseartha Gaeltachta agus sna healaíona dúchasacha. Is í a dhéanann cathaoirleacht ar *Focal Faire*, clár faoin nGaeilge a chraolann RTÉ Raidió na Gaeltachta.

Is é **Pádhraic Ó Ciardha** Leascheannasaí TG4 agus is é an fostaí is faide seirbhís ag an gcainéal é. Is le gnóthaí corparáideacha, caidreamh poiblí agus ionadaíocht ardleibhéil is mó a bhaineann a chuid dualgas reatha. Bhí dlúthbhaint aige leis an réamhullmhúchán do bhunú na seirbhíse mar Chomhairleoir Craolacháin Gaeilge ag an mbeirt airí rialtais a thug an togra chun cinn ag leibhéal rialtais ó 1990 i leith. Roimhe sin bhí taithí fhairsing aige i réimse na hiriseoireachta craolta i nGaeilge agus i mBéarla mar chraoltóir le Raidió na Gaeltachta agus le RTÉ. Is as na hAille i gCois Fharraige i nGaeltacht na Gaillimhe dó.

Tá **Tadhg Ó hIfearnáin** ina Léachtóir Sinsearach le Gaeilge in Ollscoil Luimnigh, mar a bhfuil sé ag saothrú le deich mbliana anois agus an tsochtheangeolaíocht mar speisialtacht taighde agus teagaisc aige. Tá BA agus PhD sa Ghaeilge aige ó Ollscoil Uladh, Cúil Raithin. Sular chuir sé faoi i Luimneach, chaith sé sé bliana ag obair in Ollscoil Rennes na Briotáine agus tamall in Ollscoil Utrecht san Ísiltír. Tá idir shaothar teoiriciúil agus taighde goirt curtha i gcrích aige in Éirinn, i Manainn, ar mhór-roinn na hEorpa agus i gCeanada. Tá sé ag obair ar réimse leathan tograí sochtheangeolaíochta faoi láthair, ina aonar nó lena chuid comhghleacaithe agus iarchéimithe. Cuidíonn sé go gairmiúil le heagraíochtaí agus le grúpaí pobail sa Ghaeltacht, tá sé ina bhall den Choiste Comhairleach i bPleanáil Teanga atá ag Údarás na Gaeltachta agus is é Uachtarán Chumann na Teangeolaíochta Feidhmí é.

Is i bPort Stíobhart i gContae Dhoire atá cónaí ar **Phádraig Ó Mianáin**. Is i mBaile Átha Cliath a rugadh é, is i nGaeltacht Thír Chonaill a tógadh é, ach tá sé ina chónaí sa Tuaisceart le breis agus fiche bliain. Rinne sé céim le Gaeilge agus Fraincis agus iarchéim le Gaeilge in Ollscoil Uladh, Cúil Raithin. Is le cúrsaí eagarthóireachta, foclóireachta agus aistriúcháin go príomha atá a shaol gairmiúil caite aige, agus d'fhill sé ar a *alma mater* i 2006 mar Chomhalta Taighde le Foclóireacht agus Léachtóir i Roinn na Gaeilge in Ollscoil Chúil Raithin. I 2007, ceapadh é ina Eagarthóir Foclóireachta ar an *Foclóir Nua Béarla-Gaeilge* atá idir lámha ag Foras na Gaeilge. Mar bhall de phobal scáinte Gaeilge an Tuaiscirt, agus mar thuismitheoir atá ag tógáil clainne le Gaeilge, tá spéis ar leith ag Pádraig sna dinimicí teanga a théann i gcion ar bhaill agus ar aicmí difriúla an phobail Ghaeilge sa Ghalltacht.

Tá **Máirín Nic Eoin** ina Ceann Roinne ar Roinn na Gaeilge, Coláiste Phádraig, Ollscoil Chathair Bhaile Átha Cliath. Tá leabhair agus ailt foilsithe aici faoi ghnéithe éagsúla de chultúr agus de litríocht na Gaeilge, ina measc, *An Litríocht Réigiúnach* (1982), *Eoghan Ó Tuairisc: Beatha agus Saothar* (1988), *B'Ait Leo Bean: Gnéithe den Idé-eolaíocht Inscne i d'Traidisiún Liteartha na Gaeilge* (1998), a bhuaigh Duais Liteartha an *Irish Times* i 1999, agus *Trén bhFearann Breac: An Díláithriú Cultúir agus Nualitríocht na Gaeilge* (2005). Bhí sí ina comheagarthóir (le Liam Mac Mathúna) ar an himeachtaí comhdhála *Ar Thóir an Fhocail Chruinn: Téarmeolaithe, Iriseoirí agus Fadhbanna an Aistriúcháin* (1997), agus (le Liam Mac Mathúna agus Ciarán Mac Murchaidh) ar an leabhar *Teanga, Pobal agus Réigiún: Aistí ar Chultúr na Gaeltachta Inniu* (2000). Is é *Ar an gCoigríoch: Díolaim Litríochta ar Scéal na hImirce* (i gcomhar le hAisling Ní Dhonnchadha) an leabhar is déanaí a chuir sí in eagar (2008).

Editors

Eithne O'Connell is Senior Lecturer in Translation Studies (German) at the Centre for Translation and Textual Studies in School of Applied Language and Intercultural Studies at Dublin City University. She studied Linguistics and German, and later Irish, at University College Dublin. She pioneered the first undergraduate and graduate courses in Audiovisual Translation in Ireland and has published widely on the subject of subtitling and dubbing training and practice, with particular reference to minority languages and children. In 2003, her book *Minority Language Dubbing for Children* was published. She is a founder member of ITIA (Irish Translators' and Interpreters' Association) and ESIST (European Association for Studies in Screen Translation).

John Walsh is a Lecturer in the School of Irish at the National University of Ireland, Galway. He is responsible primarily for teaching sociolinguistics at undergraduate and postgraduate level. He has a doctorate from Dublin City University on the influence of Irish on Ireland's socio-economic development. Before that, he was awarded an MA in International Relations (Sociology, Politics, Law) by the same university. He holds a BA in Irish and Welsh from University College Dublin. In the past, he worked as a lecturer at DCU, with the European Bureau for Lesser-Used Languages and as a journalist with RTÉ and TG4. In 2002, he published *Díchoimisiúnú Teanga: Coimisiún na Gaeltachta 1926.*

Gearóid Denvir is Head of the School of Irish at the National University of Ireland, Galway. He was awarded a BA and an MA by University College Dublin and holds a PhD from University College, Cork. He has taught at the National University of Ireland, Galway since 1977. He has also spent periods at the University of Hamburg,

University College, Dublin and at the University of Toronto. He is also a visiting lecturer in Irish Studies at Boston College. He has published several books and research essays on various aspects of Irish-language literature and culture, including: *Aistí Phádraic Uí Chonaire* (1978), *Cadhan Aonair* (1987), *An Dúil is Dual* (1991), *Amhráin Choilm de Bhailís* (1996), *Litríocht agus Pobal* (1997), *Rogha an Chéid* (2000). He lives in the Connemara Gaeltacht.

Authors

Cathal Goan is a native of Belfast and a graduate of University College Dublin. He joined RTÉ in 1979 as an archivist and began working as a radio producer in 1983. He moved to television in 1988, when he became producer of *Today Tonight*. Later he was appointed Editor of *Cúrsaí* (Irish-language current affairs and arts programme). In 1990 he was appointed Editor of Irish-language programming. The output of Irish-language programming on RTÉ increased significantly during this time, particularly in the area of programmes for children. In 1994 he was appointed *Ceannasaí* (Head) of Teilifís na Gaeilge, now TG4, until 2000 when he was appointed Director of Television with RTÉ. In October 2003 he was appointed Director General, a position he currently holds.

Seosamh Mac Donnacha is Academic Co-ordinator with Acadamh na hOllscolaíochta Gaeilge at the National University of Ireland, Galway, and is a lecturer and researcher in the area of language planning. He has co-authored various research reports in the field of language planning in the Gaeltacht. Among these are *Staid Reatha na Scoileanna Gaeltachta* (2005) which was prepared for An Chomhairle um Oideachas Gaeltachta agus Gaelscolaíochta (the educational body for Gaeltacht and Irish-medium schools), and *Polasaithe agus Cleachtais Eagraíochtaí Éagsúla le Feidhm sa Ghaeltacht* (2001) for Coimisiún na Gaeltachta. He is also one of the authors of the sociolinguistic study of the use of Irish in the Gaeltacht which was published in 2007 by the Department of Community, Rural and Gaeltacht Affairs.

Uinsionn Mac Dubhghaill teaches and researches journalism and media studies at Acadamh na hOllscolaíochta Gaeilge, the National

University of Ireland, Galway. His courses include the BA in Communications Studies, and the Diploma in Radio Skills, both taught through Irish. He is an experienced journalist who has worked extensively in various media. He was Irish-Language Editor and Western Correspondent of the *Irish Times* during the 1990s, and founding editor of the Irish-language magazine *Cuisle*.

Niall Mac Eachmharcaigh was born in Rann na Feirste, Co. Donegal. He has been involved in acting and writing short pieces for the stage since his secondary school days. He has acted on various stages around the country, as a member of Aisteoirí Rann na Feirste, Aisteoirí na gCnoc, Aisteoirí Ghaoth Dobhair and Aisteoirí na Tíre. In 1989 he took part in the Gaeltacht production/direction course organised by Údarás na Gaeltachta. Since then he has featured in many of the country's television stations, TG4, RTÉ and BBC Northern Ireland, mainly in comedies such as *C.U. Burn, Gleann Ceo* and *Luí na Gréine*. He had a central role in the scriptwriting of these series, while also taking on the occasional acting role. Since 2002, he is probably best known as John Joe in *Ros na Rún*.

Irial Mac Murchú founded the television production company Nemeton in the Waterford Gaeltacht of An Rinn in 1993. Nemeton is one of the largest production companies in the country, with a workforce of fifty. Some of their best-known programmes include *Spórt TG4* and *Health Squad* on RTÉ1. Nemeton provides technical and satellite services to a wide range of national and international broadcasters. The company carries out its day-to-day work through the medium of Irish, no matter which other broadcaster is involved. In 2007, Nemeton was awarded Gradam Gnó na Gaeltachta, the Gaeltacht business award.

Emer Ní Bhrádaigh works as a Lecturer in Entrepreneurship in Fiontar at Dublin City University. She has also worked in University College Dublin, the Arts Council of Northern Ireland and in the software industry. She is currently completing a PhD on the evolution of entrepreneurship in the Galway Gaeltacht from the time of the Congested Districts Board to date. She has a particular interest in social and cultural entrepreneurship, and in the tourism, marine resources and audiovisual sectors. Her work has been published in *Frontiers of*

Entrepreneurship Research, the *Irish Journal of Management*, and in the *International Handbook of Research on Indigenous Entrepreneurship* (2007).

Anna Ní Ghallachair is a native of Árainn Mhór, Co. Donegal. She has a degree in French and German, and a Higher Diploma in Education from the National University of Ireland, Galway. She spent six years studying French and teaching English and Irish in various universities in France. She lectured in French, German and Irish in Letterkenny Institiute of Technology, and was a member of Coimisiún na Gaeltachta (2000-02). At present she is the Irish representative on the committee of AULC (Association of University Language Centres) and a member of the Language Planning Advisory Council in Údarás na Gaeltachta. Since 1994, she has been director of the Language Centre at the National University of Ireland, Maynooth.

Siobhán Ní Laoire joined the School of Languages, Faculty of Applied Arts, Dublin Institute of Technology in December 2005 as Lecturer in Irish and Irish Studies. She was formerly Assistant Professor at the School of Celtic Studies, Dublin Institute for Advanced Studies (1991–2005), Lecturer on secondment in the Irish Department, St Patrick's College, DCU (2000-02), and Lecturer in the Irish Departments of UCD (1986–8) and Carysfort College of Education (1984–6). She has published and given conference papers on topics in sociolinguistics, the Irish song tradition and Early Modern Irish prose. Most of her research work in recent years has focused on the formal properties and sociolinguistic implications of register and stylistic variation in Irish.

Máire Ní Neachtain is a Lecturer in Irish at Mary Immaculate College, Limerick. She is from Baile an tSagairt, An Spidéal, in the Galway Gaeltacht and is a graduate of University College Galway and Trinity College, Dublin. Her main research interests are sociolinguistics and language acquisition. She is particularly interested in current Gaeltacht issues and in the native arts. She chairs the programme *Focal Faire*, broadcast by RTÉ Raidió na Gaeltachta.

Pádhraic Ó Ciardha is *Leascheannasaí* (Deputy Head) of TG4 and has been a senior executive with the station since its inception. His responsibilities include corporate affairs and public relations. He has extensive experience in broadcasting policy and journalism and was a central figure in the establishment and development of the Irish-language television service. He was engaged as full-time Irish-Language Broadcasting Policy Advisor to two successive government ministers in the run-up to the establishment of the service. Before then, he had extensive experience in broadcast journalism, both in Irish and English, with Raidió na Gaeltachta and RTÉ. He is from Na hAille in the Connemara Gaeltacht.

Tadhg Ó hIfearnáin is a Senior Lecturer in Irish at the University of Limerick, where he has been working since 1996. He specialises in sociolinguistics in both his teaching and research. He has a BA and PhD in Irish from the University of Ulster at Coleraine. Before settling in Limerick, he spent periods lecturing and studying on the continent, particularly at the University of Rennes 2 and in Utrecht. He has completed many field-based and theoretical projects in Ireland, the Isle of Man, continental Europe and North America. He is involved in many current sociolinguistic research projects, both as an individual researcher and with colleagues and doctoral students included. He assists community groups and organisations that are trying to strengthen Irish in the Gaeltacht, is a member of the language planning advisory council of Údarás na Gaeltachta and is President of the Irish Association of Applied Linguistics.

Pádraig Ó Mianáin lives in Portstewart in County Derry. Born in Dublin and raised in the Donegal Gaeltacht, he has lived in the North for over twenty years. He studied Irish and French in the University of Ulster, Coleraine, where he also completed his postgraduate degree in Irish. His working career has centred largely on editing, translating and lexicography, and last year he returned to his *alma mater* as Research Associate in Lexicography and Lecturer in the Department of Irish. He has recently been appointed as Dictionary Editor of Foras na Gaeilge's *New English-Irish Dictionary*. As a member of the Irish-speaking community in the North, and as a parent who is raising a family through the medium of Irish, he has a particular interest in the linguistic dynamics that affect the different members and sections of the Irish-speaking community outside the Gaeltacht.

Máirín Nic Eoin is Head of the Department of Irish in St Patrick's College, Dublin City University. She has published books and articles on various aspects of Irish language literature and culture, including *An*

Litríocht Réigiúnach (1982), *Eoghan Ó Tuairisc: Beatha agus Saothar* (1988), *B'Ait Leo Bean: Gnéithe den Idé-eolaíocht Inscne i dTraidisiún Liteartha na Gaeilge* (1998), which won the *Irish Times* Literary Award in 1999, and *Trén bhFearann Breac: An Díláithriú Cultúir agus Nualitríocht na Gaeilge* (2005). She was co-editor (with Liam Mac Mathúna) of the conference proceedings *Ar Thóir an Fhocail Chruinn: Téarmeolaithe, Iriseoirí agus Fadhbanna an Aistriúcháin* (1997), and (with Liam Mac Mathúna and Ciarán Mac Murchaidh) of the book *Teanga, Pobal agus Réigiún: Aistí ar Chultúr na Gaeltachta Inniu* (2000). Her most recent book (co-edited with Aisling Ní Dhonnchadha) is *Ar an gCoigríoch: Díolaim Litríochta ar Scéal na hImirce*, an anthology of Irish-language emigration literature.

An Comhad Fuaime

www.cic.ie

Tá na heagarthóirí faoi chomaoin ag RTÉ Raidió na Gaeltachta, a thaifead an seimineár as ar eascair an leabhar seo, agus a chuir na comhaid fuaime atá ar an suíomh idirlín ag CIC ar fáil. Tugann an comhad fuaime blaiseadh den seimineár lae a eagraíodh in Ollscoil na hÉireann, Gaillimh, ar 25 Samhain 2006. Tugtar óráidí Phádhraic Uí Chiardha agus Chathail Goan ina n-iomláine, chomh maith leis an achoimre a rinne Máire Ní Neachtain ar imeachtaí an lae. Ina dteannta sin, tugtar sleachta gearra ó chuid de na cainteoirí eile. Tá súil ag na heagarthóirí go gcuirfidh an áis seo leis an taitneamh a bhainfidh an léitheoir as an leabhar, agus gur áis oideachasúil a bheidh ann chomh maith.

Seo a leanas liosta na gcainteoirí agus fad na sleachta ar an taifeadadh.

Rian 1	Pádhraic Ó Ciardha	15.00
Rian 2	Cathal Goan	22.00
Rian 3	Siobhán Ní Laoire	03.15
Rian 4	Seosamh Mac Donnacha	02.45
Rian 5	Emer Ní Bhrádaigh	03.00
Rian 6	Pádraig Ó Mianáin	03.00
Rian 7	Anna Ní Ghallachair	03.15
Rian 8	Uinsionn Mac Dubhghaill	03.15
Rian 9	Máire Ní Neachtain	19.00